ちくま学芸文庫

社会学的想像力

C・ライト・ミルズ
伊奈正人 中村好孝 訳

筑摩書房

目次

謝辞

この著作の旧バージョンは、デンマーク社会省のコンサルタントであるヘニング・フリースの尽力により、一九五七年の春にコペンハーゲンで開催された社会科学セミナーにおいて発表されたものである。このセミナーで鋭い批判と親切な助言を与えてくれた彼および次の方々に心より感謝する。クリステン・ルートフェルト、ベント・アンデルセン、P・H・キュール、ポウル・ヴィドリクセン、ヌッド・エリク・スウェンセン、トルベン・アルゲスナップ、B・V・エルベルリンク。

第1章「約束」は、本書の他の短い節とともに、一九五八年九月セントルイスで開催されたアメリカ政治学会において、要約したかたちで発表された。第6章には、「現代社会研究の二つの研究スタイル」('Two Styles of Research in Current Social Studies,' *Philosophy of Science*, Vol. 20, No. 4, October, 1953) という論考を用いた。付録の最初の五節の草稿は、『社会学理論シンポジウム』(*Symposium on Sociological Theory*, ed. by L. Gross, Evanston, Peterson, 1959) に掲載された。第8章の第5節は『マンスリー・レビュー』(一九五八年一〇月号) に掲載されたものである。全般において『サタデー・レビュー』(一九五四年五月一日）初出の論評も用いた。第9章、第10章の文章の一部は、ロンドン・スクール・オブ・エコノミクス、およびワルシャワのポーランド科学アカデミーで一九五九年一月に行われ、BBC第三放送で同年二月に放送された公開講義で用いられたものである。

さらに原稿の下書きは、その全体、また一部について、次の友人たちによる批判をいただいた。本書にもし何か長所があるとすれば、これらの研究仲間たちに負うところが大きい。彼らの惜しみない助力に対する感謝の気持ちは言葉で尽くしきれるものではないことをご理解願いたい。

ハロルド・バーガー、ロバート・ビアシュタット、ノーマン・バーンバウム、ハーバート・ブルーマー、トム・ボットモア、ライマン・ブライソン、ルイス・コーザー、アーサー・K・デーヴィス、ロバート・デュービン、サイ・グード、マジョリー・フィスク、ピーター・ゲイ、ルーエリン・グロス、リチャード・ホフスタッター、アービン・ハウ、H・スチュアート・ヒューズ、フロイド・ハンター、シルビア・ジャリコ、デヴィッド・ケトラー、ウォルター・クリンク、チャールズ・E・リンドブロム、アーンスト・マンハイム、リース・マッギー、ラルフ・ミリバンド、バリントン・ムーア・ジュニア、デヴィッド・リースマン、メイヤー・シャピロ、ジョージ・ローウィック、アーノルド・ロゴー、ポール・スウィージー。

友人であるウィリアム・ミラー、ハーベイ・スウェイドスが、文章を明瞭にするためにずっと助力してくれたことに、大変感謝している。

C・W・M

凡例

1 本書は、Mills, C. W., *The Sociological Imagination*, Oxford University Press, 1959. の全訳である。訳出には初版を用いた。二〇〇〇年刊行の改訂版（出版四〇周年記念版）にはTodd Gitlin の解説がついているが、これは訳出していない。

2 本文中各節の見出しは訳者が補ったものである。

3 本文中〔　〕で括ったものは、訳者の補足や注釈である。

4 原文において' 'で括られた箇所には「　」を用いた。また、大文字で強調された語句は文脈に応じて〈　〉で括り、イタリック体には傍点を付した。

5 引用文献については、可能な限り邦訳文献と該当箇所を（　）で括って添えた。

6 文中にある明らかな誤植・誤記などは特に断らず、修正して訳出した。

7 原文を意訳した箇所などには、必要に応じて原語を補った。また、用語その他を明示するためにルビを付したところがある。

8 索引は原著のそれを基本としたが、現在の学問状況を踏まえ、かなりの部分を加除整理した。

9 本文中の「アメリカ」は、特に断りがなければアメリカ合衆国を意味する。

社会学的想像力

第1章　約束

こんにち、自分の私的生活は罠の連なりなのではないかという感覚に、人はしばしば囚われる。彼らは、日常的な世界のなかだけでは自分たちの問題を解決できないと感じている。そう感じてしまうのは、たいていの場合まったく理にかなったことである。普通の人が直接に見たり聞いたりしていることや、行おうとしていることは、個人の生活圏を超えることはない。彼らの視野や能力が及ぶのは、仕事や家族、近隣といったクローズアップされた場面に限られるのであって、他者の生活圏については、自分と重ねてみることはあるものの、あくまで傍観者としての分を守る。たとえ漠然としたものであっても、自分の手が届く範囲を超えるような企みや脅威に気づけば気づくほど、ますます罠にはめられたように感じるようになっていく。

こういった感覚の根底には、一見したところでは自分と関わりがあるとは思えないアメリカ全土にわたる社会構造そのものの変動がある。現代史の事実とは、個人ひとりひとりの成功と失敗をめぐる事実でもある。ある社会が産業化されると、小作農は労働者となり、封建領主は破産するか、そうでなければビジネスマンになる。階級が上がるか下がるかによって、職を得るか失うかが決まる。投資率が上がるか下がるかによって、新たな意欲が湧くか一文無しになるかが決まる。戦争が始まると、保険外交員がミサイル発射に駆り出され、店員がレーダー操作をさせられる。妻は一人で暮らし、子どもは父親なしで育つ。個人の生も、社会の歴史も、そのどちらも熟知していなければ、それぞれを理解することはできない。

そうはいっても、人々は普通、自分たちが抱えこんでいるトラブルを、歴史的変動や制度矛盾といった観点から捉えようとはしない。また、享受している幸福について、自分たちが暮らしている社会全体の大きな浮き沈みに関わるものだとは考えない。普通の人々は、自分たちひとりひとりの生活パターンと世界史の流れとの間に複雑なつながりがあることにほとんど気づかない。両者のつながりは、人々がどんな人間になってゆくか、そしてどんな歴史形成に参加することになるかということに対して何かしらの意味をもっている。だが普通の人はいつもそれに気づくわけではない。彼らには、人間と社会、個人史と歴史、自己と世界の関わり合いを理解するうえできわめて大切な思考力が欠けているのだ。個人的なトラブルにうまく対処するには、その背後でひそかに進行している構造的転換をコントロールする必要がある。しかし、彼らにはそれができない。

確かにそれも無理もないことだ。このような激変に、こんなにも多くの人々が、これほどの勢いで、ここまで全面的にさらされた時代がかつてあっただろうか。他の社会の人々とは異なり、こうした破局的な変動をアメリカ人たちは見たこともない。それは史的な諸事実によるわけだが、そうした史実も急速に「単なる過去の物語」と化している。いまやすべての人々に影響を与えている歴史とは、世界史のことなのだ。世界史の一時代の一場面において、たった一つの世代の間に、全人類の六分の一が、まったく封建的で遅れた段階から、すっかり近代的で進歩した、そら恐ろしいような段階へと完全に移行した。政治的な植民地はすでに解放されている。だが、新しい見えにくいかたちの帝国主義が組み込まれることになった。革命はなしとげられている。だが、新種の権威によって、より緊密なかたちで掌握されているように感じられる。全体主義社会が誕生し、そして粉砕される。もしくは、驚くべき成功を収める。二世紀にわたる支配ののちに明らかになったのは、資本主義は社会を産業化のための装置へと変える一つの方法にすぎないということだ。二世紀にわたる希望ののち、かたちだけの民主主義ですら、人類のごく一部分に限定されている。開発途上にある世界のいたるところで、昔ながらの生活様式が破壊され、ぼんやりと期待されていただけの開発が差し迫った要求へと変わっている。著しく発展が進んだ世界では、権威や暴力といった手段が、官僚主義的なかたちを装いながら、いたるところで用いられるようになった。いまや私たちは人類そのものと対峙しているのだ。東西両極の超国家はどちらも、第三次世界大戦に備えるべく一丸となって膨大な労力を傾注させている。

人間の能力とは自分が大切にしてきた価値に見合うように自分自身を方向づけていくものだが、いまや能力以上のペースで歴史形成のほうが進んでしまっている。そもそも、どのような価値が大切なのだろうか？　たとえひどい混乱状態に陥っていない場合でも、以前の考え方や感じ方が崩れてしまい、新しく始まろうとしているものは道徳的な停滞と言っていいほど不明瞭なものに思えることはしばしばある。どんどん拡大していく世界にいきなり直面することになったごく普通の人々が、こんなものときちんと向き合うことはできない、と感じてしまうのは当たり前のことではないだろうか。自分たちの人生に対して自分たちの時代がもつ意味を、彼らが理解できなかったとしても、自分自身を守るために道徳感覚を麻痺させ、完全に私的な世界にとどまろうとしたとしても、あるいは、罠にはまってしまったような感覚に囚われたとしても、それは無理もないことではないだろうか。

こうした人々にとって必要なのは、情報だけではない。今日のような「事実偏重の時代」においては、情報がしばしば人々の注意を支配してしまい、それを取り込む人々の能力を圧倒してしまう。彼らに必要なのは物事を分別する技術だけでもない。とはいえ彼らはしばしば、そうした技術を手に入れようと懸命にあがき、自らのかぎりある道徳的な活力をすり減らしているのであるが。

人々が必要としているもの、あるいは必要だと感じているものとは、一方で、世界でいま何が起こっているのかを、他方で、彼ら自身のなかで何が起こりうるのかを、わかりやすく概観できるように情報を使いこなし、判断力を磨く手助けをしてくれるような思考力である。こうした力こそが、ジャーナリストや研究者、芸術家や公衆、科学者や編集者が切望しているものであり、社会学的想像力とでも呼ぶべきものである。本書は、まさにそれを論じようとしている。

I　社会学的想像力の効用――三つの問いかけ

社会学的想像力を手にした人は、より大局的な歴史的場面を、個人ひとりひとりの内的な精神生活や外的な職業経歴にとってそれがどのような意味をもっているのか考えることを通じて、理解することができる。また、それは日々の錯綜した経験のなかで、個々人が自分たちの社会的立場をどのようにしてしばしば見誤ってしまうかを説明してくれる。まさにそうした錯綜のなかでこそ、現代社会の枠組は探求されるし、まさにそうした枠組のなかでこそ、色々な人々の心理も定式化される。こうした作業を行うことにより、ひとりひとりの個人が抱える不安は、私的問題としてはっきりと焦点が合わせられるようになり、公衆の無関心も、公的問題に対する積極的な関与へと変わっていくことになる。

このように想像力を働かせることで、まず自己省察のアイディアを得ることができる。個人は、時代状況のなかに自分自身を位置づけることによってはじめて、自分固有の経験とは何かを理解し、その行く末を見定めることができるようになる。また、まわりにいるすべての個人のもつ可能性を認識することによってはじめて、人は自分の可能性を知ることができる。こうした考え方は、社会学的想像力を具現する社会科学の最初のレッスンでもある。多くの意味でこのレッスンは困難なものであるが、また色々とすばらしい成果をもたらしてくれる。人は、何かに最善を尽くすこともできるし、故意に自らを貶めることもできる。苦悶することもできれば、歓喜することもできる。残虐さを楽しむこともできれば、理性の甘美に酔うこともできる。人間の能力の限界はわからない。しかし私たちの時代において、「人間性（human nature）」というものは、恐ろしいまでに果てのないものであることがわかってきた。そしてまた、代々あらゆる個人は一定の社会で生きるもので、彼が人生を生き抜くことは、何かしら歴史的な流れと不可分のものであることもわかってきた。個人は、社会や歴史におけるせめぎ合いのなかで形づくられるものではあるが、彼が生きているという事実によって、どんなにわずかにであっても、この社会の形成や歴史の流れに貢献しているのだ。

社会学的想像力により、歴史と個人史とを、さらには社会のなかでの両者の関わりを洞察することが可能になる。それが社会学的想像力の責務であり約束なのだ。これをきちんと認識していることが、古典的な社会分析家の特徴である。それは、大仰で長口舌だが大局を見渡すことのできるハーバート・スペンサー（Herbert Spencer）、しなやかな筆致で厳正に問題を抉り出すE・A・ロス（E. A. Ross）、オーギュスト・コント（Auguste Comte）やエミール・デュルケーム（Emile Durkheim）、そして複雑かつ繊細な論を展開するカール・マンハイム（Karl Mannheim）らに特徴的なことである。カール・マルクス（Karl Marx）が知的に卓越している点もすべて、この想像力によるものである。それはまた、ソースタイン・ヴェブレン（Thorstein Veblen）の華々しくアイロニカルな洞察、ジョセフ・シュンペーター（Joseph Schumpeter）の現実世界の多面的構成の手がかりにもなった。マックス・ヴェーバー（Max Weber）の深遠でありながらも明晰な思考は言うに及ばず、W・E・H・レッキー（W. E. H Lecky）による心理学の大胆な刷新もまた、それを基礎としていた。そしてその社会学的想像力こそが、今日の人間と社会の研究においてなにが最良なのかをめぐる試金石となっていると言えよう。

個人史と歴史、そして社会における両者の交差という問題に立ち戻ることなくして、社会をめぐる研究はその知的冒険を全うすることはできない。古典的な社会分析家が扱った具体的な問題が何であれ、彼らが検討した社会的現実の特徴がどれだけ限定的であっても、あるいはどれだけ広範であっても、彼らは想像力を働かせ、自分たちの研究で果たされるべき約束に気づいていたのだ。そのなかで彼らは次の三つのことを絶えず問いかけてきた。

(1)この一つの社会を全体としてみたとき、その構造はどのようなものか？　その本質的な構成部分とは何と何で、それぞれ相互にどう関わり合っているのか？　それは他の社会秩序のバリエーションとどのように異なるか？　社会のある側面は、秩序の持続や変化に対して、どういう意味をもっているのか？

(2)この社会は、人類史のどのような地点に立っているのか？　この社会が変動していく仕組みとはどのようなものか？　人類全体の発展においてこの社会はどのような位置を占め、またそれに対してどのような意味をもつのか？　私たちが検討しているある一つの特質が、その時代に対してどのような影響を与え、また逆にそこからどのような影響を受けているか？　さらに、この時代というものについて言うならば、それがもっている本質的な特徴とは何で、他の時代とどのように違っていて、その歴史形成に特徴的な道筋とは何であるのか？

(3)この時代のこの社会において、現在どのような種類の人間たちが顕著になってきていて、これから先、それがどうなっていくか？　どのような方法で、そうした人間たちは選別され、あるいは形成されているか？　どのように彼らは解放され、あるいは抑圧されているか？　どのように彼らの感覚は過敏なものにさせられ、あるいは麻痺させられているか？　この社会のこの時代における行動や性格を観察することで、どのような「人間性」が明らかになるのか？　そして、私たちが検討している社会のありとあらゆる特質一つ一つは、「人間性」に対してどのような意味があるのか?

関心の対象が強大な権力をもった国家であったとしても、あるいは日常のささやかな文学的な心理、家族、監獄、信条などであったとしても、傑出した社会分析家たちが行ってきた問いかけは右の三つである。これらは、社会における人間をめぐる古典的研究の知的な中心軸をなしてきたものであり、さらに言えば、社会学的想像力の精神をもつ者が、絶えず問いかけてきたものである。というのは、社会学的想像力とは、政治的なものから心理的なものへ、ある単一の家族の調査から世界の国家予算の相対評価へ、神学校から軍事体制へ、石油産業への考察から現代詩の研究へ、というように、あるパースペクティブを別のものへと切り替えてゆく能力なのである。それは、人間とは隔絶されたような客観的な変化から身近な自己の親密性へと眼を移し、そして両者の関わりを見ることのできる能力である。それが駆動している背後には、個人がひとりの特徴ある存在として生きている社会・時代において、自分が社会的・歴史的にどのような意味をもっているのかを知ろうとする衝動が必ずある。

つまり、だからこそ人々は手段としての社会学的想像力を用いて、一方で世界において起こっていることを把握し、他方で社会における個人史と歴史とが交差するささやかな地点としての彼ら自身において何が生じているのかを理解したい、と望むのである。現代に生きる人々は、永遠の異邦人ではないにしても、少なくともアウトサイダーとして自身を認識している。それは主に、社会の相対性と歴史の変革力を痛切に実感した結果である。社会学的想像力とは、こうした自己意識の最も実りあるかたちである。社会学的想像力を用いることで、それまで限られた範囲をなぞりかえしてばかりいたような人が、見慣れたものと思っていた家のなかで突然目覚めたように感じることはしばしばある。正確かどうかはさておくとして、多くの場合、そういったとき彼らは、自分自身でしっかり総括し、じっくり評価判断を行い、見通しのきいた方向づけを与えることができると感じられるようになっている。かつてはゆるぎないものと思えていたこれまでの判断が、今ではなんとも説明のつけようもない淀んだ思考の産物のように思えてくる。物事に驚く力が、いきいきとよみがえる。彼らは新しい思考法を身に付け、いわば価値の転換を経験している。つまり、省察する力と感じ取る力とによって、彼らは社会科学の文化的意味を理解するのだ。

2 公的問題と私的問題

社会学的想像力を作用させる区分のなかで最も実りが多いのは、おそらく「生活圏における私的問題」と「社会構造における公的問題」との区分である。両者の区別は、社会学的想像力の基本的なツールであり、あらゆる社会科学の古典に特徴的なものの見方でもある。

私的問題（trouble）は、個人の性格や、他者との対面的な関わり合いのなかで生じるものである。それは、自己や直接に自分のこととして実感できるような社会生活の限られた範囲に関わる。したがって当然、私的問題をうまく立論し、対処することは、それぞれの歴史をもつ人々の内面や、彼が直接に向き合っている生活圏という範囲のなかで――すなわち、直接経験し、それなりに意図的な対処ができるような社会状況という範囲のなかで――、可能である。こうした問題は私的な事柄であり、個人によってそれまで育まれてきた価値が脅かされていると感じられることを意味する。

公的問題（issue）は、こうした個人と関わる局所的な環境や、内面的な生を超えて生じるものである。それらは、個人の生活圏を歴史的な全体社会の制度へと組織化してゆくこと、つまりは、どのようにして様々な生活圏が重なり合い、相互に浸透し合い、社会的・歴史的な生という巨大な構造を形づくってゆくかということと関わる。こうした問題は公的な案件であり、公衆によってそれまで育まれてきた価値が脅かされていると感じられるときに問題となることである。これに対して、本当に脅かされている価値は何か、実際それを脅かしているものは何か、という議論がよくなされている。しかし、そうした議論がしばしば的外れであることは、公的問題は、私的問題が広がっただけのものではないので、普通の人々が直接に接している日常世界の言葉を用いて定義することはそもそもできない、ということと一つとってみれば明らかである。実のところ、公的問題にはしばしば制度的な編成の危機、マルクス主義者が「矛盾」とか「対立」とでも呼ぶものも、同時に含まれているのである。

この二つの用語を用いて、失業について考えてみよう。人口一〇万人の都市で、失業者が一人とすれば、それは私的問題である。こうした場合は、救済のためには当然、その人の性格、能力、すぐに可能な雇用募集などを見ればよい。しかし、就業人口五〇〇〇万人の国において、一五〇〇万人が失業していたら、それは公的問題である。こうした場合は、特定一個人の雇用機会を見ているだけでは、解決策を見出すことはできない。雇用の構造そのものが崩壊してしまっているのだ。問題を正しく立て、的確な解決策を探るためには、個々人の生活圏や内面だけでなく、その社会の政治経済制度を検討することが必要である。

戦争を考えてみよう。戦時にどのように生き残るのか、どのように名誉の死を遂げるのかというのが戦争をめぐる私的問題だろう。あるいは、戦争でどうお金を儲けるか、軍隊で出世してより高い安全をどう得るか、戦争終結にどう貢献するか、等々。要するに、価値観に合った身の置きどころを見きわめて戦争を生き抜くこと、もしくは戦死を意味あるものにすることである。これに対して、戦争という構造的問題、つまり公的問題が関係するのは、戦争の原因であり、そこに動員される人間のタイプであり、経済・政治・家族・宗教といった諸制度への影響であり、国民国家から成る世界という、まとまりを欠いた無責任体制である。

結婚を考えてみよう。結婚にトラブルは付きものだが、もし結婚後四年以内の離婚率が一〇〇〇組中二五〇組であるならば、そこには、結婚制度や家族、あるいはそれらに影響を与える他の制度に関わる構造的な公的問題が潜んでいると言ってよい。

あるいは、巨大都市について考えてみよう。それは、下劣で美しく、醜くて荘厳な、大都市の不規則な拡がりである。多くの上流階級の人々にとって、「都市問題」の個人的な解決策は、都市の真ん中に駐車場付きのマンションを持ち、他方で四〇マイル郊外にある一〇〇エーカーの私有地に、ガレット・エクボ〔アメリカの造園家〕の庭のついた、ヘンリー・ヒル〔アメリカの建築家〕設計の家を所有することである。二つの制御された環境――それぞれに自分専用のスタッフを置き、プライベート・ヘリコプターで双方が結ばれた環境――ならば、都市が抱える現実によって引き起こされる、生活圏での私的問題のほとんどは解決できるのかもしれない。しかし、これらすべてがどれだけ豪華でも、都市の構造的事実に起因する公的問題を解決することはできない。都市というとてつもない化け物に何をなしうるのか？　すべてを分解して、住居と職場をつなぐバラバラのユニットにしてしまうか？　現状のまま改修するか？　それとも、住民を退去させ、爆破して、新しい場所に新しい計画に基づいた新しい都市を造るか？　その場合、どのような計画がよいのか？　どのような選択をするにせよ、それを決定しやり遂げるのは誰か？　これらは、構造的な問題である。それと向き合い、解決するためには、無数の生活圏に影響を与えている政治的問題・経済的問題を考えなくてはならない。

不況の発生が経済活動にあらかじめ織り込まれたものであるかぎり、失業の問題を私的に解決することはできない。戦争が国民国家体制や世界の不均衡な産業発展に由来するものであるとするならば、限られた生活圏に生きるごく普通の個人は、——たとえ精神医学の助けを借りようが借りまいが——そうしたシステムの存在や不在によって強いられる私的問題を解決する力をもちえないだろう。家族制度が、女性を愛すべきかよわい奴隷にし、男性を主たる扶養者、乳離れしていない依存的な存在にしてしまうものであるとするならば、幸福な結婚という問題を私的なかたちで解決することは不可能なままなのだ。過開発されたメガロポリス、行き過ぎたクルマ社会が過開発社会にあらかじめ組み込まれた特質であるとするならば、都会風の生活という公的問題を私的な創意工夫や財力で解決することはできないだろう。

以上で述べてきたように、ひとりひとりの個人に固有のものである多彩な生活圏において経験するものは、しばしば構造変動に起因する。したがって、多くの個人的な生活圏における変化を理解するためには、それらを超えて物をみる必要がある。そして、私たちがそのなかで生きている諸制度が、相互に関連し、複雑に絡みあえば絡みあうほど、そうした構造変動の数や種類は増える。社会構造という概念を知り、それを感性豊かに用いることで、様々な生活圏の結びつきを明らかにすることができる。それが、社会学的想像力をもつということである。

3 不安と無関心

私たちの時代において、何が公衆にとって重大な公的問題で、何が個人にとって大切な私的問題なのだろうか？ 公的問題と私的問題を定式化するためには、私たちは、時代の流れを見きわめ、どんな重要価値が脅かされ、あるいは支持されているかを問わなくてはならない。どちらの場合でもどのような構造的矛盾が顕著なものとしてそこに含まれているかを、私たちは問わなければならない。

育まれてきたひと連なりの大切な価値があり、それを脅かすものがないと感じられる場合、人々は幸福（well-being）を経験していることになる。大切な価値があり、それが脅かされているとまさに感じられる場合、――私的問題あるいは公的問題として――人々は危機を経験している。そして、それが大切な価値すべてに及ぶ場合は、パニックというかたちで全面的脅威を感じることになる。

しかし、自分が育んできた価値を自覚しておらず、その価値に対する脅威を感じていないような場合は、どう考えたらよいか？　その場合、人々は無関心（indifference）を経験している。すべての価値についてそうならば、それはアパシーとなる。最後に、育んできた価値についての自覚がないにもかかわらず、強く脅威を感じている場合はどうなるか。その場合は、不安（uneasiness）、心配を経験している。すべての価値についてそうであるならば、それは命取りになりかねない原因不明の不安病理になっていく。

現代は不安と無関心の時代であるが、理性や感性を用いることを可能にするかたちで、そうした不安や無関心を定式化することがまだできていない。私的問題が価値や脅威といった用語で定義されるのでなく、ただなんとなく不安でいやな感じがするだけのことも多い。はっきりと公的な問題にされることはなく、あらゆることがどういうわけか正しくないのではないか、という思いに打ち負かされてしまうこともよくある。脅かされている価値が何かも、それを脅かしているものが何かも、明らかにされることはない。つまり、それらの価値は、その正体が確定されるような段階には達していないし、まして社会科学上の問題として定式化されることもない。

経済問題が公的なものであるだけでなく、同時に私的問題を集積したものでもあることは、思い違いをした実業界の一部を例外として、一九三〇年代においてほとんど疑問の余地はなかった。おそらくは、こうした「資本主義の危機」にまつわる議論は、マルクスによって定式化され、その後一般的には無視されがちな多くの再定式化を経て、問題を考えるための主要な用語が用意され、そうした用語でもって自分たちひとりひとりの私的問題を理解するようになっていくこともあった。価値が脅かされていることは明らかであり、その価値はすべての人々に重んじられてきたものだった。そして、価値を脅かしている構造的な矛盾もまた、明らかなように思われた。それは広範に深く経験された。時はまさに、政治の時代であった。

しかし、第二次大戦以降の時期になると、脅かされている価値の多くが、価値として一般的に認められるものではなくなり、脅かされていると広く実感されるようなものでもなくなった。個々人の居心地の悪さはほとんど定式化されることもなく、公衆の不安病理が増大し、大規模な構造的関連をもつ決定がなされても、それが公的問題となることはほとんどなかった。理性や自由という伝統的な価値を受け入れている人々にとっては、個人のレベルでは不安こそが問題化されるべきことであり、公共のレベルでは無関心こそが問題化されるべきことである。不安や無関心をめぐるこうした問題状況は、私たちの時代に警告を与えている。

問題はどれも深刻なもので、今日では定式化すべき問題の種類自体が変わってしまっている、と解釈する識者も多い。ここ一〇年の問題は、いやそれにとどまらず現代特有の危機とも言うべき問題は、経済のような外的な領域のものではなくなり、個人生活の質と関わるものに――それどころか、個人生活と呼ぶに足る何かがあるかどうか、という問いかけと関わるものに――なっているとしばしば指摘されている。主として検討されているのは、児童労働ではなくマンガ本であり、貧困ではなく大衆レジャーである。私的問題だけではなく、公的問題の多くが、「精神医学」の用語で記述される。それは、現代社会における大局と関わる課題や問題を回避しようとする痛ましい試みであるとも言えよう。このようにすべてを私事として説明してしまうのは、しばしば西洋社会、もっと言えばアメリカにのみ関心を限定して、人類の三分の二を無視しているようにみえる。また、個人生活を大きな制度から恣意的に切り離すことであるようにもみえる。そうした制度のなかで生活は営まれ、ときとして幼少期の親密圏などよりはずっと切実な影響を個人生活に与えているわけなのだが。

たとえば、余暇《レジャー》については、仕事のことも考慮に入れなければ、問題にすることすらできない。マンガ本をめぐる家庭内のいざこざといったものも、現代家族の状況――日々刷新されてゆく社会構造の諸制度に対応するなかで現代家族が陥っている窮状――を考慮に入れなければ、問題として定式化することはできない。余暇本来の意味も、その衰退も、現代のアメリカ社会において、不安病理と無関心がどの程度まで、その個人的・社会的傾向を形づくっているのか認識しなければ、問題として理解することはできない。こうした心理状態が拡がっているなかで、〔政治、軍事などとともに〕一元的に統合された経済のなかで働く人々のキャリアと不可分の野心が危機に瀕していることを認識することなくして、

「個人生活」という問題を提起し、解決することはできない。

精神分析家がずっと指摘してきたとおり、「定義できない内なる曖昧な力によって動かされているという感覚が高まっている」、と確かにしばしば人々は感じている。しかし、アーネスト・ジョーンズ（Ernest Jones）も主張しているように、「人間の主たる敵と脅威は、鬱屈した内面の始末に負えない粗暴な本性と暗い駆動力である」というのは、あまりに的外れである。まったく逆に、「人間の主たる脅威」は、現代社会それ自体のもつ始末に負えない力であり、生産手段からの人間疎外であり、政治的支配の技術の隠蔽であり、国際的な無秩序状態であり、一言でいえば、人間の「本性」そのもの、生の条件や目的自体がまったく変わってしまっていることである。

今、社会科学者の最も優先すべき政治的使命と知的使命は――この両者は不可分なのだが――、現代の不安と無関心の基本単位を明らかにすることである。これは、他の文化的な価値を司る者たち――自然科学者や芸術家たち、そして知的コミュニティ一般など――が社会科学者に求めているものにほかならない。こうした使命と要請があるからこそ、社会科学はこの一つの文化期において、公分母となりつつある。そして、社会学的想像力は最も必要なタイプの思考力になりつつある。そう私は信じている。

4　新しい知の公分母をめぐって

そもそも一つの知の時代においては例外なく、一つの決まった省察スタイルが〔道徳的価値を決める〕文化的な生の公分母となるはずである。ところが今日では、一、二年のうちに、にわかづくりの知的流行が、次から次へと入れ替わっている。ひとときの熱狂は、文化的な遊戯には刺激的であるかもしれないが、熱が冷めればほとんど跡形もなく消える。これが「ニュートン物理学」や「ダーウィン生物学」とは大きく異なるところである。この二つの知的世界は、特定の専門領域内部において知的着想や説明の仕方を与えてきただけでなく、広い範囲で影響を及ぼした。こうした観点、そこから派生する観点によって、名もなき学者も、売れっ子の評者も、観察の視点を変え、知の問題を再定式化するようになった。

近代の西洋社会においては、重要な思索を行う際に広く用いられる形而上学の公分母を成していたのが物理学や生物学だった。「実験室の技術」は、基本手順として受け入れられ、知的な確かさを根拠づけた。これが知的な公分母という考え方の一つの意味である。この用語を用いることで、非常に強い信念を示すことができる。他の用語や省察スタイルは、問題の回避や曖昧化にすぎないように見える。

ある公分母が用いられているということは、他の思考のスタイルや感受性のあり方がまったく存在しないということではもちろんない。ただ、公分母が用いられている領域においては、より一般的な知的関心が入り込みやすくなり、最も明確に定式化され、解決というほどではないにせよ、少なくとも有益な方向へと思考が進んでいくような傾向が確かに見られる。

社会学的想像力は、私たちの文化的な生の主要な公分母となり、その顕著な特徴を現すものとなりつつある、と私は信じている。こうしたタイプの思考は、社会科学や心理学に顕著に見られるものである。しかし、私たちがいま知っているようなその二つの学問領域にとどまるものではない。ひとりひとりの個人が、そして文化コミュニティ全体が、この社会学的想像力を習得するのには時間がかかるし、うまくいかないこともよくある。そもそも社会科学者自身が、まったくそれに気づいていないことも多い。社会学的想像力の活用は、最良の研究を行ううえで重要な役割を果たしている。この想像力をうまく育てて用いなければ、社会科学者たちは、社会諸科学の古典的伝統が道を拓き、自分たちが背負うことになった文化的期待に応えることができない。こうしたことを社会科学者たちはわかっていないようである。

しかし、事実や道徳と関わる問題、文学作品や政治分析においても、社会学的想像力という知性が常に求められている。それがどう発揮されるかは様々だが、いずれにしても、知的に努力し、文化的な感性を働かせる場合の核となっている。真摯なジャーナリストと同様、すぐれた批評家は間違いなくこうした知性をもっている。実際、批評やジャーナリズムの仕事は、想像力という知性の如何で、しばしば評価される。有名な批評用語──例えば、ハイブラウ、ミドルブラウ、ロウブラウ──は、こんにち美学的である以前に社会学的でもある。人間のありさまを、広く受け入れられるようなかたちで鮮烈に描き出す真摯な作品をものにした小説家の多くは社会学的想像力をもっており、その要請に応えるだけの多大な貢献をしている。社会学的想像力によって、歴史的な変動のなかで現在を見るように方向づけることも可能になる。「人間性」のイメージがますます問題含みのものになり、社会における日常的慣行とその破綻についていっそう丁寧に想像力を働かせて点検する必要性がますます感じられるようになった。市民の不安と、イデオロギー上の対立が生じている今日、それらが人間性を（形成し、また）如実に示すのである。社会学的想像力の試行により流行の内実が明らかになることは多いが、社会学的想像力それ自体は単なる流行ではない。それは、私たちの身のまわりの世界をより大きな社会的現実と関連づけて理解することを非常にドラマティックに約束してくれるような思考力である。それは、現代の多様な文化的感性の一つではなく、それらをまんべんなく巧みに用いることでそうした感性すべてが──そして人間の理性そのものが──、人間行動においてより重要な役割を果たすように約束してくれる、思考力そのもの、、、、なのだ。

自然科学は、かつて、ゆるぎない公分母であったが、その文化的な意味は疑わしいものになってきている。自然科学は、知的方法としては不適切なところもあるのではないか、と多くの人々が考えるようになった。考え、感じ、そして想像力と感受性を働かせるスタイルとして科学の方法が適切であることは、もちろん当初から宗教的懐疑や神学論争に晒されてきた。ところが、科学的伝統の一世代、二世代前の科学者たちは、こうした宗教的懐疑心を減退させた。懐疑の心は今では俗化され、人間中心主義となり、しばしば混乱状況にある。自然科学における昨今の発展——水爆、およびそれをこの地球のどこにでも投下できるミサイルの開発を技術的な頂点とする——は、知識人のコミュニティ全体、そして文化的公衆に広く知られ、深く考えられてきた問題を一つたりとも解決してこなかった。自然科学の発展は高度に専門化された探求の結果であると考えるのは正しいが、あまりに神秘化してしまうのはおかしい。自然科学の発展はそれなりの解決をもたらしはしたが、それ以上に、学問的にも道徳的にもより多くの問題を生じさせた。そして新しい問題は自然科学の問題ではなく、ことごとく社会的問題なのである。自然が明白に征服され、食糧難が解決されたのはほぼ間違いない、と過剰開発された社会の人間は感じている。そして現在こうした社会においては、自然征服の主な道具立てであった科学は、あまりに野放図で、目的を失っており、再検討が必要だと感じられている。

近代科学を尊重するのは長い間自明の前提であったが、現在では、科学と結びついた技術的なエートス、技術者の想像力は、希望や進歩を感じさせるものではなく、行く末の見えない恐怖感を抱かせるようなものになりがちである。もちろん、「科学」がすべてそうだというわけではないだろう。しかし、科学がすべてそうなってしまうかもしれないことが危惧されている。自然科学の再検討をしなくてはならないという危機感は、新しい公分母の必要性を反映したものである。科学の人間的な意味や社会的な役割、軍事的利用や商業利用、その政治的重要性といったことが、混迷のなかで再評価されている。兵器の科学的発展という問題を考えると、世界の政治的再編の「必要性」が痛感される。しかし、そうした「必要性」については、自然科学だけでは解決されることはないだろう。

「科学」として通用してきたことごとくが、今日では、怪しげな哲学のように感じられてしまう。「リアルな科学」とされてきたことごとくが、人々が暮らす現実について支離滅裂な断片しかもたらさないようにしばしば感じられてしまう。科学者たちが、現実の全体像を描いたり、人間の行く末の正しいアウトラインを指し示そうとすることなど、もはやないだろうと多くの人が思っている。さらに、多くの人にとって、「科学」は創造的なエートスや指針などではなく、科学機械のように見える。それは技術者によって操作され、経済人や軍人によって管理されているが、誰一人として、エートスや指針としての科学を理解することができないし、そうした科学的精神を体現する者もいない。他方でしばしば、科学の名で哲学者たちが科学を「科学主義」に変え、哲学的な科学主義の経験と人間の経験とを同一のものに見せかける。そして、科学主義の方法だけが生の問題を解決できると主張する。おしなべてこうしたことから、文化の製作者の多くは、「科学」は間違ったもので、もっともらしい預言者、あるいはせいぜいが現代文明の極度に曖昧な要素である、と感じるようになった。

しかし、C・P・スノー(C. P. Snow)も言うように「二つの文化」がある。すなわち、科学的なものと人文的なものである。歴史であれ、戯曲であれ、伝記であれ、詩であれ、小説であれ、人文的な文化の精髄は文学である。最近しばしば、色々な意味でまともな文学はマイナーな芸術となってしまっている、と言われる。しかし、仮にそのとおりだとしても、それは、コミュニケーションの主体や媒体の大衆化であるとか、それらが真摯な文学創造に及ぼす影響だけに起因するものではない。それは、現代の歴史的特質そのものや、鋭敏な感覚の人々がその特質をつかむために何を必要と感じているかにもよるのである。

どのような小説、ジャーナリズム、あるいはアートならば、現代の歴史的現実・政治的事実に立ち向かうことができるだろうか? 地獄をどう脚色すれば、二〇世紀の戦争という出来事に挑むことができるだろうか? どのような道徳的告発をすれば、本源的蓄積(primary accumulation)の苦悩のなかで、人々が道徳感覚を麻痺させていることを暴くことができるだろうか？　人々が知りたいのは社会的・歴史的な現実である。しかし、人々は、それを知るための手段を現代文学に見出すことがなかなかできない。人々は事実を切望している。人々はその意味を探している。そして、自分自身を理解する手がかりとなるような信頼できる「大きな図絵」を欲している。人々はまた、指針となる価値、感情表出の方法やスタイル、動機の語彙（vocabulary of motive〔状況を理解し、納得させる理由を付与する言葉〕）を求めている。これらを今日の文学に求めても、簡単には見つからない。文学に見出されるべきこれらの精神があるかどうかが問題なのではない。多くの場合見つけられないことが問題なのである。

以前は、文筆家が、批評家として、あるいは歴史家として、英国やアメリカへの旅を記録したりした。彼らは、社会全体を特徴づけ、その道徳的な意味を見定めようとした。もし、トクヴィル（Tocqueville）やテーヌ（Taine）が今日生きていたとすれば、社会学者であるとは言えないか？　テーヌについてそう問いかけつつ、ロンドンの『タイムズ』紙の書評家は次のように提起している。

人はそもそも社会的動物であり、社会はその群れを集めたものである、とテーヌはみている。彼は、綿密な観察者であり、疲れることを知らないフィールドワーカーである。そして、とりわけ社会現象間の関係を捉えるのに適した知性、バネのように弾力のある知性をもっていた。……テーヌは、現代への関心が強く、よい歴史家たりえなかった。理論にすぐれていたので、よい小説家たりえなかった。そして、文学を、特定の時代や国における文化の記録であると考えていたため、一流の批評家たりえなかった。……彼の英文学の著作は、英国の文学についてというよりは、英国社会の道徳についての解説であり、彼はこうした著作により実証主義思想を伝えた。テーヌは、なにより社会理論家であった。(1)

テーヌは、「社会科学者」にはならず、「文学者」にとどまった。そのことは、おそらく一九世紀の社会科学の大半が、自然科学者において確立されたのと同じような「法則」を熱心に探求していたことの証明である。適切な社会科学を欠いていたことから、批評家、小説家、戯曲家、詩人などが、身のまわりの問題、さらには公的問題を定式化する主たる、しばしば唯一の担い手となった。芸術は、劇的な切れ味を可能なかぎり発揮して、問題と感じたものを表現し、しばしば注意を喚起する。ところが今日、芸術には、問題を理解し、解決してゆくのに必要な知的明晰さがまだまだ欠けている。不安や無関心、その帰結としてのどうにもならない悲惨さを乗り越えるためには、人はそうした問題に立ち向かわなくてはならない。もしそうでも、芸術は、おかしいと感じたものを私的問題や公的問題として問題化し、定式化することをしないし、またできない。それどころか、芸術家はしばしばこうした問題化を避けてしまう。さらに言えば、真摯な芸術家自身が、個人の問題と向かい合っているさなか、なんとかするために社会学的想像力によって活性化された社会科学の知性と教養の助力を必要としていることもある。

5　社会科学の危機

この本の目的は、現代の文化的使命に対して社会科学がどのような意味をもつかをはっきりさせることである。私は、どのような努力によって社会学的想像力が発展してきたかを明らかにしたい。文化的生活だけでなく政治的生活に対して、社会学的想像力がどのような意味をもつかを示したい。そして可能ならば、社会学的想像力を身につけるためにはなにが必要かを示してみたい。こうした作業を通じて、今日の社会科学の本質と用途をはっきりさせ、アメリカにおける社会科学の現状を一応説明してみたい[2]。

言うまでもなく、いつどのようなときにおいても、「社会科学」というのは、しかるべき社会科学者の研究から成る。しかし、社会科学者がみな同じことをしているわけではないし、実際のところは、同じ種類のことをしているとすら言うことができない。社会科学はまた、過去の社会科学者が行ってきたことでもある。しかし、それぞれの専門分野において、どんな伝統を背負って学問を担ってゆくかは、研究者によってまちまちだろう。私が「社会科学の約束」という場合、あくまで私が理解する約束であるということを、はっきりさせておきたい。

今日、社会科学者のなかで、専門的な知の面でも、研究道徳の面でも、研究の行く末について不安が広がっている。こうした不安は——その原因となっている不幸な動向と同様——、現代における知的生活の全体をおおう不安病理の一部であろう。しかし、社会科学においては、不安はより一層深刻である。社会科学には、最初期の著作を導いた重要な約束がいまも間違いなく存在していて、それに照らして扱う主題の性格が問われるし、また現在では、意味のある成果を出すことが執拗に迫られているというようなことを考えてみただけでも、それはわかる。

すべての社会科学者がこうした不安を感じているわけではない。しかし、社会科学の約束を直視して、近年の社会科学がやっていることはもっともらしいだけの凡庸なものである、と率直に認める人々にとっては、多くの社会科学者が不安を感じていないというその事実自体が、より一層の不安をもたらす原因なのである。率直に言えば、私はこの不安を増幅し、不安の源泉を見定め、そこから社会科学の約束をはっきりと実現できるよう導き、再出発するための基礎を明らかにしたい。要するに、すぐにでもできる課題を、そして今なされなければならないことを行うのに有効な手段を示したいのである。

最近では、私のような社会科学の捉え方はいささか旗色が悪い。私の考え方は、一連の官僚主義的な技術としての社会科学とは対極にあるものであって、「方法論」的な詐術で社会的探究を制限したり、あるいは研究を曖昧な概念で粉飾したり、公衆にとって重要な社会問題とは無関係な些末な問題へと探求を矮小化したり、というような真似はしない。こうした禁制、曖昧化、矮小化がこんにち社会研究の危機を生み出しており、こうした危機からの出口はまったく示されていない。

「技術者の研究チーム」の必要性を強調する社会科学者がいる一方で、卓越した個人研究者の必要性を強調する社会科学者がいる。研究方法や技術の洗練に多くのエネルギーを使う者がいる一方で、知的職人の学問が放棄されており、今、再生されなくてはならないと考える者もいる。厳格で機械的な手順で仕事を行う者がいる一方で、社会学的想像力を発展させ、たぐりよせ、用いようとする者もいる。「理論」の形式主義にこだわりすぎるがあまり、他からみればいささか奇妙なやり方で、概念体系を作ったり壊したりする者がいる一方で、感受性を解き放ち理性の射程を拡げることが明らかな場合に限って、用語を念入りに工夫しようとする者がいる。狭い生活圏に研究を絞りこんで「積み上げて」ゆけばマクロな構造の概念を得られると希望的に観測する者がいる一方で、多くの小さな生活圏を「位置づける」ために社会構造を検討する者がいる。比較研究をまったく拒否し、一つの時代の一つの社会の一つの小さなコミュニティのみを研究する者がいる一方で、比較の方法をフル活用し、世界各国の社会構造を直接検討する者もいる。ごく短期的なタイムレンジで人間の活動を研究する者がいる一方で、長い歴史的なパースペクティブによってはじめてはっきり見えてくるような社会問題を研究する者がいる。学問分野に従って研究を専門化する者がいる一方で、アカデミックな位置づけなどによらず、主題や問題に合わせてあらゆる専門知識を活用する者もいる。歴史、個人史、社会の多様性を無視する者がいる一方で、それらと向き合う者もいる。

こうして対置された二極は、他の似かよった対置と同様、政治的な論戦や専門化への怠惰な逃避の最中には二者択一的なものと受け取られることも多いが、実際すべてがそういうわけではない。ここでは素描にとどめるが、本書の最後で再びこの点を考えてみたい。私自身の視点の偏りが明らかになることは、望むところである。なぜなら、前提となる判断が明示される必要があるからである。しかしまた、私自身の判断はおくとして、社会科学の政治的・文化的意義を論じたい。私の視点の偏りは、私が検討しようとしている社会科学の視点の偏りと大同小異である。私の偏りに賛成できない人もいるだろう。私は、自分の偏りを明確にして認めるよう努めるので、それに対する異論をもとにして、私と同じくらいに自分自身の偏りを明らかにし、認めてほしい！　そうすれば、社会研究の道徳的な問題が――そして、公的問題としての社会科学の問題が――認識され、議論も可能になる。すると、より大きな視野からの一般的な自覚化が可能になる。もちろんそれこそが、社会科学という営み全体における客観性の前提条件となる。

要するに、私はこう信じているのである。すなわち、古典的な社会分析とでも言うべきものこそがはっきりした役に立つ伝統である。その本質的な特徴は歴史的社会構造を主題とするところである。そして、その問題は、緊急の公的問題、人間の根深い私的問題と直接的に関連するものである、と。さらにまた、私はこうも思っている。社会科学内部の問題としても、学問的な位置づけ、政治的な位置づけからみても、現在こうした伝統の行く手には大きな障碍がある。しかし、こうした伝統を構成する精神のあり方は、私たちすべての文化的な生の公分母になりつつある。徴候はどんなに曖昧であっても、また様々なかたちでどんなに見えにくくても、こうした精神のあり方こそが必要だと感じられるようになってきている。

社会科学を専門とする人々の多くは現在、特にアメリカにおいては、自分たちが直面している挑戦に応じる意欲を奇妙なまでに削がれているようである。もっとはっきり言えば、多くの人が、社会分析の知的責務・政治的責務を放棄している。単に役割を担う水準に達していない者もいる。それでも、責務は免れないわけではあるけれども。そうした者たちは、時折、使い古された計略を確信犯的に持ち出して、あらためて自粛を煽ったりするように思われる。彼らがもっともらしく研究している社会的世界に対して、当人は不承不承なのにもかかわらず、いまやはっきりと知的・公的な関心が注がれており、奇妙なことだが、彼らは〔意図に反し〕結果として機会を得ている、ということには誰も異論はないに違いない。こうした機会を得ることで、社会科学という知の約束、社会学的想像力の文化としての有用性、そして人間と社会を研究することの政治的な意味が、はっきりと見えてくる。

6　社会学の伝統――社会科学の焦点としての社会学

一社会学者としてばつが悪いのだが、私がこの後の各章で検討しようと思っている嘆かわしい動向はすべて（一つを除けば）、一般に「社会学の領域」とされるものに属している。しかし、文化的なもの、政治的なものが放棄されていることは、他の社会科学の日々の研究においても大同小異であることは間違いない。政治学、経済学、歴史学、人類学といった学問分野においてどう考えられているにせよ、今日のアメリカにおいては、社会学として知られているものが、はっきりと、社会科学をめぐる省察の中心になってきている。社会学は、方法に対する関心を主導するようになった。また社会学には、「一般理論」に対する非常に極端な関心も見出せる。様々な真に注目すべき知的研究が、社会学的な伝統の展開に加えられてきた。多様なものを「一つの伝統（A Tradition）」として無理矢理に括ってしまうのはどうかとは思う。しかし、社会学の研究と認められるものは、次の三つの一般的な方向性のどれかをとることになるのだが、そのいずれもが歪曲され、磨耗していることに異論はないだろう。

方向性1　歴史理論という方向づけ。例えば、コントにおいては、マルクス、スペンサー、ヴェーバーと同じく、社会学は百科全書的な試行であり、人間の社会生活の全体と関わる。社会学は、歴史的であると同時に体系的である。すなわち、過去のことを検討して用いるのだから、歴史的である。同時に、過去を論じるのは、歴史過程における「段階」や社会生活の規則性を明らかにするためであるのだから、体系的である。

人間の歴史理論は、いともたやすくねじ曲げられ、超歴史的に認識を制約する拘束衣になってしまうものであり、人類史の素材はそれを強制的にまとわされ、そしてそこから未来への（多くは陰鬱な）予言的展望が引き出されることになる。アーノルド・トインビー（Arnold Toynbee）やオスヴァルド・シュペングラー（Oswald Arnold Gottfried Spengler）の仕事がよく知られた例である。

方向性2　「人間と社会の本質」の体系理論という方向づけ。たとえば、特にジンメル（Georg Simmel）やフォン・ヴィーゼ（Leopold von Wiese）ら形式主義者の仕事において、社会学は、すべての社会関係を分類し、不変の基質と仮定されるものを考えるための概念を扱うようになった。要するに、形式主義的な方向性は、高度に一般的なレベルで、社会構造の構成要素をめぐるかなり静的で抽象的な観点に関心を注ぐ。

おそらく方向性1の問題を正した反動だろうが、ここでは歴史が完全に放棄されてしまう。人間と社会の本質をめぐる体系理論はいともたやすく、精緻な、しかし想像性を欠いた形式主義へと堕することになる。そして、〈概念〉を分割し、際限なく編成しなおす儀式が努力の中心となる。以下でグランド・セオリスト（Grand Theorists）と呼ばれることになる者の手にかかると、概念化（conceptions）はまさに〈概念〉の物神化（Concept）となってしまう。タルコット・パーソンズ（Talcott Parsons）の仕事が、アメリカ社会学における主要な最新の例である。

方向性3　現代における社会的事実、社会問題の経験的な研究という方向性。アメリカの社会科学においては、一九一四年くらいまではコントやスペンサーが重要なものとみなされていた。また、ドイツの理論的な影響も大きかった。しかし、学問の草創期よりすでに、経験的なサーベイがアメリカ社会学の中心となっていた。それは、一つには、経済学と政治学などが先行して、学問としてまず確立されたことによる。そのため、社会においてなんらかの特有の対象領域をもった学問であろうとする場合、社会学は、学問的な残り物を雑多に集めた、社会科学におけるある種の便利屋という立ち位置に甘んじることになる。社会学の研究対象には、都市や家族、人種や民族関係、そしてもちろん「小集団」などがある。後の章でみることだが、結果として雑多な研究となったことで、一つの思考スタイルが生み出された。それを私は、「リベラルな実用性」(liberal practicality)という用語で検討することになるだろう。

現代の事実を研究しようとすると、往々にして身のまわりの世界におけるバラバラの事実、しばしば無意味な事実の研究になってしまうものである。アメリカの社会学科の多くの講義科目がこれをはっきりと示している。それを最も鮮やかにさらけ出しているのはおそらく、社会解体論という分野のテキストだろう。他方で、社会学を学ぶ者は、万能な調査技法のスペシャリストになろうとする傾向があった。彼らの間で、方法は神格化された方法論となる。ジョージ・ランドバーグ(George Lundberg)、サミュエル・ストーファー(Samuel Stouffer)、スチュワート・ドッド(Stuart Dodd)、ポール・F・ラザースフェルド(Paul F. Lazarsfeld)の仕事の多く、それ以上にそのエートスが、今日的な例である。これら三つの傾向、つまり注意を分散させ、方法のための方法を練り上げる傾向は、なかよくきっちり手をたずさえている。それがいつも一緒に顔をのぞかせるわけではないが。

社会学がおかしなことになっているのは、これら伝統的な傾向(方向性)のいくつかが、ゆがめられた結果であると理解できるかもしれない。しかし、社会学の約束も、この三つに沿って、理解できるかもしれないのである。今日アメリカにおいて、いくつかの西洋社会の社会学から色々な要素や目的を統合し、一種のヘレニズム的な混淆が起こっている。こうして社会学が騒々しく展開するなかで、他の社会科学者が苛立ってしまい、また社会学者が「調査（research）」に性急になっている結果として、本当に価値がある社会学の遺産を手放してしまう恐れがある。しかしまた、今の状況は機会を与えているともいえる。社会学の伝統は、社会科学の一つ一つの約束を果たしているだけでなく、約束全体をとてもうまくまとめているとも言えるのである。社会学を学ぶ者が、社会科学の伝統にどのようなニュアンスや示唆を見出すかをそうたやすく要約することはできない。しかし、伝統を受け入れる社会科学者たちは十分報いられるだろう。社会学の伝統をマスターすれば、社会科学のなかですぐに自分の仕事をあらためて方向づけることができるのだ。

以下ではまず、蔓延する社会科学の歪曲についてまず検討する（第2章から第6章）。その後で、社会科学の約束に立ち返るつもりである（第7章から第10章）。

まずは、グランド・セオリー〔壮大な一般理論〕から検討をはじめることにしよう。例として、タルコット・パーソンズの『社会システム論』〔邦訳『社会体系論』〕をとりあげる。グランド・セオリーを代表する傑出した論者による最も重要な著作として広く認められているものである。

ある状況においていくつかの行為の態度決定が可能であるとすると、何かひとつを選択するためには、社会で共有されたシンボル体系が尺度や基準に用いられる。そうしたシンボル体系の一要素を価値と呼ぶことができるだろう。……こうした行為全体の動機的な態度決定という側面は、シンボル体系がどのように働くかということからみるならば、「価値的な態度決定」という側面とは、区別される必要がある。前者が、行為者にとって満足されるものかそうではないかといった基準で個別に望ましいかどうかを判断することであるとすれば、後者は共通の選択基準それ自体である。この意味において価値による態度決定という概念は、文化的な伝統を行為システムへと整理変換してゆく際、重要な一側面を定式化するための論理的な工夫である。

規範による態度決定の導出と、右に述べたような行為における価値の役割とから判断すると、すべての価値には社会的な基準値とでも言うべきものが必要である、ということになる。……一言でいうと、行為が「規範的に態度決定される」ということは、行為システムに固有のことである。すでに示したように、このことは、期待という概念、および行為理論におけるその位置づけ、とりわけ行為者が目的を遂行してゆく「活動」の段階における位置づけから、帰結するところのものである。期待は、自己と他者との相互行為の「ダブル・コンティンジェンシー」〔不測の事態の重なり〕と呼んできたものと結びつき、決定的に重要な秩序問題をつくり出す。同じようにして、一方でコミュニケーションの基盤となるシンボル体系における秩序の問題、他方で期待の規範的側面に対する個々人の動機的な態度決定の相互性における秩序の問題、すなわち「ホッブズ的」秩序の問題という、秩序問題の二側面が区別される。

秩序の問題、以上の検討を踏まえて言いかえれば、社会的相互行為の安定したシステム統合の本質という問題、つまりは社会構造の統合の本質という問題は、私たちの文脈においては、行為者の動機と、行為システムを統合する規範的な文化基準とを、個人相互の間で統一することを眼目とする。こうした基準は、前章〔『社会システム論』Ⅰ章「行為の準拠枠と行為システムの一般理論」〕で用いた用語を使うならば、価値による態度決定のパターンということになるが、それ自体、社会システムの文化的伝統のとりわけ重要な部分である[1]。

読者のなかには、もう次章に移ろうと思った人もいるのではないだろうか。どうか、それは我慢していただきたい。グランド・セオリーというのは、概念の組み替え作業に他ならないが、検討を加えるだけの価値が十分あるのだから。なるほど、次章で検討する方法論的な禁制ほどには、グランド・セオリーは重要な影響力をもったことはなかった。研究スタイルとしてのその影響力は、範囲が限られているからである。事実、それは、そうやすやすと理解できるような代物ではなく、まったくもってわからないのではないか、と疑ってみたくもなる。ボロが出にくいというのはプラス材料であるが、仮にもグランド・セオリーによって革命宣言《プロヌンシアミエント》することで社会科学者の研究のあり方になんらかの影響を及ぼそうとしているのならば、わかりにくいことは間違いなくマイナス材料である。茶化すつもりはないが、事実をありのまま語るならば、社会科学者たちが受け止めているグランド・セオリーの研究成果は、おおよそのところ次のようなものだろう。

グランド・セオリーは理解できると主張し、かつそれが好きな人々のうち少なくとも何人かにとってみれば、それは社会科学史における偉大な前進である。グランド・セオリーは理解できると主張するが、それが嫌いな人々の多くにとってみれば、それはいささか分不相応な重々しさを放つ、ぶざまな議論である（そもそも嫌いで我慢できないのならば、わざわざ解読しようとはしないだろうから、こうした人はほとんどいないだろうが）。

グランド・セオリーは理解できるとは主張しないのだが、それが大好きな人にとってみれば——実はこの類いが多いわけだが——、それは、とてもすばらしい迷路である。それはしばしばわかりやすさを見事に欠いているからこそ、まさに、人々をうっとりとさせる。グランド・セオリーは理解できるとは主張せず、かつそれが嫌いな人は——もし本心を語る勇気を失っていなければ——、本当のところ王様は裸なのだ、と感じるだろう。もちろん、ここまではっきり言わない人も多いだろう。また、粘り強く中立の立場を堅持し、何か専門的な知見が得られるなら学ぶという人も、それ以上に多いだろう。グランド・セオリーは、畏怖すべき思考の産物のようであるが、多くの社会科学者は、いわくつきの噂を別とすれば、その実体がどのようなものであるかも、まったく知らないのである。

さていずれにせよ、不満なのはただ一点、わかりやすさということである。もちろん、これに限ったことではないが(2)、グランド・セオリーの場合は、問題は非常に深刻であり、こう問わなくてはならないだろう。単に冗長で混乱した言い回しとしてかたづけてしまってよいものなのか、それとも何か見るべき点があるのか？　その回答はこうだ。そこには何かがある、確かに深く埋もれているが、しかし何かが言われてはいる。したがって、問いかけはこう言い換えられる。もし理解の妨げとなっていたものがグランド・セオリーから一掃され、埋もれていた内容がわかりやすくはっきりとしたとき、そこで言われていることはいったい何なのか？

I　『社会システム論』を翻訳する

この問いかけに答えるための方法は、ただひとつである。この思考スタイルの典型例をわかりやすく翻訳して、訳文を手がかりにして考えることである。例は右にひとつ示した。はっきりさせておきたいのだが、私はなにも、パーソンズの著作の全体像について評価したいわけではない。もちろん、パーソンズの別の著作について触れることもあるが、それも『社会システム論』一冊に含まれているポイントを明らかにするうえで効果的であるからにすぎない。この著作に書かれていることを日常用いられる言葉に訳してゆくのも、名訳を気どろうというわけではさらさらなく、翻訳を通じ明解な論旨を救い出したいだけである。著作のなかでわかりやすくできることは細大漏らさないようにしたい。とりわけ、単語の定義、語と語の関係の定義が延々と続くなかから、言明されている何かを引き出してみようと考えている。わかりやすさも定義もどちらも大切だ。この二つを混同してしまうと、明快さが損なわれてしまう。何が必要かをはっきりさせるために、まずいくつかの短文を翻訳してみることにしよう。そのうえで、この著作の全体を、二つの手短な翻訳を示すことによってまとめてゆくことになるだろう。

この章のはじめに引用した例を翻訳してみるとどうなるか。「人々はしばしば基準を共有している。そして互いに基準を守ることを期待している。その限りにおいて、社会秩序は保持される。」（翻訳終わり）

パーソンズの文章

さて、こうした秩序への「綴じ込み」には二重の構造がある。第一に、基準への同調が基準の内面化による場合、同調は個人的な意味、すなわち自我にとって表出的かつ／もしくは道具的意味をもつようになる。第二に、自我の行為に対する他者の評価〔サンクション〕が構造化されることも、基準への同調のひとつの機能である。それゆえ、自分自身の欲求性向を直接満たす様式としての同調と、他者の好ましい反応を引き出し、他者の好ましくない反応を回避する条件としての同調とは、一致する傾向がある。価値による態度決定の基準に同調することが、大多数の行為者の行為との関わりにおいて、これら自他双方の条件となる尺度を満たしているとすれば、すなわち、基準への同調が、システムにおけるどの行為者の観点からみても、自らの欲求性向を充足させる様式であり、かつ他の重要な行為者の反応を「最適化する」条件でもあるとすれば、そうした基準は、「制度化されたものである」と言えるだろう。

この意味での価値パターンは、常にある相互行為を通じて制度化される。それゆえ、その文脈との関わりにおいて統合される期待の体系は、常に二重の側面をもつ。一方で、準拠点である行為者や自我の行動に関わり、一定の基準を与える期待がある。この期待は、行為者の「役割期待」である。他方で、行為者の観点からみて、予期される他者（他我《アルター》）の反応の不確実性に対応する一組の期待がある。こちらは「サンクション」と呼ぶことができるだろう。これは、自我の欲求満足を与えるか奪うかにより、肯定的な是認と否定的な制裁に分けられるだろう。役割期待とサンクションの関係は、明らかに相補的である。自我にとってサンクションであるものは他我にとって役割期待であり、自我にとって役割期待であるものは他我にとってサンクションである。

さて、役割とは、個々の行為者における態度決定の全システムにおける一つのセクターで、特定の相互行為の文脈と関わる期待をめぐって組織化されている。すなわち、適切に補足的な役割を果たす単一もしくは複数の他我との相互行為を司る特定の価値基準と統合されている。こうした他我とは、個々の成員を明確に定義できる集団である必要はない。価値による態度決定の共通基準に関する相補的な期待を含んだ、自我となんらかの補完的相互関係を取り持つものであれば、他我に含まれうる。

一組の役割期待と対応するサンクションの制度化は、明らかに程度の問題である。制度化の程度は、二変数――一方で、特定パターンの価値による態度決定が共有されている程度に作用する変数、他方で、動機による態度決定、その場の期待充足と関わる変数――の関数である。後述することだが、この二つの経路を通じ、様々な因子が制度化の程度に影響を及ぼす。一方、完全な制度化の対極にあるのは「アノミー」、相互行為過程の構造的相補性がない状態、あるいはまったく同じことだが、両方の意味において、規範的秩序をまったく喪失した状態である。ただし、これは具体的な社会システムを記述することのない極限的な概念である。よって制度化と同様に、「アノミー」にも程度がある。そして、片方が上がれば他方は下がる。両者は表裏の関係にある。

ある制度とは、制度化された役割を統合した複合体であり、検討対象となっている社会システムにおいて効果的に構造を調整するうえで重要なものである。制度は、役割よりも高次の社会構造における秩序単位と考えられるべきである。実際、制度は、相互に依存した複数の役割パターン、およびそれらの構成要素が多元的に組み合わされたものである。[3]

翻訳文

人々は、お互いに連携することもあるし、対立することもある。そこで人々はそれぞれ、お互いが何を望んでいるかを考える。そうしたお互いの期待がはっきりし、ゆるぎないものとなった場合、それを基準と呼ぶ。人々はお互いに、自分の行為に対して、他者がどのような反応をするかを予測する。こうした期待される反応をサンクションと呼ぶ。そのなかには、満足を与えてくれるものもあれば、そうでないものもある。人々が基準やサンクションによって導かれていると考えられるとき、人々は一緒に役割を演じているということができる。これは、便利な喩えである。実際問題として、私たちが制度と呼ぶものは、多少なりとも安定した役割によって、おそらく最もうまく定義できる。ある制度のなかで――もしくはそうした制度が集まってつくり出す社会全体のなかで――基準やサンクションがまったく通用しなくなっている場合、デュルケームにならって、「アノミー」と呼ぶことができるだろう。さて、一方の極には、「アノミー」がある。他方の極には、基準やサンクションがすべて秩序だって整っている制度がある。それは、イエイツ（W. B. Yeats）の言葉を借りれば、中心の喪失［イエイツ「再臨」（'The Second Coming,' 1920）］、私なりに言えば、規範的な秩序の崩壊である。（**翻訳終わり**）

ここに示した翻訳は、原文に忠実なものではないということを認めなくてはならないだろう。考え方はとてもよいので、その骨子を救い出すささやかな手助けをしてみたまでである。実際、グランド・セオリーの考え方の多くは、翻訳してみると、多くの社会学テキストに書かれている定番といってもよいものである。しかし、「制度」との関連でみると、上記の定義は十分ではない。翻訳に付け加えなくてはならないことがある。役割が制度をつくり出す、と言う場合、「共有された期待」がつくり出す一つの巨大な「相補性」だけでは、普通は説明がつかない。軍隊、工場、さらに言えば家族などに所属したことがおありだろうか？ それらが制度である。こうした制度のなかでは、一定の人々の期待が、他の人々のそれよりも、多少なりとも影響力をもつ。なぜなら、彼らはより強い権力をもっているからだ。これでも十分な定義ではないが、もっと社会学的に言いかえてみるとこうなる。制度とは、権威で序列化された一組の役割である、と。

パーソンズの文章

共通価値への帰属は、動機づけという観点から考えると、行為者が価値パターンに裏打ちされた共通の「感情」をもっている、という意味となる。このことは、こう定義されるだろう。問題となっている期待に同調することは、同調によって得られる道具的「利点」(例えば、否定的サンクションを忌避すること)とは比較的無関係に、「よいこと」とされる。さらに言えば、共通価値に帰属することで、行為者の満足欲求が直接満たされることもあるが、こうした同調は、同時に、「道徳的」な側面を常にあわせもっていて、それにより、より広範な、つまり行為者の属する社会的行為システムにおける「責任」がある程度規定される、と。〔この定義で〕特定の責任の焦点となっているのは明らかに、共通価値による態度決定がつくり出す集合性である。

結局、共通価値を支える「感情」に固有の構造は、通常、有機体の生来の特徴が表出したようなものではないというのは明白である。それらはたいてい学習され、獲得されるものである。さらに、それらが行為の態度決定において果たしているのは、主に認知や、「順応」の対象となっているような文化ではなく、内面化された文化パターンという役割である。それらは、行為者のパーソナリティ・システムそれ自体の一部分を構成するのである。それゆえ、そうした感情、あるいはもしそう呼んでさし支えなければ、「価値態度」は、パーソナリティの真の欲求性向である。制度化された価値の内面化によってはじめて、社会構造における行動の動機的な統合が真に可能になる。またそれによってはじめて、動機の「深層」は役割期待の充足により抑制される。そして、高度な価値の内面化が達成されたときにはじめて、社会システムは高度に統合され、集合体としての利害関心と、構成員の私的な利害とが一致するようになっていくということができる。(注)

（注）完全な調和は、有名な摩擦のない永久運動機械のような極限的な場合を想定するべきだろう。動機の社会システムが完璧に一貫した文化パターンに統合されるなどということはありえないにしても、そのように統合された社会システムを考えることには、高度に理論的な意味はあるであろう。（パーソンズの注）

一連の共通価値のパターンが、社会構成員のパーソナリティの内面化された欲求性向の構造と統合されるのは、社会システムの動態において、核となる現象である。すぐ消えてしまうような相互行為過程を除けば、どんな社会システムの安定性もそうした統合の度合いに依存しているのであり、その統合は社会学における根本的な動学定理と言ってもよい。社会過程の動態分析を行っていると主張するすべての分析は、この論点を回避することはできない。(4)

翻訳文

人々が同じ価値を共有しているとすると、彼らはお互いに予測したとおりに行動する。さらに、彼らは、たとえ目の前の利害と対立しているようなことがあっても、そうした同調をとてもよいことと考える。こうした共有される価値は、もともと持って生まれたものというよりは学習されたものであるのだが、だからといって人間の動機づけにおいて重要なものであることには変わりはない。それどころか、こうした価値は、パーソナリティの一部となるものである。そうした価値が、社会を結びあわせる。なぜなら、社会的に期待されているものが、個人的に必要なものとなっているからである。このことはどんな社会システムの安定にも欠かせないものであり、私はこれを、ある社会をうまく機能しているものとして分析しようとする際の最初の出発点とすることにしている。

(翻訳終わり)

同じようなやり方で、五五五ページの『社会システム論』を約一五〇ページのわかりやすい英語に翻訳することができるように思う。結果としてできあがったものは、非常に感動的な名訳などとは言えないかもしれない。しかし、それでも、著作の鍵となっている問題は何か、そして著作が問題に対して示している解答は何かを、はっきりと論じられるだけの用語を網羅しているものにはなるだろう。もちろん、どんなものであれ、いかなるアイディアもいかなる著作も、一文で示すことができるし、二〇巻に引き延ばすこともできる。どう案配するかは、何かを述べるのにどれほど言葉を費やせば十分であるか、そしてその何かがどの程度重要なのか、どれくらい多くの経験をわかりやすくしてくれるのか、どれほど広範な問題を解決してくれるか、解決できないまでも少なくとも問題化してくれるかによるのである。

たとえば、パーソンズの著作について言えば、二、三のフレーズで言い換えることができる。「問題となっているのは、社会秩序はどのように可能なのか、ということである。これに対する答えは、共通に受容されている価値がそれを可能にしている、ということにでもなろうか」。本当にそれで全部か？　もちろん違うが、それが主要な論点である。しかし、これはフェアなやり方だろうか？　どんな本でも、このようなかたちに翻訳してしまえるものなのか。もちろん可能である。私自身の『パワー・エリート』を同じように扱うこともできる。「結局、誰がアメリカを支配しているのか。個人がそんなことを完璧にできるわけはない。なんらかのグループが支配しているとすれば、それは権力エリートだろう」。そして、今あなたが手に取っている『社会学的想像力』だって例外ではない。こう翻訳できる。「そもそも社会科学とは何なのか？　社会科学は、人間と社会を主題としなくてはならない。そして、確かにそれを主題にしていることもしばしばある。その場合、社会科学は、私の歴史と公の歴史、多様な社会構造における両者のつながりを理解する手助けとなる」、と。

さて、パーソンズの著作を四つのパラグラフで翻訳してみるとこうなる。

「社会システム」とでも呼ぶべきものを想像してみよう。個人はそこで他者をよりどころにして行為する。こうした行為はかなり整然としたものであることが多い。なぜなら、システムにおける個人は、価値基準、適切な実践の基準を共有しているからである。こうした基準のいくつかを規範と呼ぶことができる。規範に従って行動する人間は、似た状況では似た行動をとる傾向にある。このような場合、観察可能で安定した「社会的な規則性」があるといえる。この持続的で安定した規則性を、「構造的」と呼ぶことができる。こうした社会システムにおける全規則性を、精密な絶妙の均衡として考えることも可能である。これが比喩であることを忘れることにしよう。なぜなら、私のキー〈概念〉である社会均衡（social equilibrium）を非常にリアルなものとして実感してもらいたかったからである。

社会均衡の維持のされ方としては、主に二つあり、その少なくとも片方がうまくいかない場合、不均衡が生じる。第一は、「社会化（socialization）」、すなわちこの世に生まれおちた個人が、社会的な人格になる経路である。こうした社会的人格形成は、他者から要請され、あるいは期待される社会的行為の動機を習得することにかかっている。第二は、「社会制御」である。私の用いる意味での社会制御は、人々に整列させる方法、さらに自発的にその列を保つようにする方法である。「列」で私が言おうとしていることは、社会システムにおいて、型どおり期待されることを行い、認められるような行為すべてである。

社会均衡を維持しようとするときにまず問題となるのは、期待され要請されていることを人々が行うように仕向けることである。それに失敗したとなると、次に、人々を秩序づける他の手段を用いることが問題となる。こうした社会制御を最もうまく分類し、定義したのは、マックス・ヴェーバーである。ヴェーバーとそれに続く何人かの論者が見事に説明していることに、つけ加えることはほとんどないと言ってもよい。

一つ、少し私が困っている点がある。社会均衡、およびそれを実現している社会化や制御があるとして、誰かがそこから抜け出すということはいかにして可能なのか。私には、これをどうにもうまく説明できない。すなわち、社会システムの体系的な一般理論によっては説明できないのである。そして、もう一つ、うまく説明しようとしてもできないことがある。どのように社会変動を説明したらよいか、すなわち歴史をどう説明したらよいかということである。この二つの問題については、問題が想起されたら、経験的な研究をはじめることをすすめたい。**(翻訳終わり)**

おそらくこれで十分だろう。もちろん、もっと徹底した翻訳も可能であろう。しかし、「もっと徹底した」というのは必ずしも「もっと適切な」ということではない。読者自身で、『社会システム論』を検討して、色々見つけてみてほしい。ところで、ここで三つの課題がある。第一に、グランド・セオリーが示している思考の論理形式を特徴づけること。第二に、この一例が示す固有の混乱を明らかにすること。第三に、多くの社会科学者がパーソンズの秩序問題にどのように取り組み、解決しているかを示すこと。これら三つの論点を検討する目的は、グランド・セオリストを無用な高みから引きずり下ろすことである。

2 抽象的な概念体系——よい定義とは何か

社会科学者における深刻な相違は、まったく考えずに観察する者と、まったく観察せず考える者との間で生じるものではなく、両者の間の観察の仕方の違い、思考の仕方の違い、あるいは観察と思考の結びつき方の違いから生じる。

理論がとてつもなく一般的になってしまうことの根本的な原因は、そもそもの思考レベルの選択にある。あまりに抽象的なものが選択される結果、グランド・セオリーの実践者は、必然的に観察のレベルまで降りてくることができない。グランド・セオリストである彼らは、高度な一般性のレベルから、歴史的・構造的なコンテクストの問題へと降りてくることができないのである。ぶれない正しい問題感覚に欠けているため、彼らの論考にあるような現実離れした方向へと向かってしまう。こうしたことの一つの帰結として、出口が絶対にないにもかかわらず、なんとなくもっともらしい分類の作業を一心不乱に続けることになる。しかし、こうした実践は、私たちの理解を拡げるわけでもないし、それによって経験が研ぎ澄まされるわけでもない。これはまた、人間の行動や社会をはっきりと記述し、説明する努力を、なかば組織的に放棄していることでもある。

ある言葉が指し示すものを考えるとき、私たちは言葉の意味論的（semantic）な側面を論じていることになる。言葉と他の言葉との関係を考えているとき、私たちは言葉の統語論的（syntactic）な特徴を検討していることになる。(5) 私がこれらの便宜的な用語を導入するのは、問題点をはっきりわかりやすく表現してくれるからである。グランド・セオリーは、統語論に溺れてしまい、意味論が見えなくなっている、というように。私たちが用語を定義するときには、相手にも自分たちと同じ用語の使い方をしてもらうよう案内しているだけである。定義の目的は、議論の焦点を事実に合わせることである。そして、よい定義は必ず、用語の議論から事実認識への疑義を導出し、議論を新たな探求へと展開させていくものである。しかし、グランド・セオリーの実践者たちは、これらのことを正しく理解してはいない。

グランド・セオリストは、統語論的意味合いに拘泥し、意味論的な方向へと想像力を働かせることができなくなっている。彼らは、高度な抽象化にあまりにも執着しすぎている。そのため、彼らの「類型論」、そして類型化の作業は、目の前にある問題を体系的に定義し、問題解決につなげてゆくこと――文字通り明快で秩序だった体系化をすること――ができない。彼らの「類型論」は不毛な〈概念〉ゲームにすぎないように見えてしまう。

グランド・セオリストの研究においては、そうした問題解決につなげる努力が一貫して欠如している。そこから私たちが学び取ることができる重要なことの一つは、自覚をもった人であれば、研究の抽象度のレベルを常に意識し、それを制御できなければならない、ということである。異なるレベルの抽象度の間を、わかりやすく明晰に、行き来することのできる能力は、想像的かつ体系的に考えることのできる人であることのしるしである。「資本主義」「中間階級」「官僚制」「権力エリート」「全体主義的民主主義」といった用語には、込み入った曖昧な含みがあって、これらを用いる場合は、そうした含みを丁寧に点検して、使いこなせなくてはならない。あるファクターを単に推定しようとするとそこに観察が混ざってしまう。これと同じように、事実のなかに関係性が混ざりこんでしまっている。これらも丁寧にときほぐし、自分がそれをどのように定義して用いるのかを明確にしなくてはならない。

そうした概念の意味論的・統語論的な次元を明らかにするためには、二つの次元それぞれに固有な意味の階層構造があることを自覚し、そうした階層のすべてについて考えなければならない。私たちは問わなくてはならない。私たちが考察で用いようとしている「資本主義」が意味するものは、すべての生産手段が私有財産であるということだけなのか？それとも、価格、賃金、利子などを決定するメカニズムとしての自由市場という考え方も、この言葉に含めるのか？　そして、私たちは、経済制度だけではなく政治秩序に対する含みももたせて、この用語を定義することがどこまで可能だと考えられるだろうか？

私は、このように考えていくことが体系的思考の鍵であり、それを怠ると〈概念〉のフェティシズムに陥ると思う。以降では、こうした思考の怠慢がもたらす一つの帰結を、パーソンズの著作に見られる重大な混乱をより仔細に検討することで、明らかにしていきたい。

3　正統化のシンボル

「ひとつの一般社会学理論」を提示しえているのだと主張するグランド・セオリストが実際のところ提示しているのは概念の王国である。人間社会における構造的特徴の多くは、人間社会を適切に理解するための基礎であると長らくみなされてきたが、そうした特徴はこの概念の王国からは締め出されてしまう。そうなってしまったのは、一見したところでは、社会学の研究対象を経済学や政治学とははっきりと異なる専門化されたものにしていくために熟慮した結果であるようにもみえる。パーソンズによれば、社会学が取り組むのは、「社会システムの理論的な側面である。すなわち社会システムにおける価値による態度決定パターンの制度化現象であり、パターンの制度化や変化の条件であり、一組のパターンへの同調や逸脱の条件であり、また、これらすべてに関わるかぎりでの動機づけのプロセスでもある」[6]。これを翻訳して、仮定を取り除けば（あらゆる定義がそのようにあるべきだが）、次のようになる。「私のようなタイプの社会学者は、人々が自ら望んで、大切にしているものを研究したいのだ。それからまた、そういう価値が色々あって、それらが変化するのはなぜかを考察したいのだ。もし、なんらかの基本単位となる一組の価値が発見できるとすれば、それに同調する人たちと、しない人たちがなぜ生まれるかを考えたいのだ。」（**翻訳終わり**）

デヴィッド・ロックウッド（David Lockwood）も指摘してきたように[7]、こうした立論によって、社会学者たちは「権力」と関わること、経済制度や政治制度と関わることを回避しているのである。私はさらに言いたい。こうした立論においては、そしてパーソンズの全著作においては、社会学で従来「正統化」（legitimation）と呼ばれてきたことだけが問題となり、他のいかなる制度も問題とされることはない。結果として、すべての制度構造は定義上、ある種の道徳圏（moral sphere）に、もう少し正確に言えば「シンボル圏[8]（the symbol sphere）」と呼ばれてきたものに変換される。要点をはっきりさせるために、まず第一に、こうした道徳圏について説明を加えたい。第二に、こうした道徳圏のまやかしの自律性について議論したい。第三に、社会構造のいかなる分析においても最重要視されるべき問題のいくつかが、パーソンズの概念化によって、どのように問題化できなくなっているかを示したい。

権威者というものは、自らの制度支配を正統化するために、まるで論理的必然であるかのようにして、広く信じられた道徳シンボル、聖なるエンブレム、法的な常套句などと支配を結びつける。核となる概念の論拠として持ち出されるのは、単一もしくは複数の神であるかもしれないし、「多数者の投票」「民衆の意思」「能力や富の貴族制」「神聖な王権」などであるかもしれないし、でっち上げられた途方もない支配者の資質であるかもしれない。社会科学者は、ヴェーバーに依拠して、こうした概念を「正統化」と呼ぶ。あるいはまた、「正統化のシンボル」と呼ばれることもある。

これについては、様々な思想家が、それぞれの用語で論じてきた。モスカの「政治的常套句」「偉大な迷信」、ロックの「統治原理」、ソレルの「支配神話」、サーマン・アーノルド（Thurman Arnold）の「フォークロア」、ヴェーバーの「正統化」、デュルケームの「集合表象」、マルクスの「支配的な理念」、ルソーの「一般意志」、ラスウェル（Harold D. Lasswell）の「権威シンボル」、マンハイムの「イデオロギー」、ハーバード・スペンサーの「公共感情」等々。これらすべて、あるいはこれに類する用語は、支配的シンボルが社会分析の中心に置かれてきたことを証明している。

同様に心理学的な分析では、支配的シンボルが個人レベルで受け取られ、人々をある役割へと導き、それに見合った行動をするように仕向ける根拠となり、しばしばその動機にもなる。たとえば、経済制度が支配的シンボルによって公的に正統化されるならば、自己の利害に基づく行動も、個人の正統な行動として受け入れられることになるだろう。しかし、もし経済制度を「公益・公務と信用」という観点から正統化する必要があると公的に感じられる場合は、それまで通用していた自己の利害に基づく動機や理由は、資本家たちに罪悪感を引き起こすか、少なくとも居心地の悪さを覚えさせるものになるかもしれない。公的な効力をもつ正統化は多くの場合、時がたてば、個人的な動機としても効力をもつものとなる。

さて、パーソンズやその他のグランド・セオリストが「価値による態度決定」「規範的構造」と呼んでいるものは、主として正統化の支配的シンボルと関わっている。確かに、これは有用で重要な主題であるといえよう。支配的シンボルと制度の構造との関係は、社会科学の最も重要な問題のひとつである。しかし、それらは、社会のなかでなんらかの自律したシンボル圏を形成するようなものではない。シンボルが社会で有効性をもつのは、権力配分や、それに関与するときの立場を正統化したり、あるいは異を唱えたりするような場合である。シンボルの心理学的な有効性は、権力構造に対する支持や反対がそれに基づいて行われているという事実による。

社会構造がバラバラにならないように、このような一組の価値や正統化が広まっているに違いないとか、社会構造が「規範的な構造」により、一貫したものとなり統一されているに違いないとか、そしてもちろん、そうした有効に働いているような「規範的な構造」がいかなる意味でも自律している、などとは単純に仮定できないだろう。事実、現代西洋社会においては——とりわけアメリカにおいては——、これらの仮定とは正反対のことになっていることを示す証拠は多い。第二次世界大戦以降のアメリカは別として、対抗運動を正統化し、支配的な権威の仮面を剝ぐような、よく組織化された対抗的なシンボルが存在している。アメリカでは、ひとつの政治システムがずっと続いている。これは類例のないことである。歴史のなかでただ一度、内戦に脅かされただけなのである。こうした史実は、価値による態度決定の規範構造という誤ったイメージへと、パーソンズを導いているものの一つであろう。

エマソンの知見とは異なり、必ずしも「政治というものは、人間の道徳的アイデンティティを起源とする」ものではない。そうした起源を信じることは、政治の正統化とその根拠とを混同することである。ある社会の人間が道徳的なアイデンティティをもっているのは、事実として、制度の支配者が核となるシンボルをうまく一元化し、強要すらしているからであるとも考えられる。というより、その方がはるかに多いくらいであろう。

一〇〇年ほど前に、この問題について実り多い議論が行われた。シンボル圏というものは独立性をもった自己決定的なもので、この独立した「価値」が歴史を動かしている可能性を信じる人々の仮説が、この議論に用いられた。その仮説は、ある権威を正統化するシンボルは、実際に権威を行使している人々あるいは階層などからは切り離されて独立している、というものである。そこでは、「理念」を運用する階層や人々ではなく、「理念」それ自体が支配を行っていると考えられる。一貫性をもたせるために、一連のシンボルはなんらかのかたちで互いに結びついたものとされる。シンボルはこのような意味で「自己決定的」なものとみなされることになる。この耳慣れない考え方をもう少し受け入れられやすくするために、シンボルはしばしば「擬人化」され、実感可能な「自己意識」を与えられる。シンボルは、歴史〈概念〉として想起されるかもしれないし、制度のダイナミクスに決着をつける思索を行った一連の哲学者として想起されるかもしれない。さらに付け加えれば、「規範的秩序」という〈概念〉は、物神化されるかもしれない。言うまでもなく、私は、マルクスとエンゲルスがヘーゲルについて語ったことを言い換えてみたまでだが。(9)

社会の「価値」が制度を正統化しなかったり、制度的役割を果たす動機づけを人々に与えなかったりするような場合は、それらが個人の様々な生活圏でいかに重要であったとしても、歴史的・社会学的な意味をもたないことになる。もちろん、正統化するシンボル、制度的な権威、それに従う人々の間には、相互に関わりがある。社会の秩序や統一を説明するのに、支配的シンボルから因果関係を説明するのを躊躇すべきでないこともときにはあるだろう。しかし、そうした説明を、社会の秩序や統一に決着をつける理論（*the theory*）であるなどと考えるのは誤りである。これから見ていくように、「統一」を説明するのには、もう少しよい考え方がある。それは、社会構造の重要な問題を定式化するのに役に立ち、観察対象により密着したものである。

「共通価値」が私たちの関心をひくものである場合でも、まずそれを把握して、それによって社会の構成や統一を「明らかに」しようとすることから始めてはならない。まずは、当の社会構造においてそれぞれの制度的秩序がどのように正統化されているのかを見きわめ、「共通する価値」を把握しようと努めるのがよい[10]。制度的秩序のメンバーの大部分が秩序の正統性を支持しつづけており、正統化により秩序への従属がうまく受け入れられているかあるいは少なくとも自己満足が確保されているときにはじめて、「共通価値」を議論できるようになるのではないか。こうした価値理念のシンボルは、人々が様々な役割を果たすなかで出くわす「問題状況の定義」を行い、そこに関与するリーダーとフォロアーを測るものさし（yardstick）として用いられる。こうした核となる普遍的シンボルをもつ社会構造は、当たり前のことながら、極限的な「純粋」型である。

もう一方の極限形としては、いくつかの制度が支配的なまとまりをつくって全体社会を統制し、暴力そのものにより、あるいは暴力で威嚇することにより、制度の価値を無理強いするような社会がある。この場合は、社会構造が必ず崩壊するわけではない。なぜなら、公式的な管理統制によって、人々は効果的に条件づけられるからである。もし、こうした管理統制という制度的要請を受け入れない場合には、生活を維持していくことが難しくなるかもしれない。

たとえば、反動的な新聞社の訓練された植字工が、くびにならずに生きてゆくために、雇い主の社員訓練に従うことはあるだろう。それは面従しているにすぎないし、仕事を離れれば、彼は急進的なアジテーターであるかもしれない。多くのドイツの社会主義者たちは、皇帝の旗のもとで非のうちどころなく訓練された兵士になることを甘んじて受けいれた。彼らの主体的に支持している価値は、革命的なマルクス主義のそれであったわけなのだけれども。シンボルから行動、行動からシンボルまでには、このような隔りがあるものである。そして、あらゆる統合が、シンボルに基づくわけではない。(11)

このような価値のコンフリクトを強調するのは、「合理的一貫性の力」を否定するためではない。言葉と行為の乖離はありがちなことだが、その乖離を埋めていくことが望まれるのもまたありがちなことである。ある社会における価値の優先順位というものは、「人間性」であるとか、「社会学の原理」といったものを持ち出しても、あるいはグランド・セオリーで専断・命令しても、ア・プリオリに決めてしまえるものではない。訓練が完璧に行き届いた社会構造をもち、統治される人々が自分たちに割り当てられた役割を色々な理由で放棄できず、しかし、それにもかかわらず、統治者の価値がまったく共有されておらず、したがって秩序の正統性がまったく信じられていないような社会の「純粋型」を、私たちは想像できないことはない。それは奴隷が乗り込んだガレー船のようなものである。そこでは、オールの訓練された動きがこぎ手を機械の歯車のようにし、鞭打つ人の暴力はあまり必要なくなる。ガレー船の奴隷たちは船の行く手さえ知る必要がない。とはいえ、船首の方向がそれたら、行く手を見渡せるただ一人の人間である船長の激しい怒りを買うのだが。色々想像は膨らむが、議論を続けよう。

この二つの類型――「共通価値のシステム」と強制的な訓練――の間に、「社会統合」のおびただしい類型がある。これまで多くの西洋社会は、様々な「価値による態度決定」を分節し、組織化してきた。西洋社会の統一性は、正統化と強制とを色々織り交ぜたものである。そしてもちろん、こうしたよりあわせは、政治や経済のみならず、あらゆる制度的な秩序においても行われているだろう。父親は、相続をたてにして脅し、政治秩序が許容する範囲で暴力を用いることで、家族に強制するかもしれない。家族のような神聖な小集団においても、「共通価値」をひとつにまとめることは決して必要ない。不信や憎しみといったものが、愛する家族をひとつにまとめるのに必要になるかもしれない。もちろん社会も、グランド・セオリストが普遍的だと信じるような「規範的な構造」などなくても、うまく繁栄してゆくはずなのである。

私は、ここで秩序問題の解決について述べたいわけではなく、単に問題を提起したいだけである。なぜなら、問題提起をして疑問をさしはさむことすらできないというのなら、恣意的な定義が命ずるままに、「社会システム」の核心としてパーソンズが思い描いている「規範的な構造」を大前提としなければならなくなってしまうからである。

4　グランド・セオリーのイデオロギー

「権力（power）」は、現在社会科学で一般的に使われている用語としてみると、生活形成のあり方について、あるいは歴史形成の経過について、人々が下すあらゆる決定と関わる。人間が決定できない出来事が起こることもある。社会のあり方がはっきりとした決定抜きで変わることもある。しかし、なんらかの決定が行われる場合（あるいは決定を行えるのに行わない場合）、その決定（決定しないこと）に誰が関与したかという問題は、権力の基本問題である。

今日では、人々は結局のところ自分で同意したうえで統治されているに違いない、と想定することはできない。今日よく用いられる権力手段のなかには、権力で人間の同意を管理し、操作するようなものもある。そうした権力は際限のないもので、どこかで歯止めをかけなくてはならないが、現代の多くの権力が、理性のチェックや、統治を受け入れる人々の良心のチェックもなしに、まんまと行使されているという事実を、否定することはできない。

確かに今日、結局は強制が権力の「最終」形態である、などと論じる必要はない。だいたいにおいて、私たちは常にそうした決着に止まるわけではないのである。そしてまた強制だけではなく、権威（自発的な服従者が信じることで正統化されている権力）や操作（無力な人々に気づかれることなく巧妙に行使される権力）なども考察されなければならない。事実、この三つのタイプは、私たちが権力の本質について考察する場合、常に区別しておかなければならないものである。

近代社会においては、権力が中世ほど高圧的でない場合があることにも留意しなければならないのではないだろうか。支配者による正統化も、権力の行使にさほど重要ではなくなっているようにみえる。少なくとも、現代の重要な決定の多くにおいて、とりわけ国際的な事柄について、大衆「説得」は「必要」ではなくなってきている。事実がただ積み重ねられていく。さらに、権力者がその気になれば持ち出せるイデオロギーがあったとしても、実際には用いられないこともしばしばである。イデオロギーはふつう、権力の欺瞞が暴かれたときなどに、はじめて持ち出される。アメリカにおいては、そうした対抗勢力でめだったものは近年なく、新たな支配イデオロギーをつくり出す要請は感じられていない。

今日もちろん、支配への忠誠から解放された多くの人々がそれに代わる新たな忠誠の対象を得たわけではない。彼らはいかなる種類の政治的な関わりにも注意を向けない。彼らはラディカルでもないし、反動的でもない。彼らは、運動することを避けている。古代ギリシャ人たちは私的空間に完全に閉じこもった人間を馬鹿者だと定義したが、それに従うならば、多くの社会の多くの人々は実際馬鹿者であると結論づけなければならない。このことが――あるいは注意深く言葉を用いれば――このような精神状態が、政治的な知識人における多くの現代的な不安の鍵であり、現代社会における多くの政治的な困惑の鍵でもあるように見える。知的な「信念」、道徳的な「信条」というものは、支配者の側でも、被支配者の側でも、権力構造を固めるためには必要ないし、またそれを強大なものにするためにも必要ない。イデオロギーの役割ということからすると、説得的な正統化がしばしば行われず、大衆のアパシーが顕著であること、この二つが、間違いなく今日の西洋社会の核となる政治的事実なのである。

実際に具体的な研究をしようとすると、私が提示したような権力観をもつ人々は、多くの問題に直面する。かといって、パーソンズの倒錯的な仮説はまったく役に立たない。彼は、すべての社会においてほぼ例外なく、自分の想像する「価値のヒエラルヒー」があると仮定しているだけなのであるから。さらにこうした仮定は、重要な問題の明確な定式化を体系的に妨げている。

パーソンズの図式を受け入れると、権力をめぐる事実、それどころかあらゆる制度構造、とりわけ経済的・政治的・軍事的な制度構造をめぐる事実を、彼の社会像に当てはめて理解することを余儀なくされる。こうした三制度による一元的な権力支配は、この奇妙な「一般理論」から排除されてしまう。

パーソンズの用語を用いても、制度がどのように、どれくらい正統化されているかという経験的な問いを、ひとつひとつの制度について、漏らすことなく適切に提起することはできない。グランド・セオリストの規範的秩序の考え方を彼らの言うとおり用いると、ほとんどすべての権力が正統化されていることになってしまう。それどころか社会システムにおいて「役割期待の相補性の維持は、一度確立されたなら、問題とならない、と想定することになる。……相補的な相互行為による意思決定の維持を説明するために、特別のメカニズムは必要ないのだ[12]」、と彼らは言っている。

こうした用語では、闘争という考えはうまく定式化できない。構造的な対立、大規模な反抗、革命などを、グランド・セオリストは想いうかべることもできない。実際、一度確立した「システム」は、安定しているだけでなく、もともと本来的に調和的なものと考えられる。パーソンズの言葉を借りれば、不安定要素は「システムに招き入れ[13]」られなければならないのである。説明されている規範的な秩序の考え方によってある種の利害の調和が、あらゆる社会に本来的な自然な特質として仮定される。こうした秩序観は、一八世紀の哲学者にとっての自然的秩序という観念とも酷似した形而上学的なアンカー・ポイントである。[14]

闘争を魔法のように消し去り、実に見事な調和の実現を可能にした代わりに、この「体系的」で「一般的」な理論は、社会変動や歴史をうまく扱うことができなくなってしまった。弾圧された大衆、興奮した暴徒、群衆、運動などの「集合行動」が――これらは、こんにちち蔓延しているものだが――、グランド・セオリーにおける規範的に構成された社会構造からは除外されてしまう。それだけではない。歴史それ自体の生成、そのメカニズムと過程などをどう体系的に明らかにするかということも、グランド・セオリーのあずかり知らぬところであり、したがってパーソンズの考えでは、その体系的な説明の着想は除外されてしまう。パーソンズは言う。「そうした歴史変動論が使えるようになったら、社会科学の千年王国の到来である。しかし、今そんなことはないし、これからもずっとないだろう[15]」。これは、まったくもって曖昧な主張であると言わざるを得ない。

グランド・セオリーの用語を、いかなる具体的な問題に適用してみても、明確に問題化することはまずできない。さらに悪いことには、グランド・セオリーの立論は、なんでも吸い込んでしまうスポンジのような言葉で曖昧化されているだけでなく、しばしばそこに価値評価が忍び込むのである。たとえば現代資本主義特有の成功の形態、意味、その内実の変化にまったく言及することなく、あるいはまた資本主義それ自体の構造変動にまったく言及することとなく、「普遍的な達成」の「価値パターン」という用語ひとつ当てはめるだけでアメリカ社会を分析してしまうのは、想像を超えたばかげたことではないだろうか。あるいはまた別の例をあげれば、財産や収入の水準といった生活機会に関する統計数値をまったく考慮することなく、「支配的な価値システム」という用語を用いるだけで、アメリカの階層化について分析してすませることも、これに負けず劣らずばかげているだろう。[16]

問題がグランド・セオリストによってリアルに分析されている場合には、問題を分析している用語は、グランド・セオリーの用語ではなく、それと相容れない用語であることがままある、と言っても過言ではないと思う。これについてアルヴィン・グールドナー(Alvin Gouldner)は言う。「実際、パーソンズが変動の理論的、経験的な分析に努力を注いだ場合、努力すればするほど、彼はマルクス主義の概念や仮説を用いるようになる。このことには当惑するほかはない。均衡分析と、変動研究と、まるで二重帳簿がつけられているようだ[17]」。これに続けてグールドナーは、敗戦ドイツのケースについてパーソンズが、「独占的な階級特権を持っているケース」として、ユンカー〔ドイツ東部の農民支配を行っていた貴族、およびその末裔〕を根底的に攻撃することを勧め、そして「階級的基礎による採用」という用語を使って公務員を分析したことを説明している。要するに、経済構造・職業構造全体が――グランド・セオリーが提示する規範構造の用語ではなく、まったくマルクス主義的な用語で解釈され――、突然登場するのである。こうしたことがあるので、グランド・セオリストは歴史的なリアリティとの接触を断ったわけではないという希望をもつことができる。

5 秩序と変動

さて、パーソンズの著作の主要問題である――かなりホッブズ的な意味での――秩序問題に戻ろう。秩序問題については、社会科学の展開過程で検討が繰り返されてきたものであり、簡潔にまとめることができる。より応用しやすいかたちで表現するならば、社会統合の問題と呼ぶことができるだろう。もちろん、その考察には、社会構造と歴史変動について実効的な概念が必要となる。グランド・セオリストとは異なり、ほとんどの社会科学者は、次のような答えをするのではないか、と思う。

なによりもまず、その問題への唯一の回答はない、と。何によって社会構造の結びつきは保たれているのか？　答えが一つでないのは、社会構造の統一がどの程度のもので、どのような種類のものかは、それぞれずいぶんと異なるからである。事実、統合様式の相違によって、社会構造の類型をうまく理解できる。グランド・セオリーの高みから歴史的現実へと降りてくれば、私たちはすぐに一元的な説明のための絶対的〈概念〉などは妥当しないことがわかる。こうした概念では、私たちは人間の多様性を理解することができない。すなわち、一九三六年のナチス・ドイツ、紀元前七世紀のスパルタ、一八三六年のアメリカ、一八六六年の日本、一九五〇年の英国、ディオクレティアヌス時代のローマなどの多様な人間性を理解できないのである。こうして色々並べてみるだけで、仮にこれらの社会に共通なものがあったとしても、それは経験的に検討してみてはじめて発見できるはずだ、ということがはっきりする。空疎な形式論の範囲内ならばともかく、社会構造の歴史的な側面について何かを論理的に断定しようなどというのは、自らのおしゃべりの能力を、社会研究の仕事が意味するすべてと取り違えている。

社会構造の類型は、政治、親族、軍事、経済、宗教という制度的な諸秩序に注目することで、うまく理解できるだろう。ある歴史的な社会におけるそれらのアウトラインを把握できるようにおのおのの秩序を定義し、それぞれの制度がどのように関係し合っているか、要するに、どのように社会構造を編成しているかを問うのである。それにより簡便な一組の「作業モデル」が提示される。この「作業モデル」によって、特定の時代の特定の社会を検討する際に、諸制度を「結びあわせている」紐帯をよりはっきりさせることができる。

そうした「モデル」は、似かよった一つの構造原理をもった制度的秩序のひとつひとつを詳細に検討することによって、イメージできるかもしれない。たとえば、トクヴィルのアメリカ論を考えてみよう。そうした古典的な自由社会においては、制度のそれぞれの秩序は自律性をもっていると考えられる。様々なかたちで編成される秩序は、それぞれどのように編成されたとしても互いに自由であることが求められている。経済では、自由放任

(laissez faire) が求められる。宗教では宗派の多様性を前提に、教会による救済思想をめぐるオープンな競い合いが行われる。親族制度では個人が相手を選ぶ結婚市場がひらかれる。家柄のよい人間ではなく、自己陶冶に成功した人間が、よりよい地位を競争的に獲得するようになる。政治秩序では、政党が個人の投票をめぐって競争する。軍事領域においてすら、州兵の募集では自由が保たれる。広い意味で――重要な意味で――、ライフルは一人一丁となる。統合の原理は――それはまたこの社会の基本的な正統化でもあるのだが――、互いに競争する独立した人間が自由にイニシアチブをとるということが、ひとつひとつの制度的秩序において支配的になるということである。こうした調和 (correspondence) の事実こそが、古典的な自由社会の結合として、私たちが理解しているものである。

しかし、こうした「調和」は一つの類型、「秩序問題」に対する一つの回答にすぎない。他にも統一の類型はある。たとえば、ナチス・ドイツは、「統整 (co-ordination)」により、統合されていた。その一般モデルは次のようになるだろう。経済的な秩序のなかで、諸制度は高度に集中化されている。すなわち、数少ない巨大ユニットが、ほぼすべての活動をコントロールしている。政治秩序においては、もう少し分裂がある。多くの政党が国の覇権争いをすることはするが、経済集中の成り行きをコントロールできるような力をもった政党はない。この結果、他の要因もあいまって、不況が起こる。ナチスの運動は、経済不況のときに、大衆の失望、とりわけ中間階級の下層のそれをうまく利用した。そして、政治、軍事、経済秩序を一体的に掌握することに成功した。権力掌握で競合する政党を駆逐し、統合することで、一つの政党が、政治秩序を専有し、編成しなおしてゆく。これを成し遂げるためには、経済秩序の専有を可能にするような利害の一致点、そして軍事秩序におけるエリートたちの利害の一致点を見きわめる必要がある。こうした主要な秩序のひとつひとつにおいて、まず、歩調をそろえた権力集中が起きる。それから、それぞれの制度が権力掌握のため、一つになって協力する。ヒンデンブルク大統領の軍隊は、ワイマール共和国を護ることに関心はなかった。また人気のある主戦派の行進隊列を叩きつぶすことにも関心はなかった。巨大商業団体は、よろこんでナチスに財政援助をした。そのことにより、まずもって効果的に労働運動を打ち砕くことが約束された。三つのタイプのエリートが、それぞれの秩序において権力を維持するいささか不安定な連合に加わる。そして、社会の残りの部分を統整する。競合する政治政党は、弾圧され、非合法化されるか、もしくは、自主的な解散を余儀なくされる。親族制度・宗教制度は、すべての秩序内部の組織化、秩序間の組織化と同様、浸潤・統整され、あるいは少なくとも中立的なものとされる。

全体主義の政党国家は、三つの支配的な秩序〔政治・経済・軍事〕の強力な統治者たちが、それぞれの制度的秩序、そして制度的秩序の全体を統整するための手段である。それは、全体を「構成する組織（frame organization）」となり、ただ「法による統治」にゆだねるのではなく、すべての制度的秩序に目標を課す。政党は膨張し、「補助団体」や「提携先」のいたるところを物色する。政党は解散したり、潜行暗躍するようになる。どちらの場合も、政党は、家族を含めたあらゆるタイプの組織をコントロールするようになる。すべての制度のシンボル圏は、政党によってコントロールされる。宗教秩序の一部を例外とすれば、競合するものが自主性を主張することは許されない。公式のコミュニケーションが政党により専制統治されるようになる。教育制度も例外ではない。社会の統整を基礎づけ正統化するために、すべてのシンボルが鋳造しなおされる。かなりの程度、組織的非合法活動によって結びつけられている社会構造にあって、厳格に階層化された絶対的で魔術的な指導者の原理（カリスマ的支配）が広く宣伝される。(18)

以上で、明確にすべき点についての議論は尽くせただろう。すなわち、「グランド・セオリー」も、社会構造全体の理解を可能にする唯一の普遍的な図式も、辟易するような社会の秩序問題一般に対する唯一の解答も、存在しない。こうした問題に対する有用な取り組みは、私が示したような色々な作業モデルを使い分ければ、進展してゆくだろう。こうした作業モデルは、現代の社会構造や、歴史的なものを綿密に経験研究するのに用いられることになる。

重要なのは、こうした「統合の様式」は歴史変動の作業モデルとしても考えられる、ということである。たとえば、もしトクヴィルの時代のアメリカ社会と二〇世紀なかばのアメリカ社会を比較観察するならば、一九世紀的な「団結〔hangs together〔独立宣言時のフランクリンの言葉。'We must all hang together, or assuredly we shall all hang separately.'〕〕」構造と、現代の統合様式ではまったく異なることがすぐわかる。私たちは問う。それぞれの制度的秩序はどのようにして変化したのか？ 制度それぞれの関係は、どのように変化したのか？ こうした構造変動が起こるテンポ、変化率はどのようなものだったか？ そして、それぞれのケースで、変動に必要にして十分な要因とは何だったか？ もちろん適切な変動要因を見つけるためには通常、歴史的な比較研究を行うことが少なくとも必要となる。こうした社会変動の分析を総括し、巨視的な問題として論じるべきことを簡明に定式化するためには、どうするか。社会変動とはつまるところ、ある「統合様式」から他の「統合様式」への変化として考えられる、ということを示せばよい。たとえば一九世紀のアメリカの歴史は、調和的に統合した社会構造から、より統整的な社会構造への変動として示すことができる。

歴史の理論における一般的な問題は、社会構造の理論における一般的な問題と切り離すことができない。実際に研究してみれば、社会科学者が両者を統一した方法で理解するのに大きな理論的困難にぶつかることはない、と私は思っている。フランツ・ノイマン（Franz Neumann）の『ビヒモス』一冊のほうが、『社会システム論』を二〇冊あつめたよりも社会科学にとって重要であるというのは、こうした理由によるのではないかと思われる。

もちろん、これらの点を示したのは、秩序と変動という問題、すなわち社会構造と歴史という問題に決着をつけるためではない。私は、秩序と変動という問題のアウトラインを示し、そうした問題に取り組んだ研究のいくつかを例示してみただけのことである。おそらくこのような作業によって、社会科学の約束の一面をよりはっきりさせることもできる。そしてもちろん、私がこの作業を進めるのは、社会科学における重要な問題のひとつと取り組むのに、グランド・セオリストたちがどのように適切さを欠いていたかを示すためである。『社会システム論』においては、パーソンズはまだ社会科学研究に取りかかることができないでいる。なぜなら、自分が組み立てた社会秩序モデルは普遍モデルといえるものだ、という思いこみに、パーソンズはとりつかれているからであり、事実また、彼は〈概念〉を物神化してしまったからである。このいささか特殊な一般理論の「体系性」は、具体的で経験的な問題を回避する仕方だ。明らかに重要な新しい問題を、より正確に、より適切に定立するために、理論体系は用いられていない。社会的世界の出来事をよりはっきりながめ、人間や制度に具体性を与えている歴史的リアリティに照らすことではじめて見えてくる問題がある。しかし、抽象的な理論体系は、そうしたかたちで問題を解決するためにしばし高く飛翔してみることも必要であるということから展開されたものではない。

グランド・セオリーというものは、問題も、検討も、解決も、威厳たっぷりの普遍的な理論性をもっている。

概念の体系的な研究に没頭するのもよいが、社会科学研究における形式的な一作業段階にとどめるべきだろう。ドイツにおいては、こうした形式作業に拘泥することなく、成果がすぐに百科全書的、歴史的作業に応用されたことは銘記されるべきである。このような応用は、マックス・ヴェーバー的なエートスに教導された、ドイツにおける古典的な伝統の精髄であった。それを可能にしていたのは、かなりの程度まで、社会の一般概念と歴史的な説明とが緊密に結びついた社会学のあり方である。古典的なマルクス主義は、現代社会学の発展の中心に置かれた。マックス・ヴェーバーは、他の多くの社会学者と同様、カール・マルクスと対話することで、著作の大部分を展開している。しかし、アメリカの学者は、すっかりそれを忘却してしまっているということを、はっきりと確認しなくてはならない。グランド・セオリーと関連して、私たちはもう一つの形式主義的な撤退にも直面している。そしてこれも、一瞬立ち止まって形式的な抽象を行っただけのはずが、戻ってこられなくなってしまったようだ。スペイン人の言い方を借りれば、「プレイもできないのに、カードをシャッフルし続けている」というようなことにでもなろうか。[19]

第3章　抽象化された経験主義

グランド・セオリーと同様、抽象化された経験主義は、研究プロセスの一手順により人間の思考を制約、支配してしまおうとするものである。どちらも、社会科学の責務の放棄であることに変わりはない。方法を考えることも、理論を考えることも、もちろん重要な社会科学の一手順である。しかし、この二つの研究スタイルでは、方法も理論も研究の妨げになってしまっている。この点では、方法論的な禁制（methodological inhibition）は、〈概念〉のフェティシズムと似たような役割を果たしている。

I　統計的な経験調査

なにも私は、抽象化された経験主義の成果全体を総括しようというのではない。研究スタイルのおおまかな特徴、前提のいくつかをはっきりさせようとしているだけである。このスタイルの研究と認められたものは、大なり小なり、標準的な研究パターンをとるようになる。実例をあげるならば、この新しい学派は通常、サンプリングされた一群の個人に対しておおまかに設計されたインタビューを行い、それを基本的な「データ」ソースとする。回答は分類され、便宜的にデータ入力される。そして、統計的な処理が行われ、相関関係を発見する作業が行われる。このような研究手順が確立し、わかりやすくなり、応分の知性をもつ人々なら誰でも学べるものになっているからこそ、アピール度の高い研究スタイルたりえていることは間違いない。研究の結論は普通、統計的に示されることになる。最も単純なレベルでは、明らかになった結果は割合〔百分率〕で示される。もう少し複雑なレベルでは、質問への回答が色々組み合わされ、しばしば、クロス分類が行われる。さらに、そこで発見された関係性をまとめて尺度が設定される。こうしたデータ操作にはいくつかのこみいった手順があるが、その一つ一つはここでは検討しない。というのは、複雑さの度合いがどのようなものであれ、それらはどれもみな、検討されている研究データを〔統計的に〕操作することに変わりはないからである。

　広告やメディア研究を別にすれば、この研究スタイルの主題は「世論（public opinion）」である。しかし、世論やコミュニケーションの問題をどうしたらわかりやすい研究分野としてたてなおすことができるか、という発想はそこにはない。研究の基本枠組は、単純な質問の分類である。誰が、何を、誰に、どんなメディアを通じて言って、その結果どうなったか。鍵となる用語は、次のような具合に定義されてゆく。

「公的（public）」とは、関与する人の数的規模を表すものであると私は考える。すなわち、個々の私的な感情や反応ではなく、多くの人々のそれを表す。世論はこうした特徴をもつものであり、標本調査を避けることはできない。「意見（opinion）」については、通常の時事的・一過的な、典型的には政治的な問題についての意見だけでなく、態度、感情、価値、情報など関連する行為を含めて、私は考える。それらを精確に把握するためには、アンケートやインタビューだけではなく、投影法や尺度法が必要となる。(1)

右のような主張は、研究すべきものが何であれ、明らかにそれを一連の方法論議とすり替えてしまっている。引用文の言わんとすることは、こうなるだろう。ここで「公的」というのは、応分の数をもち統計的な標本抽出が可能ということである。意見は人々がもつものだから、それを調査するには人々と話さなくてはならないことである。しかし、人々が話せないこと、話さないこともしばしばある。そのときは、「投影法や尺度法」を用いればよいのだ、と。

ほとんどの世論研究は、アメリカという単一国民国家の社会構造において行われてきたもので、当然ながら対象期間もここ一〇年ばかりの間に限られている。おそらくそんな事情から、世論研究は、「世論」という語義の精査はしないし、この領域の主要問題の再定式化もしない。歴史的・構造的な視野が制限されていたので、それらを適切に行うのは試みとしても不可能だった。

西洋社会における「公衆(public)」の問題は、中世社会の伝統的で慣習的な合意を再編成することに端を発する。そして今日、大衆社会という考え方が提示されるに至り、問題は最重要局面をむかえている。一八世紀や一九世紀のいわゆる「公衆」は、「大衆」の社会に変換されつつある。さらに、人々が全体として「大衆的な人間」となり、無力な生活圏に搦めとられるにつれ、公衆は構造的な存在意義を失いつつある。公衆、世論、マスコミュニケーションといった研究主題を選択し、論じていくためには、こういった類いのことが枠組として必要になるだろう。また、民主主義社会の置かれた歴史的段階、とりわけ、「民主主義的な全体主義」「全体主義的な民主主義」などと呼ばれてきた段階を十分に論じることも欠かせない。要するに、世論をめぐる社会科学の問題は、抽象的な経験主義の現行の視野と用語では論じることはできない。

世論研究者が検討を試みている多くの問題——たとえば、マスメディアの影響——は、構造的な背景がはっきりしないと、うまく定立することができないのである。こうしたメディアの影響について——ましてや大衆社会の進展と不可分のその意味について——なんらかの理解を得ようとする場合、どんなに厳密に研究したとしても、まるまる一世代ずっとメディアに「どっぷりと浸かった」人々のことしか考えていないとしたら、はたしてそうした影響を理解することなど可能なのだろうか？　なんらかのメディアに「さらされること」の多寡で個人をより分けるような試みは、広告業界の関係者にとっては非常に重要であったとしても、それでは、マスメディアの社会的な意味をめぐる理論展開に必要な基礎づけは得られない。

この学派による政治世界の研究では、「投票行動」が主に選択される主題である。それはおそらく統計的な研究に馴染みやすいからではないかと推察する。結論の薄っぺらさは、方法の精密さ、払った苦心で補われている。総合的な投票研究であるのに、「投票を引き出す」政党機構や、政治制度に一切言及がないのは、政治学者にはさぞかし興味深いことであろう。しかし、オハイオ州エリー郡における一九四〇年選挙についてのすぐれた研究と認められている『ピープルズ・チョイス』では、実際そういうことが展開されている。この本から私たちが学ぶことのできるのは、富裕な地方プロテスタント層は共和党に、対極的なタイプは民主党に投票する、ということなどである。しかし、アメリカ政治の動態については、ほとんどなにも学ぶことはできない。

なにより政治学の問題は、政治見解やイデオロギーをめぐる問いかけであるわけで、正統化は、この分野における中心概念の一つである。アメリカの選挙政治は、(「政治見解」の語義を真摯に考えると)見解なき政治にすぎず、(「政治的意味」の語義を真摯に考えると)政治的意味をもたない心理学的にも深みのないただの投票行為にすぎないのではないか？そう疑ってみると、「政治見解」をめぐる研究は、さらに奇妙なものに思えてくる。しかし、こうした懐疑的問いかけは、——私は問いかけのかたち以外で述べるつもりはないが——右の「政治行動の調査」については行われ得ない。そうした問いかけはどうすれば可能だったのか？歴史的な知識や、心理学的な省察が必要だったのだ。しかし、抽象化された経験主義はそうした知識や省察を容認しないし、またこの学派に属する大部分の人々には、実際それは無理な話である。

おそらく過去二〇年で鍵となる出来事は第二次世界大戦であろう。私たちがこの一〇年かけて研究してきたことのほとんどが、この戦争の歴史的・心理学的な帰結である。私がとても奇妙に思うのは、この戦争の原因についての決定版となるような研究がいまだにあらわれていないことである。もっとも、私たちは、この大戦が歴史的に見てどんな戦争であったかをきちんと特徴づけ、時代の転換点として位置づける努力を続けてきた。その試みはいまも続けられており、それなりの成果も上がってきている。公的な戦史を別にすれば、最も精緻な研究は、サミュエル・ストーファーの指揮のもとに、数年かけて行われたアメリカ陸軍についての研究だろう。こうした研究は、社会科学の問題とは一切関わることなしに、社会調査を管理に用いうることを証明しているように思われる。その成果は、戦下のアメリカ兵について何かを理解したいという者にとっては——とりわけ、かくも多くのたたかいを、かくも「低い士気」の人々によって勝ち抜くことがどのようにして可能であったかを問う者にとっては——、落胆すべきものであることは間違いない。しかし、そうした疑問に答えるのはおよそ研究とは言えないものとされ、皮相な思弁とみなされてしまう。

アルフレート・ファークツ(Alfred Vagts)の『ミリタリズムの歴史』という一冊の書物、あるいはまたS・L・A・マーシャル(S. L. A. Marshall)が『発砲しない兵士たち』で用いた、戦闘中の人間に接近するすばらしい取材方法は、ストーファーの四巻本などよりはるかにすぐれた実質的な価値がある。

階層研究がこの新しい調査スタイルで行われるかぎり、新たな概念が導入されることはない。事実、他研究の有用な概念が「移行」されることはなく、通常は、「社会経済的な地位」をめぐって、つかみどころがなく、だからこそなんでも説明してしまえるような(spongy)「指標」が提供される。「階級意識」と「虚偽意識」、階級概念と地位概念、あるいはヴェーバーが試論的に統計化した「社会階級」といった、とても難解な問題についての研究を、このスタイルの研究者が前進させることはない。そんな研究をいくら積み上げたところで、アメリカの階級、地位、権力などの構造についての適切な展望が得られることはないにもかかわらず、小さな都市が研究の「標本地域」として選ばれ、断固として固定されるのは、色々な点で嘆かわしい。

世論研究の変化を論じた際に、バーナード・ベレルソン（Bernard Berelson）は、一つの提言をしている。それは、抽象的な経験主義の研究にほぼ共通するものである、と私は考えている。

まとめると、（二五年前と今日の）こうした違いは、世論研究における革命的な変化をもたらした。調査のフィールドは、技術的、計量的、非理論的で、細分化され、特定化され、専門化され、制度化され、「現代化」され、「グループ化」され、要するに、独特の行動科学としてアメリカ化された。二五年くらい前は、傑出した書き手が、社会の本質と機能一般を考察する一環として、高い学識を基礎に、世論「それ自体」に特化するのではなく、広い歴史的、理論的、哲学的な観点で研究を行い、論考を執筆していた。今日では、技術者のチームが、主題を特化した研究プロジェクトを実施し、成果を報告している。二〇年前、世論研究は学問の一部だった。今日では科学の一部となった。(2)

以上のように、抽象化された経験主義の研究特徴について素描してみたわけだが、その主旨は、「こうした人々は、私の関心対象である具体的な問題を研究してこなかった」というだけではないし、また、「彼らはほぼすべての社会科学者が重要だと考える問題を研究してこなかった」というだけでもない。私が言いたいのは、これに加えて、彼らは、抽象化された経験主義の諸問題を研究しており、もっぱら恣意的な認識論の奇妙な制約のなかで問題を立て、答えを提示し続けてきた、ということである。十分な配慮を加えてもなお、抽象的経験主義者は方法論的禁制に囚われている、と言わざるを得ない。方法論的禁制とは、つまるところ、こうした研究においては、主題の編成などは気にせずに、やみくもにひたすら些末なものを積み上げるだけで、はっきり言えば、統一性があるのは植字工と製本工が提供するフォームだけ（内容がバラバラで、統一性のない著作や報告書を積み上げるだけ）であるということに尽きる。そんなどうでもいいようなデータをいくら積み上げても、納得できるような何かを提供したりはしないのである。

2 抽象化された経験主義の知的特徴

抽象化された経験主義には、社会科学のスタイルとして特徴となるような、具体的な命題や理論があるわけではない。社会や人間をめぐる本質的な新概念、新事実に基づくものでもない。確かに抽象化された経験主義と判別されるのは、研究者が典型的な問題を選んで、典型的な方法で研究した場合である。だが、そんな研究をしたところで、社会調査のスタイルとしてこれほどまで名声を得ている理由にならないのも確かである。

だからといって、この学派を具体的な研究成果だけで評価してしまうのは適当とは言えない。学派として出発したばかりであるし、方法の性質から成果を出すのに時間がかかる。そして、研究スタイルとしても、色々な「問題領域」に採用されはじめたばかりのところである。

第一に、学派の特徴として——必ずしも最重要というわけではないが——、最も目を惹くのは、導入された管理的な研究体制であり、採用、育成されている独特な研究者たちである。研究管理体制は今日大規模なものになっており、多くの点から学派が拡大し、影響力を持つに至っていることがわかる。知的な管理者や調査技術者は、ともに新しいタイプの専門人だが、通常の大学教員や知識人と競合関係にある。

このような研究の展開は、将来の大学像にとっても、リベラルアーツの伝統にとっても、そしてアメリカの学界で優勢になるタイプの思考にとっても、大変重要なものである。だがこの展開に基づいて、こうした社会調査のスタイルに判断を下すことはできない。抽象的経験主義の指導者たちは、研究スタイルの言い分や長所を説明するが、こうした研究の展開は、おそらく彼ら自身の予想をはるかに超えるものとなっている。結果としてなにより、中途半端な訓練を受けただけの技術者が、かつてない規模と方法で送り込まれる。こうして得られた仕事は、安定した学術生活を保障するものであるが、かつてのように独立した個人の手で研究をなしとげることは求められなくなった。要するに、この研究スタイルには、社会研究の行く末、その官僚主義化に対し、強大な影響力を持つ管理的なデミウルゴス〔プラトンの神話的説話に登場する、混沌から世界を創造したとされる造物主〕が随行している。

しかし第二に、抽象化された経験主義の知的特徴として確認されなくてはならない最も重要なものは、研究で実践される科学哲学であり、どのようにそれを身につけ、使用するのかである。具体的な研究のタイプについても、研究管理や人員配置の機構についても、ベースとなるのが、この科学哲学である。具体的な研究がどうにも薄っぺらなものであり、なんらかの道具立てで補われなくてはならないので、このような独特な科学哲学のなかに正統化を見出すのである。

この点をはっきりさせておくことはきわめて重要だろう。なぜなら、科学性を強調する議論が形成されるとき、哲学的な教義がその中心に置かれているなどとは、普通は思わないだろうからである。またさらに、この研究スタイルをとる人々自身、自分たちが一つの哲学に執着しているということに気づいていないからでもある。おそらくそうした研究者と親交がある人ならば、彼らの多くが科学的な立場に固執し、自然科学者の職業イメージを頼みにしていることを否定しないだろう。社会科学における哲学的な問題を議論する場合にぶれないのは、彼らがまさに「自然科学者」であること、あるいは少なくとも「自然科学の視点を担っていること」である。洗練された人々の会話のなかでは、あるいは笑みをたたえる高貴なたたずまいの物理学者を前にすると、彼らの自己イメージは、〔「社会科学者」が〕縮められて単なる「科学者」となることが多いだろう[3]。

　実際のところ、抽象化された経験主義の研究実践は、しばしば社会研究というよりは、科学哲学のように見える。一言でいえば、彼らがやってきたのは、唯一の〈科学的方法〉と信じている科学哲学を堅持することである。彼らの研究モデルは、ほとんどが認識論的に構成されたものである。社会科学において決定的なことは、一種の方法論的な禁制を敷かれてしまうことである。私は方法論的な禁制を、とりあげられる問題の種類、問題を定式化する方法が、〈科学的方法〉によって厳しく制限されること、という意味に用いる。要するに、方法論が問題を決定しているようである。結局のところ、予想されるのはこの一点である。示されている科学の方法は、社会科学の古典的な伝統だと一般に正しくみなされているものから発展してきたものでも、それを一般化したものでもない。ほぼすべてが、自然科学の哲学から都合よく歪曲されて引き出されたものである。

　社会科学の哲学は、おおざっぱに言えば、二つの取り組みからなるようである。(1)哲学者は、社会研究のプロセスにおいて実際に進行していることの検証を試みることができる。そして、最も実り豊かな成果を約束するような探求の手順を一般化し、一貫性をもったものとして整える。これは難しい作業で、油断するとたやすく愚かな結果になってしまうが、研究しているすべての社会科学者が結束し、ひとりひとりが課題を受けとめれば難しくはない。それは、まだ始動したばかりで、今のところは一部の方法だけに限られている。(2)抽象化された経験主義という社会研究のスタイルは、社会科学の作業プログラムとルールをつくるために、自然科学をめぐるいくつかの哲学を再構成しようとする努力からなると思われることがしばしばである。

　方法とは、何かの理解や説明を試みるときに用いる手順である。方法論とは、方法を研究することであり、人が研究を行っているときに、それを通じて自分がなにをしていることになるのか、ということについての理論を提供する。方法はたくさんあるわけだから、方法論というものはどうしても一般論に終始しがちであり、例外はあろうが、普通は研究者に明確な手順を示すことなどない。認識論は、方法論よりも一般性の高いものである。なぜなら、認識論者は、「知識」の根拠や限界、要するに、「知識」の特性にこだわるからである。現代の認識論者は、自分たちが、これぞ現代物理学の方法である、と信じる考え方から意見を発してきた。こうした科学理解に基づき、知識一般について問いかけを行い、それに答え続けることで、彼らは事実上物理学の哲学者となった。自然科学者のなかにはこういった哲学研究に興味をもつ者もいるし、単に面白がっているだけの者もいるように思われる。現在の主要な哲学モデルを受け入れる自然科学者もいるが、そうでない者もいるわけで、日々研究を行っている自然科学者の大多数はそんなモデルをまったく気に留めていない、ということを考えてみるべきである。

物理学は、厳格で精緻な実験法の問題を厳密な数学理論で演繹できる水準に到達している、と言われている。しかし、それは認識論者が、探求モデルのなかで勝手に言っているだけで、実際はそんな水準にはない。順番がまったく逆である。科学の認識論は、理論物理学者、実験物理学者が用いるようになった方法に寄生している。

ノーベル賞を受賞した物理学者のポリカプ・クッシュ（Polykarp Kusch）は、「科学的方法」などないのであり、そう通称されているものについては、きわめてシンプルな問題群によって要約してしまうことができる、と明言している。同じくノーベル賞を受賞した物理学者のパーシー・ブリッジマン（Percy Bridgman）は、さらに突っ込んだ発言をしている。「科学的な方法などというものは存在しない。科学者の方法の決定的な特徴は、心を込めて、いかなる制約なしに、全力を尽くすということだけだ」。ウィリアム・S・ベック（William S. Beck）は警告する。「発見のメカニズムは知られていない。創造的なプロセスは、個人の感情構造ととても緊密に結びついているもので、一般化するにはお粗末な主題である」(4)。

3　ラザースフェルドの社会学

方法の専門家はまた、なんらかの社会哲学の専門家でもある傾向がみられる。現代社会学にとり重要な点は、彼らが専門家であることではなく、掲げられた専門性が、社会科学全体の専門化を進行させる結果となっていることである。さらに、方法論的禁制や、それを体現する調査研究体制により、専門化に拍車がかかっている。「わかりやすい研究領域」を設定し、社会構造を問題化する概念を用いるなどして、主題によって専門化するような図式が提示されることはまずない。専門化が叫ばれているが、それを基礎づけているのは、内容、問題、領域などを無視して、神聖な科学の〈方法〉を用いることだけである。私はべつに的外れな印象論議をしようというわけではなく、これはたやすく実証できることである。

　研究スタイルとしての抽象化された経験主義について、そして社会科学におけるその役割について、最も直截に述べたのは、学派のなみはずれて洗練されたスポークスマンのひとりであるポール・F・ラザースフェルドである[5]。

　ラザースフェルドは、「社会学」の専門性を、その特徴的な方法ではなく、方法論的という専門性から定義する。こうした視点からみると、社会学者は、全社会科学の方法論を司る者となる。

さて、これが社会学者の第一の役割である。私たちはそれをかなり明らかにすることができる。人間の行動という新たな領野が経験科学の探索対象となろうとしているときに、社会科学者の軍団の先鋒をつとめ、まず第一歩を踏み出すのが社会学者である。社会学者は、一方で社会哲学者や、個々の観察者、コメンテーター、他方で経験的な調査者やアナリストの組織化されたチームを橋渡しする……。歴史的に言って、私たちは、社会的な主題を見る三つの主要な方法を区別しなくてはならない。すなわち、個人の観察者によって行われる社会分析、組織化された本格的な経験科学、そして間にある過渡的な段階で、それを私たちは社会行動の特殊領域としての社会学と呼ぶ……。ここで、社会哲学から経験社会学への移行のなかで、なにが進行しているかについて、コメントをしておくとよいだろう。(6)

注意していただきたいのは、奇妙なことに、「個々の観察者」が「社会哲学者」と並置されていること、さらに、これが知のプログラムとしてだけではなく、研究体制づくりのプランとして提示されていることである。「人間行動における特定の領域が、組織化された社会科学の対象となるに至り、名前がつけられ、研究施設、予算、データ、人員などが整えられた。もちろん、こうした組織開発が進んでいない領域もある」。しかし、組織化＝「社会学化」ができない領域などない。たとえば「市民（the population）の幸福をめぐる社会科学研究には、まだ名称すら与えられていないのが実情だが、そうした研究が不可能というわけではない。幸福の評定を集めることは、収入、貯金、価格のデータを集めるのに比べ、難しいというわけではないし、お金がかかるわけでもない」。

さて、一連の「社会科学」を専門化していくための助産役としての社会学は、まだ〈方法〉が適用されていない主題領域と、「開発の進んだ社会科学」との間に立っている。「開発の進んだ社会科学」で何が意味されているかははっきりしないが、人口統計学や経済学だけがその名に値することは暗黙の了解である。「人間の行動を科学的に考察することは必要であり、また可能である、ということに疑いの余地はない。一〇〇年くらい時間をかけたならば、私たちは人口統計学や経済学に匹敵するだけの開発された科学を確立し、人間行動の多様な側面を考察できるようになるだろう」。一二〇ページほどのこの論文で、「開発の進んだ社会科学」について詳述した箇所はこれ以外にはない。

哲学を科学に変換する仕事が社会学に割り当てられるという場合、「方法」面で傑出したものは、伝統的な学問領域の知識など必要としないということが暗黙の前提となっている。確かに、伝統的な学問領域の知識は、こうした主張において暗に考えられているよりも、多少時間がかかりすぎるようである。政治の科学について語ったときふと漏らしたことから、この意味ははっきりする。「ギリシャ人には政治学があり、ドイツ人は国家学を、アングロサクソンは政治の科学を語る。この分野の本が何を論じているかを判別するために十分な内容分析は今のところ誰一人行っていない[7]」。

さて、一方に経験社会科学の訓練を積んだ組織化されたチームがあり、他方に組織化されていない個人の哲学者がいるとする。社会学者は、方法を統一化する召命を受け、哲学を経験科学に変換する。要するに、社会学者は、科学を作り、知性、いやむしろ科学を司る者であると同時に、研究体制の管理者でもある。

「こうした変化（ミルズ注――「社会哲学」「個人観察者」から、「組織化され、完成された経験科学」への変化）は、関係する研究者の仕事の四つの変化で特徴づけられる」。

(1)「第一に、制度や観念の歴史から具体的な人間行動へと力点が移動したことである」。これはそれほど単純なことではない。第6章で検討することになるが、抽象化された経験主義は、よく見かけるような経験主義とは異なる。そこでは、「具体的な人間行動」は、研究の基本単位とはならない。実際のところ研究単位とされているものをみると、あからさまに「心理主義」と呼ばれるような傾向を示していて、個人の生活圏を重視し、構造的な問題を執拗に拒否している。このことを私はこれから明らかにしようと考えている。

(2)これに続けてラザースフェルドは、「第二に、人間社会の一つの側面だけを研究するのではなく、他の側面との関係を考える傾向がある」と言う。それは違うと私は思う。マルクス、スペンサー、ヴェーバーらの仕事と、抽象的経験主義者の仕事を比較してみれば、すぐにそれがわかる。おそらく、「関係」という言葉の意味によるのであり、ラザースフェルドの場合は統計的な相関関係に限定されている。

(3)「第三に、一回性のものではなく、反復する社会状況や問題を好んで研究することがあげられる」。このことで、構造的な考察を示そうとしたのかもしれない。なぜなら、社会生活の「繰り返し」や「規則性」は言うまでもなく、安定した構造に基づくものだからである。たとえば、アメリカの政治運動を理解しようとすれば、政党構造、その経済的な役割などを理解する必要がある。しかし、そういうことをラザースフェルドは言おうとしたわけではない。選挙では、多くの人々が似かよった行動をすることになり、さらに選挙は繰り返される。それゆえ個人の投票行動は、統計的研究をし、さらに繰り返し追検証することが可能である。こうしたことを、彼は反復する対象の研究と言うのだ。

(4)「そして最後に、社会の歴史的な出来事ではなく、現在の出来事に大きな力点が置かれる」。非歴史的（a-historical）なものが殊更に強調されるのは、認識論的な好みにすぎない。「結果として、社会学者は、必要なデータを入手しやすい同時代のことを主に研究するようになる」。このような認識論的な偏向は、社会科学研究を方向づけるためのポイントとなる具体的な問題を定式化するのとは、まったく正反対のものである。(8)

これらのポイントの検討に入る前に、ラザースフェルドの社会学論についての整理を終わらせなくてはならない。さらに二つの課題がある、と付け加えられている。

……社会学的調査の真髄は、科学的な手続きを新しい領域に適用することである。それら（ミルズ注――ラザースフェルドの観察）は、社会哲学から経験的な社会研究へと変貌するなかで現れる「雰囲気」を特徴づけることが意図されている。……人間行動の新しい側面について社会学者が研究を始める場合、必要なデータはすべて自分で集めなくてはならない。……まさにこうした状況に対応するため、社会学者は第二の重要な役割を果たしてゆくことになる。そこで社会学者はさしあたり、他の社会科学の道具づくりを担当することになる。自身のデータを集めるとき、社会科学者は多くの問題に直面する。そのいくつかでも思い出してみてほしい。人々が行ったこと、見たこと、欲しかったものなどを、彼らは自分で聞かなければならない。人々は、そうしたことを容易には思い出してくれない。語るのをいやがることもある。聞き手がなにを知りたいのか、理解してくれないこともある。こうして、難しいが、とても重要な技能として、インタビューが発展してゆく。

……しかし、歴史上（ミルズ注――社会学者は）、さらに解釈者という第三の役割を担ってきた。……社会関係の記述と解釈の区別は有用である。解釈レベルにおいて、私たちは主に、日常言語の「なぜ」という言葉で表される問いかけを行うことになる。なぜ少子化になるのか？　なぜ都市化が起こるのか？　なぜ選挙の勝ち負けが決まるか？

　これらを説明するための基本テクニックは、統計的なものである。多くの子がいる家族と少ない家族を比較しなくてはならない。定職のある労働者とすぐ辞めてしまう労働者を比較しなくてはならない。しかし、そのなにを比較するのか。(9)

社会学者が突然、百科全書的な姿勢をとっているかのように見える。社会科学の分野はどれも、それぞれの解釈や理論をもっている。これに対して、「解釈」や「理論」は他ならぬ社会学の領分だと主張されている。言わんとすることは、他の社会科学の解釈がまだ科学的とはいえない、と言っている意味がわかればはっきりする。哲学を科学に変換する役割を担う社会学者の「解釈」は、統計的な探求に役立つ「解釈変数」である。さらに、右の引用の続きにはこう書かれており、社会学的現実を心理学的な変数へと変換・還元する傾向があることも明記しなくてはならない。「人間のパーソナリティ、経験、態度には、はたからみると同一のようにみえる状況でも、異なる行為を人間に行わせる何かがある、と仮定しなくてはならない。必要なのは、経験的な研究によって検証可能になるような説明のアイディアや概念である」。「社会理論」は全体として、そういった概念、つまりは統計的な発見の解釈に有用な変数を体系的に集めたものとなる。

私たちは、こうした概念を社会学的と呼ぶ。なぜなら、色々な社会行動に汎用することができるからである。……私たちが社会学者に割り当てるのは、価格、犯罪、自殺、投票行動など、分析するそれぞれの対象領域で発見される経験的な事実の解釈に役に立つ概念を集めて、分析する作業である。社会理論という概念は、そうした諸概念、およびそれら相互の関係を体系的に提示するときに用いられる。[10]

判然としないことも色々とあることに、ここで注意しておかなくてはならない。右の説明は全体として、社会学者が現実に果たしてきた歴史的役割についての理論なのか？　その場合、それはまったく不適切である。あるいはまた、社会学者は、科学の助産役としての技術者たれ、すべての解釈を司る者であれ、という提言にすぎないのか？　その場合、社会学者がみな自分の具体的な問題を優先することで、右のような誘いは自由に断ってしまえる。それにしても、彼らが示しているのは、事実なのかそれとも教えなのか、声明なのかそれともプログラムなのか？

おそらく、彼らは〔官僚主義的な社会学を〕科学の自然史の一部と偽装することで、技術哲学のプロパガンダを行い、行政管理能力を賞賛しているのである。

このように、調査研究所を拠点に、科学を創造し、道具を製作し、解釈を司る者として社会学者を捉えるのは——抽象化された経験主義の研究スタイル全体と同様、というより、こうした捉え方がそのままスタイル全体を明快に説明しているわけだが——、いくつかの問題を含んでいる。それをもう少し体系的に検討しよう。

4　マクロな説明とミクロな調査

抽象化された経験主義について、二つの言い訳がなされている。言い分を認めるならば、研究成果が薄っぺらいのは、〈方法〉がそもそも問題というのではなく、「偶然的な性質のもの」、すなわちお金や時間が問題だというのである。

第一に、そうした研究は普通とてもお金がかかるため、出資者の利害関心にそれなりに配慮して、研究は形づくられてゆく。さらに言えば、こうした利害関心はかなりバラバラなものだった。そのため、研究者たちの問題選択は、統一性をもった成果が出せるように意味のある結果を積み上げてゆくようなものではなくなる。彼らは、最善を尽くしてきた。彼らは、豊かな成果を生むような具体的な問題群と関わることができなかった。それで、具体的な問題を無視して、適用する方法の展開に専心せねばならなくなるのである。

要するに、真理の経済学（研究コスト）は、真理の政治学――重要な問題を明確にし、現実に密着した政治論争を可能にするような研究活用――とは、相容れないようである。結局のところ、国家の科学予算全体のおそらく四分の一くらいを社会調査研究の施設が独占し、お金を好きなように使えるようになるならば、もう少し事はうまく運ぶはずだ、というあたりに、議論は落ち着くことになる。そんな巨額の金銭がはたして期待できるものかどうかは、正直私には判断できない。それは誰もわからないだろう。しかし、背に腹はかえられないと、社会科学の研究はあきらめて、研究プロモーションに奔走し始めた管理的な知識人たちが、お金があったらもう少し事はうまく運ぶはずだ、と確信していることは間違いない。こういうかたちで研究主題が決められてしまうと、知的批判は効力を失う。さらに、もう一つはっきりしていることがある。〈方法〉にコストがかかるので、研究従事者たちは、研究の商業的・官僚的利用に夢中になる。そして現に、このことが彼らのスタイルに影響を与えてきた。

第二に、彼らに対する批判がいささか性急なだけではないか、ということもあるだろう。厳めしく議論されている「科学の要請」は、何十年オーダーではなく、何百年オーダーのものであることは、私もわかっている。社会についても、研究により一般化された重要な成果を可能にするようなかたちで、研究結果が積み上げられていくかもしれない。こうした正統化の議論が成り立つには、社会科学の発展を奇妙な積み木遊びのような作業としてみなすことが前提となっている。すなわち、一つ一つの研究を、積み木のピースのように「重ねて」、「組み合わせ」れば、証拠づけられた信頼に足る全体像を「築き上げる」ことができるものと考えられている。これは単なる議論の前提ではなく、明らかにポリシーである。ラザースフェルドはこう主張している。「経験科学は、特定の問題について、精密に、注意深く、時間をかけて大量に研究した結果を集めて、一般的な知識を積み上げなくてはならない。もちろんより多くの学生が社会科学を学ぶようになることが望ましい。だがそれは、一夜にして世界を救済するためなどではない。それは、統一社会科学の展開という困難な課題の達成に拍車をかけ、それを通じて社会的事象の理解やコントロールに貢献するものだからである(11)」。

政治的に曖昧であることはしばらく棚に上げるとしても、発見されたものを「積み上げる」ことで、「統一化された社会科学」をいずれ生み出すことができると考え、研究を「微細」なものに限定するプログラムが提示されている。こうした見方が適切ではないことをはっきりさせるためには、学派の研究成果がいささか薄っぺらなものであることを、表面的な理由だけではなく、研究のスタイルやプログラムをめぐる本質的な理由にまで遡及して、検討を加えなくてはならない。

右に指摘した第一の点は、理論と調査の関係、すなわち、一般概念と精密な説明とのプライオリティをめぐる社会科学者のポリシーに関わるものである。

理論なき経験的データに分別がなく、データなき理論が空疎であることについて、どの社会科学の学派においてもたくさんの議論がされてきた。しかし、哲学的な理屈でごまかしたりせずに、私が試みているように、実際になにが研究されて、どんな結果が出されているかを直視するほうがよい。ラザースフェルドのような直截な言い方で、「理論」や「経験データ」の概念を明らかにすることができる。すなわち、「理論」は、統計的に発見されたことを解釈するのに役立つ変数となる。一方、「経験的データ」は、――強く主張され、実践のなかで証明されているとおり――妥当な標本数をもち、反復検証、計測が可能な統計的な事実や関係に限定される。このようにして理論やデータを非常に限定するので、両者の関わりについての多くのコメントは、お粗末な承認にしかならない、実際上は、まったく承認にならないと思われる。これまで示してきたように、右のように理論やデータの用語を限定してしまうことに哲学的な根拠もないし、まして社会科学の研究においてはまったく根拠がないことは確かである。

大局的な概念を点検し、再構成してゆくためには、詳細な説明は欠かせない。しかし、詳細な説明をしたからといって、大局的な概念をまとめ上げることができるとは限らない。何を詳細な説明に選べばよいのか？　選択の基準は何なのか？　「まとめ上げる」とは何を意味するのか？　安易に言葉をあてはめればいいようだが、そんな機械的な作業ではすまないのである。私たちは、大局的な概念と微細な情報（理論と調査）との関わり合いを語る。しかし、同様に私たちは問題についても語らなくてはならない。社会科学の問題は普通、歴史的社会構造と関連をもつ概念によって立てられるものである。そうした問題をリアルなものとみなすのであれば、結果はどうあれ、まずは構造的に意味のある問題を研究し、解明するのに役立つ推論を引き出すことができるかどうかを確かめるべきである。そうした確認もせず、小さな範囲ばかりを精密ぶって研究するのはばかばかしいと思われる。バラバラに統計情報やその他の情報を用いて、バラバラの個人のバラバラの生活圏を対象にして、問題をなんでもおかまいなく研究してしまえるような、一つのパースペクティブを仮定するだけでは、構造的な意味のある問題を科学に「翻訳」することはできないのである。

アイディアに関するかぎり、何かをごまかしなく詳細に研究しても、そこに注いだ以上の着想が得られることはほとんどない。経験調査それ自体から得られるのは情報にすぎない。そして、情報をどう捉えるかは、経験的な研究を進めるなかで、より大局的な構成を行ってゆくためのチェックポイントとして情報を位置づけてきたかどうかによる。科学を創ろうとする者たちは、社会哲学を経験科学に変換し、研究施設を拠点として創設することで、おびただしい研究を生み出した。こうした研究において何を主題にすべきかの選択基準や理論は、実は存在しない。すでに検討してきたように、「幸福」が主題とされることもあるだろうし、市場行動が主題とされることもあるだろう。しかし、科学の〈方法〉を適用さえすれば、エルマイラから、ザグレブ、上海まで、バラバラの場所において行われた研究成果がとりまとめられて、人間と社会についての「本格的に組織化された」科学をつくり出してゆくということが、前提とされているだけである。そして、研究実践は、そうこうしているうちに次の研究に手をつけることになる。

こうした研究が「集積」されても、意味のある結果を出せるはずがない、と私は主張した。その際私は、抽象化された経験主義の社会理論が向かっていく方向を念頭に置いていた。どのような経験研究のスタイルにおいても、形而上学的な選択——なにが最もリアルであるかの選択——が行われている。ここで、抽象化された経験主義という一スタイルが要求するのはどのような選択なのかを見なくてはならない。しばしば心理主義の一例としてこの研究を捉えることができる、というのはなかなか説得力があるように思う(12)。この説明の仕方は、情報が基本的には個人を標本としていることを根拠にする。この研究における問いかけは、個人の心理学的な反応をめぐって行われている。したがって、この方法によって研究する場合、社会の制度的な構造も個人をめぐるデータによって理解することが可能である、ということが前提とされている。

構造的な諸問題に気づき、それらが個人の行動の説明にも重要なものであることがわかるためには、経験主義の拡張が求められるようになる。たとえば、アメリカ社会の構造について——さらに通常「標本地域」に選ばれた一時期の一つのアメリカの町においては特に——、と限定をつけたとしても、社会的・心理学的に、多くの公分母があって、社会科学者が考慮に入れるべき行動の多様性はどれほどのものかということは、単純には決められない。そうした多様性をつかみ、問題を定式化するのは、視点を拡げ、歴史的社会構造を比較考察することによりはじめて可能になる。しかし、抽象化された経験主義者は、認識論的なドグマのために、歴史の視点も、比較の視点ももたないものとなり、小状況のみを対象とする心理主義の傾向をもつようになる。問題の定義においても、ミクロ的な事実発見の解釈においても、彼らが実際に、歴史的な社会構造という基本的アイディアを用いることはない。

個人の生活圏を対象にする場合も、こうした調査研究に鋭い分析は到底期待できない。周知のとおり、生活圏における変動原因の多くは、私たちの研究をもとにしてそう言えるだけでなく、言葉の定義からしても、限られた生活圏に生きる人々（被調査者）にはわからないものであり、構造的な変動という観点をとることではじめて理解できる。こうした総体的な視点は、もちろん、心理主義の対極にある。この視点が研究方法に対してもつ意味は単純明快で、個人の生活圏を詳細に研究する場合、同時に構造的意味の問題を視野に入れることが不可欠である、ということである。生活圏のなかで抽出され、観察される「変数」は、構造的な検証にも重要なものでなければならない。もちろん、生活圏の研究と構造研究の関わりは、双方向的なものである。人々が作業分担してパーツをつくり、その結果、大きなパッチワークをつくりあげるようなものとして、社会科学の発展を考えることはできない。どのように精緻な方法が適用されようとも、小さな部分を機械的に外部から結び合わせることはできないのである。

ところが、抽象化された経験主義者の実践においては、「データを収集」して、それを多かれ少なかれ標準化された統計的な分析にかけて「データ処理」するのは、それほどおかしなことではないのである。しかも、多くの場合、それを行うのは中途半端な分析訓練しか受けていない者である。データの収集・処理の作業を引き継いで、「実際にそれを分析するため」に、社会学者、もしくは社会学者のチームが待ち構えている。ここからさらに、私が用意した次の論点につながる。

抽象的な経験主義者の間では最近、経験研究の最初の一章、二章で「問題となる文献」を要約してしまう傾向がある。もちろんこれはよい兆候であり、すでに確立された社会諸科学からの批判に対する応答にもなっているように思う。しかし、実際に行われている作業は、データが集められ、「くわしく説明がなされた」後であることが多い。さらに、研究にかなりの時間と忍耐が必要となるため、多忙な調査研究所では、この作業は忙しい助手に丸投げされる。そして、助手のメモをもとに、経験研究に「理論」をまとわせ、「意味を与える」作業が行われる。あるいは、——しばしば言われるように——「そこからよりよい物語を手に入れる」。たぶんこれですら、何もないよりはずいぶんマシであろう。しかし、そのことによってしばしば門外漢は誤って導かれ、性急に誤解してしまうかもしれない。この経験研究が特に選び出され、構想され、実施されたのは、より大がかりな概念や仮説を経験的に検証するためなのだ、と。

これは、普通のやり方であるとは思えない。用語系を決しておろそかにすることなく、文献が示す概念、理論、問題の理解に惜しみなく時間を使い、社会科学の「文献」を真摯に検討する人たちが行うのでさえあれば、それは普通のやり方になるだろう。こうした手続きを踏んではじめて、問題や概念を放棄することなく、その文献の意味を、抽象化された経験主義の〈方法〉とも馴染むよう、限定領域の問題へと翻訳することも可能になる。もちろんこうした翻訳は、すべての社会科学者が研究で行っていることである。しかし、彼らは、「経験的」という用語を一定数の現代人の抽象的・統計的情報に限定したりはしないし、「理論」を「解釈変数」の寄せ集めに限定したりもしない。

面白いトリックがそうした議論に用いられている。抽象化された経験主義の研究を論理的に分析するとわかるのは、「面白い概念」が「データ」を解釈し、説明しているという場合、ほぼ決まって二つの変数が示されているのである。すなわち、(1)インタビューで解明できるレベルを超えた構造的・歴史的な「変数」、そして、(2)インタビュアーには見えない深層レベルにある心理学的な「変数」。しかし、重要なことは、調査が定式化され、「データ」が収集される場合の用語系においては、構造的な概念、心理学的な深層概念のどちらかが特徴的に用いられているわけでもない。用いられているのは、なんとなく歴史的、もしくは心理学的な深層へと方向づけるものではあるが、抽象化された経験主義が公認するような限定された「明晰」な変数ではない。

こうなってしまう理由は明らかであると思われる。基本的な情報源である多かれ少なかれ型どおりのインタビューを実際に行う場合、妙なかたちで社会行動主義〔インタビューの内面は捨象して、出てきた回答だけを見ること〕が要請されるのである。研究体制の問題や、財政的な事情を考えると、これは避けられない。たかだか半熟練のインタビュアー風情がどんなに頑張ったところで――実は、スキルとは関係なく無理なことだけれども――、二〇分のインタビューで、あるいは丸一日かけたとしても、深みのある事柄をつかむことなどできない。私たちは、時間をかけた、最高レベルに熟達したインタビュアーによって、獲得されるべきものがそこにあると知るのである[13]。また、構造的情報は一般的な標本調査などでは得ることができず、適切に歴史へと方向づけられた研究によってはじめて使いこなせることを知るのである。

しかし、構造や深層心理の概念が、抽象化された経験主義のスタイルに、強引に持ち込まれる。個々の観察が、場当たり的に一般概念に関連づけられて説明される。一般概念は、構造的な問題、心理学的な問題を定式化する際に、ちょっとした「下準備」や「仕上げ」として用いられる。

研究工場のなかで、細かい事実や関係が大がかりな仮定によって説得的に「説明」された場合、「お利口（bright）」という言葉を用いることがある。微細な変数の意味が引き延ばされ、大きな問いかけが説明されたときには、「素敵だ（cute）」という具合であろう。このことに言及したのは、こうした研究の進行のなかで、共通の〔子ども向けの褒め言葉のような〕「商売用語」が使われはじめているということを示すためである。

結局のところ、総体的な論点を描くために統計学が用いられ、統計的なことを描くために総体的な論点が用いられる。総体的な論点は、検証もされていないし、具体的に明らかにされてもいない。統計がうまく操作されて総体的な論点として脚色され、論点の総体性は統計によって脚色される。その一般的な論点や説明は、別の統計に用いることもできるし、その統計を別の一般的な論点に用いることもできる。こうした論理的なトリックは、抽象的なスタイルによって排除してきたはずの構造的・歴史的・心理学的な意味を、都合によって研究に加味するために用いられる。こうしたやり口、または似たような手口により、科学の〈方法〉にしがみつき続けながらも、研究結果のお粗末さをとりつくろうことが可能になる。
こうしたやり口は、章の冒頭の段落、「一般的な導入」、ときには「挿入」された「解釈的」な章や節にごく普通に確認できる。特定の研究についてくわしく検討することはここではできないが、研究を自分で点検する際に、注意を研ぎ澄ますよう読者に促しておきたい。

議論のポイントは単純である。いかなる社会研究も理念に導かれ、ただ事実によってのみ律せられるのである。このことは、「なぜ人はそのような投票行動をするのか」についての抽象化された経験主義の調査にも、また一九世紀ロシアのインテリゲンチアの立場と見解についての歴史的な考察にも、ひとしくあてはまる。前者の儀式は、精緻に、もったいぶって行われるのが通例である。しかし、論理的にみれば両者は変わらない。

さて、最後の論点に入ろう。抽象的な経験主義の浅薄さを説明する場合、こう問いかけてみるとよいかもしれない。真なることが証明されているが重要でないものと、重要であるが必ずしも真なることが証明できないものとを、択一的に考える必要があるのだろうか？　あるいは次のように問うほうがもっとよいかもしれない。社会科学の研究を行っている者にとり、どのようなレベルの証明を行えば、抵抗なく受け入れることができるのか？　もちろん、私たちは、最大限の精確さを心がけ、詳細な説明に専心することもできる。一方、総体的な概念獲得のためには、精確さを犠牲にするのもやむを得ないと考えることもできる。

方法論的な禁制に囚われている者たちが現代社会について何か語る場合、統計的な儀式という「細挽きミル」にかけることは必須となる。彼らは、自分たちの研究成果の重要性はわからないが、ともかく真理である、と常に言う。私はこれに賛成できない。それがどのくらい真理なのか、ますますいぶかしく思っている。精確さ——あるいはまがい物の精確さと言ったほうがよいこともあるわけだが——が、「真理」と混同されてはいないか、という疑いを私はもっている。さらにまた、抽象化された経験主義と言ってはみたが、なんらかの「経験的」な方法で研究を行っている、というのも疑わしいと思っている。もしあなたが真剣に一、二年、約一〇〇〇時間のインタビューを行い、注意深くコード化し、入力作業をしてみれば、「事実」の世界というものは、杓子定規なものではないことに気づくだろう。さらに、「重要性」ということからすると、重大な問題は、最もエネルギッシュな思考力の人々ですら、信奉している〈方法〉に拘束され、些末なことを詳細に研究することに終始し、燃え尽きてしまっていることである。生み出される研究の多くは、——たまたま商業的な価値、財政的な価値があるという理由から——統計儀式を繰り返しているだけであって、スポークスマンの主張のように、「科学の厳しい要求に応えている」わけではない。

精確さは方法選択の唯一の基準ではない。精確であることは、「経験的であること」、「真理であること」と混同されるべきではない。しかし、これらはしばしば混同されている。私たちは、自分と関わる問題を研究するときに、できる限り精確であるように心がけるべきである。しかし、採り上げる問題を制約するために方法それ自体が使われるべきではない。最も興味深く、しかし困難な方法の問題は、確立された技術が適用できないところから普通は始まるということ以外に理由がないとしても。

歴史から生まれるリアルな問題感覚があるならば、真実と重要性をめぐる問いの答えは明らかである。そうした問題については、できるだけ注意深く、精確に作業を行うべきである。社会科学において重要な作業は、通常、注意深く精緻な仮説を立て、キーポイントとなるところでは情報を精査し、立証することであり続けたし、今もそれは変わらない。事実、広く重要性を認められたトピックやテーマと対峙するためには、少なくとも今までのところこれ以外に方法はない。

自分たちの研究が、重要な (important) 問題、もう少し普通の言い方をすると、意義のある (significant) 問題を扱わねばならない、という要求の意味は何か? 何に対して、意義があるのか。この点について私が言わんとするのは、言葉のいかなる意味においても、政治的、実践的、道徳的な意味をもっているということだけではない。第一に、それは、私たちの理解する社会構造の概念、そして実際そのなかで起こっている構造的な変動と真の関わりをもっているということを意味する。「真の関わり」という言葉で言おうとしていることは、研究がそうした構造概念と論理的に結びついているということである。そして「論理的な結びつき」とは、研究の問題を立てるときも、説明を行うときも、マクロで大局的な説明とミクロで精密な情報とが、わかりやすくはっきり照合されているということである。「意義ある」ということの政治的な意味は、後でとりあげることになる。さてともかく、経験主義は、抽象化された経験主義のように細心、厳格すぎると、現代の重要な社会問題、人間の問題であっても、検討されずに除外されてしまう、ということが明らかになった。こうした問題を理解し、立ち向かう者は、啓蒙のために信念を定式化する別の途につくだろう。

5　約束の放棄

経験主義の哲学はさておき、経験主義の個々の方法は色々な問題の研究に適しており、使い勝手もいいことは明らかである。経験主義の方法のそうした使用に反対するのは、あまり合理的ではないだろう。抽象化を適切に行えば、万事精確を期すことができる。本質的に計測を受けつけないものなどありはしないのだ。

研究している問題が、無理なく簡単に統計的な方法で研究ができるような場合には、迷うことなくそれを適用すべきだろう。たとえば、エリート理論を研究していて、将軍の一団の社会的な出自を知る必要がある場合、当然私たちは、社会階層別の割合を調べる。ホワイトカラー層の実収入が一九〇〇年以来どう上下しているかを調べる場合には、物価指数を加味して、職業別の収入がどう移り変わっているかをたどるだろう。しかし、そうした方法が、唯一使用可能なものとして一般化されてしまった場合、それを受け入れる必要はないだろう。確かに、こうしたモデルを統一基準として受け入れる必要などない。それだけが経験的なやり方というわけではない。

綿密で精確な研究のために、特定の微細な側面に光を当てる場合、おおざっぱなものであっても、なんらかの全体像と照らし合わせ、構造的な全体と関わるような問題の解明に努力すべきである。精緻な研究をするのは、問題に取り組むために「必要」だからであり、認識論的なドグマに従うためなどではないのである。

とりとめもない問題を詳細に研究することには、いかなる場合も反対すべきである、などと私は考えてはいない。精密な研究努力につきものの焦点の絞り込みは、精確さや確実さを探求する尊い作業の一部分であるかもしれない。それは、知的分業の役割分担の一つであるとも、専門化が進んだ結果とも言えるわけで、殊更に誰かが反対すべきものではないかもしれない。しかし、私たちが次のように問うのもまた当然のことなのである。社会科学の探究全体は様々な役割分担によって作り上げられており、こうした研究も分業の一端を担っているものなのだ、と主張されている。しかし、仮にこの主張のとおりだとした場合、それ以外の研究スタイルが役割分担する余地などはたして残されているだろうか？いったいこのような研究スタイルのどこに、マクロな全体像をつくり出していけるような「分業」があるというのか？

しっかり銘記すべきは、どのような研究スタイルを実践する場合も、ほぼ例外なく、似たようなお題目をとなえるものである、ということである。今日、野外で納屋（outhouses〔＝野外トイレ〕）の数を数えている人々もみんな、自分がやっていることの概念的な意味合いを理屈としてはとてもしっかり理解している（この古いジョークはただのジョークではない）。ひたすら精緻に理論的な概念区分を重ねている人々（それしかやっていない人も多い）もみんな「経験的な実証のパラダイム」を熟知している。いかなる体系的な理解の試みも、（経験的な）収集と（理論的な）統合とを使い分けているものである。概念や理念によって事実に即した研究は導かれていなくてはならないし、他方で理念をチェックし、再構成するために、詳細な調査が用いられなくてはならない、というようなお題目は自明なこととして認識されている。

ところが方法論的な禁制においては、経験的な調査への没入もさることながら、それ以上に、本質的に認識論的な方法の問題に、人々はがんじがらめになっている。こうした人々の多く、とりわけ若い人々は、認識論については多くを知らない。そのために、彼らは一連の基準に教条的になり、支配されることになる。〈概念〉のフェティシズムにおいては、人々は、――通常は統語論的な体系性をもった――とてつもなく高次の一般化へと引きずりあげられ、がんじがらめにされ、事実にまで降りてこられなくなっている。調査も理論も社会科学研究の一つの段階にすぎないはずなのに、両学派における研究動向をみると、その一方に社会科学の存在理由を見出し、誇示している。両学派は、研究の一段階であるべき調査や理論を、そう言ってさしつかえなければ、不毛なものへの入り口にしてしまっているのである。

知の問題として考えるならば、両学派は、古典的な社会科学を放棄している。もっともらしく「方法」や「理論」に、過度にこだわることで、これが行われている。なぜそうなるのか。どちらも、具体的な問題としっかり取り組んでいないからである。教説や方法の盛衰浮沈が、もっぱら学派間における知的な競争によるものであったならば（つまり、適切で実り多いものが勝利をおさめ、不適切で実りのないものが敗北していたならば）、グランド・セオリーと抽象化された経験主義は、現在獲得しているような名望を得られなかったはずである。グランド・セオリーは、哲学者の間のささやかな動向にとどまり、若い研究者がひととおり勉強するようなものだったかもしれない。抽象化された経験主義は、科学哲学における一理論にとどまり、社会的探求の方法における便利なアクセサリーにすぎなかったかもしれない。

現在この二つ以外に何もなく、それらが手をたずさえて頂点に君臨しているのだとするならば、研究条件はまさに悲惨の一言につきるだろう。彼らが実際にやっているのは、私たちが社会や人間についてあまり学ばないようにすることである、とすら言えるかもしれない。第一に、グランド・セオリーは形式的でよどんだ曖昧化によって。第二に、抽象化された経験主義は、形式的で中身のない巧妙さをつくることによって。

第4章　実用性の諸タイプ

社会科学における混乱は、「科学」の問題であるだけでなく道徳の問題でもあり、知性の問題であるだけでなく政治の問題でもある。この事実を無視してきたことは、混乱が続いている理由の一つである。社会科学諸学派の問題や方法について判断するためには、私たちは知性の問題だけではなく、多くの政治的な価値の問題について決断しなくてはならない。なぜなら、誰にとっての問題かわからないと、問題が立てられないからである。ある人にとっての問題は、他の人にとってはまったく問題でない場合がある。そうなるのは、おのおのの関心の対象や、それを自覚している程度による。さらに、不都合な倫理的問題が生じる。人は、必ずしも利害にかなったことに関心をもつわけではないからである。社会科学者はしばしば自分たちが合理的であると思い込んでいるわけだが、すべての人がそれと同じくらいに合理的なわけではない。以上を総合するならば、人間や社会について研究する者は、研究に際して例外なく、なんらかの道徳的・政治的な決定を前提とし、必ず伴っている、ということが言えるであろう。

I 社会科学における価値判断

社会科学の研究は、価値判断の問題を常に伴っている。社会科学の伝統においては、問題の教条的な解決が長く繰り返され、どっちつかずの中立論の試みがたくさん重ねられたが、深謀遠慮の練り上げられた見解もそれなりにあった。応用社会学のいつでも雇うことができる調査技術者のように、問題に直接向き合うのでなく、出来合いのおおまかな回答を借用してあてはめるだけのことも多い。そんなふうに調査技術のみせかけの中立性を示したところで、価値の問題を回避できるわけではない。異なるタイプの研究者に問題の回答を丸投げしているのが現状である。これに対して、知的職人は、暗黙に前提されている価値や意味――多くの場合、彼が研究している社会にとって、そしてその社会における彼の役割にとって、研究がもつ道徳的・政治的な意味――を自らはっきりさせたうえで、研究を行おうとするだろう。

事実の提示、概念の定義から価値判断を導き出すことはできない。こうした考え方は、こんにち広く合意され、常識になっている。しかし、だからといって、事実説明、概念定義が価値判断とまったく関わりをもたないというわけではない。ほとんどの社会問題には、価値判断の偏りだけではなく、誤った事実や曖昧な概念が絡みつき混乱していることはたやすくわかる。そうしたもつれを論理的に整理してはじめて、問題が本当に価値の対立を含んでいるかどうかがわかるのである。

価値対立の有無を見きわめ、対立があるときには価値と事実とを仕分けするのはもちろん、社会科学者にしばしば割り当てられる重要な仕事のひとつである。そうしたもつれを整理することで、ただちに問題が立て直され、解決できるようになる場合もある。なぜなら、それにより、利害を共有する人たちの価値が、実は一致していないのが解明されることもあるからである。新しく現れる価値は古い価値を放棄してはじめてリアルにできるのであり、したがって、利害関係者が何かを行うには、自分にとって最も価値あるものをはっきりさせなければならないのである。

しかし、利害が真っ向から対立する人たちが、妥協なく価値を貫いて譲ることがなく、論理解析や事実調査によっては対立が解消できないような場合は、問題となっている人間事象について理性は役割を果たせなくなるように思われる。確かに私たちは、価値の意味や帰結を明らかにすることができる。価値対立に折り合いをつけて、はっきり優先順位をつけることができる。それらを事実で肉づけしてみることもできる。しかし、何をしてみても、問題が行き着くところは単純で、主張とそれに対する反論である。その場合私たちにできるのは、お願いしたり説得したりすることだけである。最後の最後には、もしそこにたどり着けたならの話だが、道徳の問題は権力の問題になる。そして、最終手段として、もしそれが行使できるならの話だが、権力の最終的なかたちは強制（coercion）である。

ヒュームの有名な金言にあるように、あると信じていることから何をなすべきかを演繹することはできない。また、自分がこうすべきだと信じていることから他人がすべきことを演繹することもできない。万策尽きたら、反対する者の頭を叩くしかなくなる。そうならないことを祈るのみである。とにもかくにも、できるかぎり理性的であるならば、私たちはみなすべてを話し合わなくてはならない。

価値は、研究問題の選択に含まれる。価値はまた、問題の定式化に用いる中心概念にも関わる。そして価値は、問題の解決過程にも影響を与える。概念に関しては、可能なかぎり「価値中立的」な用語を多く用い、それでも残された価値的な意味合いを自覚的にはっきりさせるよう心がけるべきである。一方、問題に関しては、問題選択に用いた価値を明らかにし、解決にあたり、――その解決がどこに向かおうとも、そしてそれがどんな道徳的・政治的な意味合いを持とうとも――できるかぎり価値のバイアスを取り去るよう心がけるべきである。

ところで、批評家のなかには、結論が鬱屈しているか輝いているか、否定的か建設的かで、社会科学の研究を判断する人々がいる。こうしたキラキラしたことの好きなモラリストは、せめてクライマックスのところだけでも、叙情的な高まりがあることを望む。ひたむきな楽観主義が少しでも気分をしっかりと盛り上げてくれれば、彼らは幸福な気持ちになれる。そこから、すがすがしい晴れやかな気分で前に進んでいくことになる。しかし、私たちが理解しようとしている世界は、必ずしも私たちすべてに政治的な希望を与え、道徳的な喜びを与えるようなものではない。だから、社会科学者は陽気な愚か者を演じるのは難しいとしばしば感じる。偶然にも個人的には、私は楽観的なタイプなのだけれども、物事の現状について、いい気分になれるかどうかで判断したことは一度もない。なによりも、楽観的なタイプは、それをまっすぐ捉え、正しく言おうと努めるものだ。暗ければ残念だと、希望があればすばらしいと、言うのである。結局のところ、「建設的な計画」や「バラ色の見通し（hopeful note）」を声高に求めるのは、明らかに不都合なものでも事実は事実として直視する能力がないことの証である場合が多い。そして、そんな要求は、問題の真偽や、社会科学における適切な研究成果の判断とは関係ないのである。

身のまわりのささやかな生活圏を詳細に検討することに知力を注いでいる社会科学者は、時代の政治闘争や政治権力の外部に研究主題を置いているのではない。彼は、社会の枠組を、少なくとも間接的に、事実として「容認して」いる。しかし、社会科学の知的使命のすべてを受け止めるのならば、そうした構造を単に当然のこととして決めてかかるだけではすまない。実際に構造を明らかにして、その全体像と取り組むことこそが彼の研究である。そうした研究を引きうけるということこそが、彼の研究の核となる判断である。そして、アメリカ社会については多くの事実が改ざんされてきたので、それを中立的に記述するだけだとしばしば「粗野な自然主義」とみなされてしまう。もちろん、社会科学者が暗黙の前提とし、受容し、あるいはほのめかしているような諸価値を隠蔽することは、それほど難しいことではない。周知のように、そのために用いるいささか見苦しい道具立てもある。社会科学、とりわけ社会学の「専門用語《ジャーゴン》」の多くは、奇妙なまでの情熱を注いで、価値への関与を回避しつづけた結果である。

　望むか望まないか、気づくか気づかないかにかかわらず、社会を研究し、成果を発表している人は誰でも、道徳的な行為をし、通常、また同時に政治的な行為をしていることになる。問題は、彼が状況を直視し、自分の立場を明確にするか、あるいは自分からも他人からもそれを隠して、道徳的な漂流者となるかどうかである。今日、アメリカにおける多くの——というよりはほとんどの——社会科学者は、気楽か不安げかの差はあるが、ともかくリベラルである。彼らは同調的となり、情熱的に何かに関与することを恐れている。そうした人々が、「価値判断をする」ことを批判する場合に望んでいるのは、「科学的な客観性」などではさらさらなく、関与を回避することなのである。

　ところで、教えるということは、書くこととまったく別物であると私は考えている。本を出すと、それは公共の財となる。読者に対してなんらかの著者の責任があるとすれば、それは、著作がよいものになるように努力することだけであり、その結果を最後に判断するのは著者自身である。しかし、教えることにはさらに責任がある。ある程度まで、学生たちは一方的に聴く立場に置かれているが、他方で、ある程度まで、手本となる教師に依存している。教師の最も大事な仕事は、一般に自己訓練的と考えられている思考の働かせ方を、学生に対して可能なかぎり示すことである。かなりの部分、教育の技術というのは、口に出しながらわかりやすく考える技術である。書物では、書き手は思考の成果を他者に説得しようとする。教室では、教師は思考のやり方を他者に示さなくてはならない。同時に、うまく思考できたときにどんなに心地よいかを示さなくてはならない。そこで教師は、仮説、事実、方法、判断をはっきりと示さなくてはならないように思う。教師は何も隠すべきでなく、ひとつひとつゆっくりそれらを取り上げていくべきである。そして、自分自身の選択を示す前に、想定しうるすべての道徳的な選択肢を繰り返し示すことが必要である。そんなふうにものを書くのは、非常に鈍い感じがするし、またどうしようもないほど自意識過剰になるだろう。最良の授業というものが、ふつうよい本にならない一つの理由はこれである。

ケネス・ボールディング（Kenneth Boulding）が、こう書いているのは、ありえないくらい楽観的である。「実証主義者たちがどんなに人間の科学を非人間化しようとも、それは道徳的な科学であり続ける」。一方、ライオネル・ロビンズ（Lionel Robbins）がこう書いているのには同意しないわけにはいかない。「今の時代において、文明の最大の危険性の一つは、自然科学で訓練を受けた思考力では、経済的なものと技術的なものの違いが認識できなくなっていることである、と言っても過言ではない(1)」。

2　自由主義の見直しと官僚主義イデオロギー

右に述べた事態はすべて、それ自体としては、なんらかの混乱を招くことはない。誰もが直面していることではないにしても、広く認識されていることである。今日、社会調査はしばしば、陸軍の将軍、ソーシャルワーカー、企業経営者、刑務所長などの依頼に応え、調査結果を直接に提供している。こうした官僚的な利用は増加しており、今後も増えていくに違いない。研究は、社会科学内外で、イデオロギー的なやり方でも利用されている。事実、社会科学のイデオロギー性は、社会的事実としての社会科学の存立と関わる。あらゆる社会は、自らの本性についてイメージ、とりわけ権力システム、権力者の支配を正統化するイメージやスローガンを持っている。社会科学者が形成するイメージや観念は、そうした一般のイメージと一致する場合も、しない場合もあるだろう。しかし、社会科学者の示すイメージや観念は、一般的イメージに対してなんらかの影響を及ぼしている。影響の内実が知られるようになると、それらは議論の対象となり、そして次のように用いられる。

権力の編成や権力者の支配力を正統化することで、社会科学の生み出すイメージや観念は権力を権威に変換する。

権力支配の編成や権力支配者を批判したり、問題を暴露したりすることで、それらは権威の化けの皮を剝ぐ。

権力や権威の問題から注意をそらすことで、それらは社会の構造的現実からも注意をそらす。

こうした使い方を社会科学者が意図したかどうかは必ずしも問題ではない。そんなことはともかくとして、研究の政治的な意味に気づくようになるのは、社会科学者たちにとってまったく普通のことだった。このイデオロギーの時代においては、ある社会科学者が気づかなくても、他の誰かが気づく可能性は高い。

イデオロギーによる明確な正統化を求める声は非常に多くなってきている。巨大な権力機構が新しく立ち上がったが正統化されておらず、一方、古い権力はイデオロギー的効力を喪失しつつあることひとつとってみてもわかる。たとえば、アメリカで権威を正統化する際の基本線である一八世紀以来の自由主義の教義をそのまま用いても、現代企業の力を正統化することはできない。すべての利害と権力、すべての情熱と偏向、すべての嫌悪と希望は、利害対立するスローガンやシンボル、教説やアピールと競いあうために、イデオロギー装置を必要としている。公共コミュニケーションが拡大し、加速すると、繰り返されることでその有効性も摩滅しやすくなる。そこで、次から次へと、新しいスローガン、信念、イデオロギーが必要となる。コミュニケーションが大規模化し、宣伝活動が徹底されることにより、社会研究がイデオロギー的な武器として機能しないとすれば、それは実に奇妙ではなかろうか。さらに、社会調査者がそうした武器を提供できないとすれば、もっと奇妙ではなかろうか。

しかし、自覚できているかどうかはともかく、社会科学者として研究を行っているということだけで、彼は、一定程度、官僚的な役割、あるいはイデオロギー的な役割を果たしていることになる。さらに、一方の役割は、たやすくもう一方の役割に結びつく。ごく型どおりの調査テクニックを官僚的な目的のために用いると、そうした調査に基づく政治決定をたやすく正統化することができる。同じように、社会科学的発見をイデオロギー的に用いることは、たやすく官僚的な施策の一部となる。今日では、権力を正統化し、ある政策を口当たりのよいものにすることは、非常に多くの場合、官僚的な「人事管理」であるとか、「広報活動」の一部となっている。

歴史的にみると社会科学は、官僚的にというよりは、イデオロギー的に用いられてきた。

両者のバランスが変化しているようにみえることも多いが、おそらく現在も基本線に変わりはない。現代社会科学の多くは――そう自覚していないこともしばしばであるにせよ――マルクスの著作との対話の結果であり、同様にまた社会主義運動や共産主義政党の挑戦を反映したものである。イデオロギー的な利用がなされていることは、こうした事実があったからであった。

古典派経済学は、権力システムとしての資本主義の主要なイデオロギーであり続けてきた。こうしたこともあり、それはしばしば「実り多い誤解」の対象とされてきた。今日マルクスの著作がソビエトの宣伝係に使用されているのとなんら変わらないとすら言えるだろう。経済学者はこれまで、自然法の形而上学や功利主義の道徳哲学に執拗にこだわってきた。このことについては、歴史学派や制度学派経済学による古典派、新古典派学説の批判によって明らかにされてきたとおりである。しかし、これらの学派そのものを理解しようとするならば、保守、リベラル、ラディカルといった「社会哲学」と照らしあわせなければならない。とりわけ、一九三〇年代より、経済学者は、政府や企業のアドバイザーとなり、行政的技術を発展させ、政策に対して意見を述べ、詳細な経済報告の公式手順を確立した。これらはみな、いつも顕在化されているわけではないが、官僚的に利用されるだけではなく、さかんにイデオロギー的にも利用されているのである。

今日の経済学の混迷は、方法や視点の問題であるだけでなく、政策の問題をめぐる混迷でもある。その一方で、すぐれた経済学者たちはまったく矛盾する展望を示している。たとえば、ガーディナー・C・ミーンズ(Gardiner C. Means)は、企業を原子のように捉える「一八世紀的な」イメージに経済学者たちはこだわりすぎているとし、巨大企業が価格を決定し制御しているという新しい経済モデルを主張した。これに対して、ワシリー・レオンチェフ(Wassily Leontief)は、経済学者が純粋理論家と事実収集家に二分されていることを批判し、複雑な投入算出図式を提示した。しかし、コーリン・クラーク(Colin Clark)は、そうした図式を「こみいっているが焦点がなく、時間を浪費する分析」であると考え、「人類の物質的福祉」をどう改善するかを考えるように経済学者に促し、減税政策の必要性を説いた。ジョン・K・ガルブレイス(John K. Galbraith)は、物質的な福祉を増やすことに関わるのを経済学者はやめるべきであり、アメリカはすでに豊かさが過剰であるので、これよりさらに生産を増大させるのは愚かである、と主張した。彼は、公共サービスを増大させ、増税(実際は売上税の増税)すべきだと経済学者たちに説いた。(2)

高度な統計的専門性を確立しているとされる人口統計学にしても、最初にトマス・マルサス(Thomas Malthus)が起こした事実認識や政策をめぐる意見の対立に深く関わってきた。こうした人口問題の多くは、今日ではかつて植民地だった地域に集中しているが、そこでは文化人類学が、いくつかのやり方で、植民地主義の事実やエートスに深く関わってきたことがわかる。リベラルな視点、あるいはラディカルな視点からは、こうした国々における政治経済の問題は、急速な経済成長——とりわけ、産業化、そしてそれがもたらすすべてのこと——の必要性として一般的には定義される。人類学者たちは、かつての宗主国の議論と同様に、概して慎重な態度で議論に加わってきた。その議論は、大変動や緊張状態を避けていたように思われるが、これは今日の低開発地域の変化にはほぼ必ず伴うものである。もちろん文化人類学の学問的内実や歴史について、植民地主義の事実によって——そうした事実は文化人類学とまったく無関係とは言えないにしても——「説明してすませる」ことはすべきではない。文化人類学は他方で、とりわけ、よりシンプルな社会の人々がもつ高潔さ（integrity）であるとか、人間の特性の社会的な相対性であるとかを主張し、そして西洋人の偏狭さに反対するプロパガンダを行うことで、リベラルな目的にも、さらにはラディカルな目的にすら、貢献してきたのである。

歴史学者のなかには、現在のイデオロギー的な目的としか思えないことのために、熱心に過去を書き換えようとする者がいる。直近の一例をあげるならば、アメリカでは、南北戦争後の時代について、企業やその他の商業生活の点で、「再評価」がなされていることである。ここ数十年ばかりのアメリカ史について注意深く検証するときに、理解しなければならないことは、歴史がどのようなものであるにしても、またどのようなものでなければならないにしても、それはたやすく、国民の神話や階級の神話を重苦しく書き換える作業になってしまう、ということである。社会科学が新たに官僚的に利用されるようになり、とりわけ第二次世界大戦以降において、「アメリカの歴史的意味」を賞賛することが試みられてきた。そして、歴史学者のなかには、こうした賞賛を行うことで、歴史を、保守的なムードにとって、およびそれから物質的・精神的な利益を受ける者にとって役に立つようなものにしてきた者たちがいる。

政治学者が、特に第二次大戦以降の国際関係を検討する際に、なんらかの批判的な熱情をもってアメリカの政策を分析してきた、と責められるのはありえないことは確かである。ニール・ホートン（Neal Houghton）教授が、「これまで政治学の学識として通用してきたもののあまりに多くは、こまごまとしたどうでもいい合理化、政策の宣伝以上のものではありえない(3)」と主張するのはさすがに行きすぎであろうが、論拠とされている事例は、十分な検討もせずに退けられるものではない。最近、政治学の多くが、重要な政治的現実の理解からは手を引くようになったのに、公式の施策や不作為を科学的に賞賛することについてはやぶさかでない。このことがわからなければアーノルド・ロゴー（Arnold Rogow）教授の「重要な問題はいったいどうなってしまったか？(4)」という問いかけに回答することはできない。

以上、少しばかりの実例とその意味合いを示したが、それは批判のためではないし、偏向を証明するためでもない。私は、ただ読者に想起してほしかったのである。社会科学は官僚的な常套手段やイデオロギー的な問題といやおうなく関係しており、それは今日の社会科学の多様性と混乱に関連しているので、社会科学の政治的な意味は隠されるのではなく、明示されるべきだということを。

3　中間階級と社会科学

一九世紀後半におけるアメリカ社会科学は、改革運動や向上活動と直接に結びついていた。「社会科学運動」として知られているのは――一八六五年に「アメリカ社会科学協会」として立ち上がったもので――、あからさまな政治手法を用いることなく、社会問題に「科学を応用」しようとした一九世紀後半の試みである。要するに、そのメンバーは下層階級の生活圏の問題を中間階級の公衆の問題へと変換しようとした。二〇世紀最初の数十年までに、この運動は軌道にのった。運動は、ラディカルな中間階級の改革イデオロギーを担うものではなくなった。広く福祉を求めるラディカルな要請は、ソーシャルワーク、組織化された慈善活動、児童福祉、刑務所の改善などの狭く限局されたものへと変わった。しかし、「アメリカ社会科学協会」から、社会科学のいくつかの専門組織が立ち上がり、さらにまた、いくつかの学問分野が始動した。

このようにして、改革をめざした初期の中間階級の社会学は二つに分かれて、一方でアカデミックな専門性を生み出し、他方でより明確に制度づくりを行う福祉活動を生み出す。

しかし、二つが分化したからといって、アカデミックな専門性が道徳的に中立なものにされたわけでもないし、科学的に浄化されたわけでもない。

アメリカにおいて、リベラリズムは、事実上すべての公的なレトリックとイデオロギーの源泉であると同時に、事実上すべての社会研究の政治的公分母であり続けている。それはよく知られた歴史的な条件によるものであり、なかでもとりわけ、封建主義の時代がなく、したがって反資本主義的なエリートや知識人が形成されるための貴族主義的な基盤の不在によるものだと広く認められている。古典経済学のリベラリズムは、今なお有力なビジネス・エリートたちの見解を形づくっているわけであるが、ずっと政治的に利用されてきたものである。最も洗練された経済描写においても、バランスや均衡という考え方が固着している。

これほどしっかりした形ではないが、リベラリズムは社会学や政治学にもそれなりに影響を及ぼしてきた。ヨーロッパの先人とは異なり、アメリカの社会学者は、一度に一つの対象、一つの個人生活圏の問題を取り上げ、詳細に研究する傾向が強かった。一言でいえば、注意は個々の問題に分散されてきた。「知識の民主主義理論」に従い、彼らは、すべての事実が平等に生み出されることを前提にしてきた。さらに、いかなる社会現象においても非常にたくさんの微細な原因があるに違いない、と主張してきた。このような「多元的な因果性」と呼ばれているものが、リベラルな政治の「統一性のない漸次的（piece-meal）」改革において用いられ、役に立っている。事実、社会的な出来事の原因は必ず数えきれないほど多く、バラバラで微細なものであるという考え方は、リベラルな実用主義とでも呼ぶべきパースペクティブとなるのである。[5]

アメリカ社会科学において、歴史に潜在する方向性が何かあるとするならば、間違いなくバラバラの対象を、ともかく事実のサーベイを通じて研究する傾向、そして随伴するいささか混乱ぎみの多元的な因果性のドグマなどである。これらが、社会研究のスタイルとしてのリベラルな実用主義の本質的な特質である。なぜなら、すべての物事が無数の「ファクター」に起因するものであると考えると、私たちにできることはせいぜい、企てた実際の活動を執拗に注意深く点検することくらいになってしまうのである。私たちは多くの事柄について、ひとつひとつくわしく点検しなくてはならないわけだから、ひとつの細かなことの改革が終わらないうちに、別の細かな改革に取りかかり、なにが起きているかをみるほうがよいということになる。私たちはもちろん、ドグマなどを持ち出して作業プランを大きく拡げすぎてはならないのであり、そして、作用する多元的なすべてのファクターがまだわからないのは当然であり、これからも知ることはないのかもしれない、と腹をくくり、物事の流れのなかにあるすべての相関を粘り強くみていかなくてはならないことになる。生活圏を研究する社会科学者として、私たちは多くの細かなファクターに注意を払わなくてはならない。実践的な人間として知的に行動するためには、あちらでひとつ、こちらでひとつと、生活圏の漸次的改革を行う者にならなくてはならないのである。

注意深く歩け、物事はそんな単純ではないぞ、と誰かがかつて言ったに違いない。一つの社会を小さな諸々の「ファクター」に分解するとする。当然のことながら、何かを説明する場合に必要となるファクターは、そのうちごく少数であるが、それらを網羅的に把握したとは絶対に確信できない。「有機的全体」を形式的に強調するだけで、適切な――通常、構造的な――原因を考えることはできず、そして一回の研究においては一つの状況だけしか検討することができないという強迫観念にとりつかれているかのような考え方では、現状（status quo）の構造的な理解は難しくなる。バランスをとるために、他の考え方も確認しておくべきであろう。

第一に、「原理化された多元主義」というものは、「原理化された一元主義」と同じくらい教条的であるのは明らかではないのか？　第二に、圧倒されずに諸原因を研究することは不可能なのだろうか？　実際、社会科学者が社会構造を研究しようとする場合、まさにこうしたことをしているはずではないのか？　このような研究によって、私たちは間違いなく、問題の重要な原因を発見しようとしている。そして、実際に見つけ出したら戦略的な変数群への展望を拓こうとしている。こうした諸々のファクターは、政治的な行動、行政的な行動の対象として、人間社会を理性的に形成する機会を与えるものである。

しかし、リベラルな実用性の「有機的な」形而上学は、調和的な均衡に向かうものならなんでも強調することになる。すべてのものを「連続的な過程」としてみなし、——現代に特徴的なことであっても——突然に変動の周期が変わるとか、革命的な混乱が起こるといったことは見過ごされてしまう。仮に目にとまった場合も、単に「病理」や「不適応」の徴候とみなされる。「モーレス」や「社会」といった素朴な言葉を使って、人々が形式を守ることを暗示したり統一を見せかけても、現代社会構造の全体像を解明することはますます難しくなるだけである。

リベラルな実用性が断片的なものとなってしまう理由は何なのか? なぜこの社会学は、バラバラな生活圏にこだわるのか? 奇妙な学問分割が、社会科学者が問題を断片化するのを助長してきたということもあるだろう。社会学にも独自の学問領域があることを旧来の社会科学の代表者たちはなかなか認めようとしない、社会学者たちはそう感じることが殊更に多いようである。たぶん、オーギュスト・コントと同じように——そしてタルコット・パーソンズといったグランド・セオリストと同じように——、社会学者たちは、学問対象として独自の何かを、とりわけ経済学や政治学と区別される何かを求めてきた。しかし、学問間の縄張り合戦によって学問分野を限定する必要があったことを持ち出しても——あるいは全般的に能力が欠けているだけかもしれず——、リベラルな実用主義の抽象化が低レベルなために社会構造の問題を考察できなくなっていることに対して十分な言い訳がたつとは思えない。

多くの社会学の文献が読者として想定している公衆について考えてみよう。この学問分野において、「体系書」や「理論書」のほとんどが、教室で使うためのテキストとして書かれてきた。右にも述べたように、社会学がそのアカデミックな存在理由を他の学問分野に対抗することで勝ちえてきたこともあって、テキストの必要性が増大してきたのかもしれない。ところで、テキストは事実を編成し若者たちの利用に供したものであるが、そこから研究や発見が展開してゆくわけではない。したがってテキストは、事実を機械的によせあつめ、大なり小なり定番の概念を描いたようなものになりがちである。新しい考え方を研究し、考え方と事実を照らし合わせることができるかどうかは、記述を積み重ねてテキストという出版形式でまとめる際には、あまり重要なこととは考えられてはいない。古い考え方と新しい事実は、しばしば新しい考え方より重視される。新しい考え方は教室のテキスト「採用」数を制限する危険があると考えられることが多いからである。テキスト採用の可否により、教授たちはテキストを評価する。そして、著作の成功もそれで決まる。結局のところ、新しい講義ノートを仕上げるのには時間がかかることを思い出さなくてはならない。

しかし、こうした著作が読者として想定している学生とは誰なのか？　彼らは、主として中間階級の若者である。その多くは——とりわけ中西部の学校では特に——、農業や小企業に従事する人々の子どもたちである。そして、彼らは、専門家や下級管理職になることをめざしている。彼らに向かって何かを書くことは、かなり明確な上昇志向をもった中間階級の公衆に向かって書くことである。著者と公衆とは、そして教師と学生とは、似たような社会経験をしてきている。どこから来て、今どこに向かっていて、これからどういうことになろうとしているか、ということを彼らは共有している。

生活圏を研究する旧来の実用的な社会学においては、政治の問題がラディカルに考えられることなどはほとんどない。リベラルな実用主義は、政治性をまったくもたないものであるか、あるいはある種の民主的な日和見主義を強く望むものである。それを信奉する者が何か政治的なものに言及するときには、ふつうの場合、その「病理学的」な特質が「反社会的」「堕落」などの言葉で表現される。別のコンテクストでは、「政治的なもの」というのは、政治的な現状が適切に機能していることを意味するようである。そしてそれはたやすく法や行政と一体化する。政治秩序それ自体が検証されることはほとんどない。政治秩序は、揺るぎない、しかし現実味の乏しい枠組によって想定されているだけのことである。

リベラルな実用主義は、社会的な地位があって、通常それなりに権威を使って、個々の事案を色々扱っているような人々に適したものであるといえよう。すなわち、判事、ソーシャルワーカー、精神保健福祉士、教師、地域改革家といった人々は、「状況」を単位としてものを考える傾向がある。彼らの見解は、今ある基準をあくまで遵守するものであり、彼らはこうした専門的な仕事をこなすことにより、一連の「事案」という範囲を超えることができないように訓練されるようになる。彼らが社会を見てきた経験や視点はあまりに類似していて同質的であるため、互いの考え方や意見を戦わせて全体像を構成してゆくことができない、と見えているようである。リベラルな実用主義は、生活圏を道徳的に扱う社会学である。

「文化遅滞」という概念が、この「ユートピア的」で進歩主義的な思考スタイルの核となっている。この概念の骨子は、進歩するテクノロジーの状態と「同じ水準にまでもってゆく」ために、何かを変える必要性を提起する、という考え方である。「遅滞している」と判断されるものはすべて、今現在に存在するものであるが、その存在理由は過去にあると考えられる。物事の判定は、このようにして、時間の流れをめぐる議論として偽装されることになる。文化遅滞論は、不規則なものであるはずの「進歩」を一律に価値評価してしまう主張であり、リベラルなムードの、つまりは〔放任しておけばどうにかなる、という〕祈願法（optative mood）を頼みとする人々にとって非常に役に立つものである。それは、どのような変化が「必要」なのか、どのような変化が起こる「べき」なのにそうなっていないか、という説明を彼らに与えてくれる。それは彼らに、自分たちがどこに向かって進歩してきたのか、どこでうまくいかなくなったかを語ってくれる。もちろん、社会病理学的な「遅滞」を暴き出すような場合には、歴史的な議論にみせかけて、「必要」というようなエセ客観的な言葉で乱雑にかたづけてしまう愚にもつかない論法を用いるなど、もう少し手の込んだ手口が用いられる。

文化遅滞論を用いて問題を立てるのは価値判断のごまかしである。しかし、もっと重要な問題がある。どのような種類の価値判断ならば、リベラルな実用主義者に快く受け入れられてきたか、ということである。「制度」は概して「技術や科学」から遅滞している、というのは、よくある考え方である。それは、科学の絶対性や秩序だった進歩に対する高い評価を含んでいる。要するに、それは、徹底的な合理主義に基づき、物理学を思考および行為のモデルとして捉え、そして時間を進歩として捉え、それらをまるで救済者であるかのようにして、政治的に無邪気な態度で崇めたてまつることによって、啓蒙主義のリベラルな継続をはかるのが文化遅滞論である。進歩の観念は、かつてスコットランド道徳哲学が広まることで、アメリカの大学にもたらされた。南北戦争より、今から一世代前くらいまでの間に、アメリカの都市中間階級は、ある程度まで、拡大するビジネスに携わる人々、すなわち生産手段を引き継ぎかつ社会的な名声だけでなく政治的な権力をもつことになった人々から構成されるようになった。古い世代の社会学者のようなアカデミックな世界の人々は、多くがこの上昇する階層から採用され、その階層と活発に交流をもった。その学生たちは――彼らの思想の読者であるが――、こうした階層が生み出したものであった。進歩という考え方は、しばしば指摘されてきたことであるが、通常の場合、収入や地位が上昇している人々に都合のよいものになっていることが多い。

この文化遅滞という概念を用いる人々が、社会の様々な領域で「変化の度合い」に背後から影響を与えているはずの利害集団や意思決定者の立場について、検討することは普通ない。文化の諸領域が変動しうる速度を考えると、「遅滞している」のはしばしばテクノロジーの方である、と言えるかもしれないのである。間違いなく、三〇年代にはそうだったし、またたとえば、家事のテクノロジー、個人的な移動手段などについては、いまなおそうであるとも言える。

多くの社会学者の言う「遅滞」とはまったく対照的に、ソースタイン・ヴェブレンは「遅滞、漏出、摩擦」という言葉を用いることにより、「産業対ビジネス」という構造分析を可能にした。彼は、「遅滞」のなにが問題か、と問う。そして彼は、企業規範に従って行動するビジネスマンの訓練された無能力が、生産や生産性という点では、有能なサボタージュになってしまう様子を暴こうとした。彼はまた、私的所有システムにおける利潤形成の役割にある程度気づいており、「ものづくりとは無縁の成功」には関心をもたなかった。しかし、なにより重要な点は、彼が「遅滞」の構造的メカニズムを暴いたことである。これに対して、多くの社会科学者は、そうした明確な構造的視点を欠く、政治的に脱色された「文化遅滞」の考え方を用いる。彼らは、その概念を一般化し、手当たり次第に何にでも、常に脈絡なくバラバラに適用する。

4　適応論とリベラルな実用性

実用的な問題を発見するためには、価値判断をしなくてはならない。多くの場合、リベラルな実用主義者は、(1)小さな町の中間階級の生活様式から外れていて、(2)安定や秩序という地方の原理と相容れず、(3)「文化遅滞」という楽観的で進歩主義的なスローガンと相容れず、したがって、(4)適切な「社会進歩」に追従しないものはすべて「問題」として捉える。しかし、色々な意味で、リベラルな実用性の核心は、(5)「適応」「不適応」という対概念であることははっきりしている。

多くの場合、この対概念は明確な内容がない空疎なものである。しかしまた基本的にその内容は、理想とされる小さな町の中産階級の規範や特質に同調させるためのプロパガンダであることも多い。しかし、こうした社会的、道徳的な要素は、「適応」という生物学的なメタファーによって隠される。そして適応という用語は、「生存」や「生き残り」といった社会性をまとっていない言葉とともに用いられる。「適応」という〈概念〉は、生物学的なメタファーによって形式化され、普遍化されるが、その語の実際の使われ方を見れば、実際のところは、小さなコミュニティという生活圏の目的や手段を受け入れているのにすぎないことは明らかである。多くの著者が、与えられた目標を達成するため、崩壊をごまかすようなテクニックを提起している。不遇な状況に置かれた一定の集団や個人が、制度的な枠組全体を変えることなく、こうした目標を達成できるものかどうかについては、彼らはふつう考慮しない。

適応という考え方が非常にぴったりあてはまるのは、一方で「社会（the society）」があり、他方で「移民した個人（the individual immigrant）」がいるというような社会の構図に対してである。移民はその場合、社会に「適応」しなくてはならない。「移民問題」は初期の社会学の中心問題だった。おそらくは、この問題を立てるのに用いられた概念が、すべての「問題」を定式化する一般モデルになったのだろう。

不適応について行われた明快な描写をくわしく検討すれば、「適応」の純粋型と考えられるタイプの人間はたやすく推論できる。

すなわち、初期世代の社会学者や、リベラルな実用主義者一般にとって理想的な人間というのは「社会化」された人間である。多くの場合その意味は、「利己的」人間と倫理的に対極にある、ということである。社会化された人間は、他人を思いやり、親切に接するようになり、くよくよ悩んだり、落ち込んだりすることはなく、反対に、それなりに外交的で、コミュニティの日々の活動に積極的に「参加」する。そして、コミュニティが無理なく「進歩」することに貢献する。彼は、多くのコミュニティに所属し、コミュニティの成員として、コミュニティのために貢献する。あからさまに「でしゃばる」ことはないが、非常に社交的である。伝統的な道徳や動機によろこんで同調し、尊敬する制度がおだやかに少しずつ進歩してゆくことに力をそそぐ。父も母も離婚したことがなく、家庭が深刻に壊れたこともない。彼の野心は控えめだから、身の丈に合った「成功者」である。彼は、分際を超えて何かを「夢見」て、落ち込むようなことはない。彼は、ささやかな人間であり、大金を望んだりすることもない。彼の美徳のなかには、非常に一般的で意味内容を語ることはできないものがある。しかし他方で、非常に明確なものもあり、そこから、ローカルな生活圏で生きる適応的な人間の美徳が、アメリカの小さな町でプロテスタントの理想を生きると明言する独立した中間階級に期待された規範であることを、私たちは知るのである。

このようなリベラルな実用主義の心地よい小世界は、どこかにあったに違いない。それは私もよろこんで同意する。でなければ、それは間違いなく捏造されたことになる。こうした捏造をする人たちとして最もふさわしいのは、一世代前のアメリカにおける普通の社会学者であり、どのような概念よりもでっち上げの作業に役に立つのは、リベラルな実用性の概念である。

5　新しい権力統治とリベラルでない実用性

ここ数十年の間に、古い実用性とならんで新しい――実際は、数種類の――実用性が登場した。リベラリズムは、改革運動というよりは、福祉国家の社会事業の行政に関わるものとなった。社会学は、改革を後押しするものではなくなった。社会学は、断片的な問題を脈絡なくバラバラの因果性において捉えるようになり、そして企業、軍隊、国家などの保守に役立つものとなった。経済秩序・政治秩序・軍事秩序において、こうした官僚主義が際立つにつれて、「実用的」であることの意味も変化した。経済・政治・軍事という巨大制度の目的に役に立つものが「実用的」と考えられるようになった(6)。

おそらく、「産業における人間関係」学派は、新しいリベラルでない実用性の端的な例といえるだろう(7)。この学派のスタイルにより経営者や労働者について論じている「文献」の用語をすべて検討すると、非常に多くの場合、「知力のある／なし」、「合理的／非合理的」、「有識／無知」といった線引きが行われて、経営者が語られていることがわかる。これに対して労働者については、多くの場合、「幸／不幸」、「効率的／非効率的」、「モラール〔勤労意欲〕の高い／低い」という線引きが行われて語られている。

この学派の研究者が行うアドバイスの多くは——明言されているかどうかはともかく——単純な定式化により、はっきりこう要約される。労働者を幸福にし、効率的で協力的にするためには、経営者を知的で、合理的で、知識あるものにすればよい。これは、産業における人間関係の政治的な定式か？　もしそうでないとすれば、他に何が含まれているのだろうか？　もしそうだとすれば、事実上、この定式は、産業関係の問題を「心理学化」することになるのではないか？　あいにく今日まだ、経営者が知性を働かせておらず、労働者が不幸なことに非合理的な状態に置かれ、人間関係のもろさがあらわになってしまっているため、定式としてうまく働いていないということになるのだけれども、人間関係学派が依拠しているのは、まさに利害の自然調和という古典的な定式ではないのだろうか？　こうした研究を重ねた結論として、どんなアドバイスが導き出せるだろうか？　スムーズでトラブルの少ない、より効率的な経営をするために、権威的なやり方をゆるめ、従業員をよく理解し、経営組織に対抗するインフォーマルな連帯を阻止することによって、彼らをより包括的に操作し管理するべきだという人事担当者へのアドバイスだろうか？

こうした論点すべては、モラールという概念によって、非常に鋭く焦点化されることになる。

現代産業で働くことは、ひとつの位階制《ヒエラルヒー》のなかで働くことである。権威の連なりがあり、下から見れば、服従の連なりがあるということになる。大部分の仕事は、なかばルーティン化している。このことは、生産の効率化のために、それぞれの労働者の業務が細分化され、定型的に再編されることを意味する。これら二つの事実――産業構造の位階制的本質、および大部分の仕事の半ルーティン的性格――を結びつけると、現代の工場における仕事は規律訓練を伴うということ、すなわち迅速に型どおり権威に対して服従することが必要であるということがはっきりする。権力という変数を、人間関係の専門家たちはためらいがちに取り扱っているが、モラールの問題を適切に理解しようとするならば中心となるものである。

結局のところ、工場は仕事が行われる場所であるだけでなく、社会関係が形づくられる場所でもある。よって、モラールを定義するためには、主観的基準と客観的基準のどちらも考えなければならない。主観的には、モラールとは、進んで、しかも楽しみながら、抱えている仕事に取り組もうとする意欲を意味するだろう。客観的には、仕事が効率的に進み、最少の時間で、費用とトラブルを最小に抑えて、最大の仕事が行われることを意味することになるであろう。したがって、現代アメリカの工場におけるモラールは、労働者の側から見れば、陽気な服従と関わるものであり、経営の側から判断すれば、目下の仕事の効率的な遂行と関わるものであることになる。

「モラール」を明確に捉えようとするならば、どのような場合も、基準となる価値をはっきりさせる必要がある。この場合に役に立つ二つの価値は、第一に労働者が陽気に満足していることであり、そして第二に仕事をして生きてゆく過程でどのくらい自分自身のことを決定できるかということのようである。もう少し視野を広げて考えてみると、自分で自分を管理する職人というものは、何かしらの「モラール」を重んじるものであり、仕事について自分自身で決定することができて、それを幸福と感じていたことが思い出されるだろう。こうした職人は、アダム・スミス＝ジェファーソン的な意味で自立した（unalienated）人間、ホイットマンの言い方を借りれば、「野外の人間」である。しかしまた忘れてならないのは、このような人間像は様々な前提があってはじめてイメージできるものだったということであり、しかし巨大な位階組織として職業が再編成されたことによって、そうした前提はことごとくなくなってしまった、ということである。はっきり言えば、古典的社会主義は、かなり厳密な論理を使う必要があるが、〔組織化という〕一つの変数を導入することで、古典的なリベラリズムから論理的に導き出すことができる。それゆえ、「モラール」の第二のタイプは、「労働者たちによる統制」という古典的な概念においてすでに提起されていたとも言えるし、実際にそうした概念をベースに考えられてきたものである。それは、大規模な組織的協働という条件が客観的に整えられた段階においてもなお、疎外されていない人間としてイメージされるものである。

人間関係学派の専門家たちの言っている「モラール」は、これら二つのタイプとは対照的に、無力であるが、それにもかかわらず陽気な労働者のモラールである。もちろん、色々な人々がこのタイプに分類されることになる。しかし、重要なのは、権力構造を変えることなしには、集合的な職人性や労働者の自主的な方向決定というものはありえないということである。「人間関係」の専門家が提示しているモラールは、疎外された存在でありながら、管理された型どおりのやる気《モラール》はもつように期待され、それに応えてきた人間のモラールである。今ある産業という枠組は変えられるものではないということ、そして管理者のめざしていることを万人がめざしているということを前提として、「人間関係」の専門家たちは現代産業がもつ権威的な構造、そこにおける労働者の役割については検討を加えない。彼らは、限られた用語でモラールの問題を規定する。そして、クライアントである管理者に対して、従来の権力の枠内において従業員たちのモラールをどのように改善できるかを、技術の枠をつくして鮮やかに示そうとする。彼らの企ては巧みな操縦である。就業生活の構造を変えないのならば、彼らは「鬱憤をはらす」ことすら許すだろう。彼らが「発見」したことは次のような点である。(1)現代産業の権威的な構造（「フォーマルな組織化」）のなかに、地位の組織形成が存在する（「インフォーマルな組織化」）、(2)しばしばインフォーマルな組織は権威と対立し、就業者を権威の遂行から守るように作動する。(3)それゆえ効率を考えるならば、そして「非協力的」な傾向（組合や労働者の団結）を回避するためには、経営者はこうした組織形成を壊すのではなく、自分たちの目的（「組織全体の集合的目的」）のために利用するべきである。(4)そのためには、そうした傾向を容認し、研究し、単に権威的に労働者に命令するのではなく、労働者を操作するのが適切であろう。以上を一言でいえば、人間関係学派の専門家は、現代社会の一般的傾向を拡大解釈し、経営エリートが理解できるように、そして彼らの役に立つように合理化してきたのである。(8)

6　社会構造の変動と新しい実用性

新しい実用性は、社会科学のイメージ、さらには社会科学者のイメージを一新した。新しい制度——産業関係センター、大学の調査研究所、企業、空軍、政府の新しい調査部門など——が生まれ、このリベラルでない実用性がそこに導入された。それらが研究するのは、社会の底辺に生きるボロボロになった人々——「不良」少年、「ふしだら」な女性、「出稼ぎ」労働者、「アメリカ化されていない」移民など——ではない。事実か空想かはともかく、それらがつながりをもっているのは、まったく逆の立場にいる社会のトップ層、とりわけ企業幹部のなかでも物のわかった集団や、かなりの予算をもった将軍たちである。その学問の歴史においてはじめて、社会科学者は、福祉事務所や農政顧問などをはるかに超えるような、私的権力・公的権力と仕事上のつながりをもつことになった。

社会科学者の立場は、学術的なものから官僚的なものへと変わる。社会科学にとっての公衆は、改革運動から意思決定機構へと変わり、取り組む問題も自分自身で選んだものから新しいクライアントの選んだものに変わる。研究者自身も、知識人として反体制的であることもためらわない存在であったのが、行政管理に役に立つ存在へと変わるようになる。彼らは、おおむね現状を肯定し、行政管理者が目下の課題と考える私的問題・公的問題から問題を定式化するようになる。すでに見てきたように、彼らは、不安定で、やる気《モラール》を失った労働者と、人間関係の管理技術を「理解できない」経営者を研究する。彼らはまた、情報産業、広告産業の商業的・企業的な目的のために熱心に努力する。

新しい実用性は、「人間関係」を扱えるような行政技術者がますます必要になっていること、そしてまた権力システムとしての企業ビジネスを新たに正統化する必要性が増大していることに学問的に対応するために生み出されたものである。このように、人員やイデオロギーが新しく要請されているのは、色々な展開に対応しなければならなくなったことによる。すなわち、アメリカ社会における変動によって、不況のなかでビジネスと競合する精神的なよりどころとして組合が台頭し、ビジネスへの公的な敵意が高まっていること。現代企業の権力が巨大な規模になり、そして集中していること。福祉国家が大きくなり、公衆に受け入れられることで、経済的な事柄に対する介入が増大していること。そして、これらの展開がすべて一緒になり、高度なビジネス世界において、言ってみれば経済的に実用性をもっている保守主義から、政治的に洗練されたそれへの変化が起こっている。

実用性を重視する保守主義者というのは、これまで空想的資本主義の自由放任主義の考え方を保持し、労働組合を政治経済にとり必要なもの、有用なものとは考えてこなかった。可能なときはいつでも、組合などというものはつぶしてしまうか、規制すべきものである、と強く望んできた。実用性を重視する保守主義の公的な目標が今／ここの個人的利益の自由であることには変わりはない。こうした率直な考え方は、多くの中小経済界——とりわけ小売業界——において、なお顕著である。大企業においても、事情は変わらない。ゼネラルモーターズやUSスチールなど最大級の企業は、しばしば保守主義の「実用性」を標榜する大企業のなかでも、とりわけ目を引く。実用的な保守主義が歴史的に依拠してきたのは、実業家は新しく作られたイデオロギーや洗練されたイデオロギーを取り立てて必要とは感じてこなかった、という事実である。彼らのイデオロギーの中身は、広くゆきわたった侵すことのできない公的な理念とあまりに密接に結びついているからである。

新しい権力の中心が立ち上がり、正統化されておらず、権威のシンボルを確立してそこに姿をひそめることができる段階でもない場合、新しい正統化のイデオロギーが必要となる。洗練された保守主義者——リベラルなシンボルを保守的な目的のために用いる点できわだっている者たち——の歴史は少なくとも、暴露的な研究者や告発的なジャーナリストによってビジネスが批判されていた世紀転換期くらいまで遡ることができる。その後、大恐慌のムードのなかで、ワグナー法が議会を通過するなどして、彼らは再び活動をはじめた。そして、第二次世界大戦の戦中から戦後にかけて、彼らは優勢を確保した。

現実的右派の一般人とは対照的に、洗練された保守主義者は、経済における利潤形成の政治的な条件に非常に敏感である。強力な組合が、そうした条件のもと、拡大・修正されたリベラルな国家という行政枠組のなかで、強力なビジネス連合体〔カルテル〕と対峙することになるからである。彼らは、組合と政府が労働者や市民の支持をめぐって争うなかで、自分たちの権力を正統化する新しいシンボルが必要であることにも注意を払っている。

実業家が新しい実用性に利害関係をもっているということは、ふつうの場合、はっきりしていると思う。しかし、大学教員はどうなのだろうか？　彼らの利害はどのようなものなのだろうか？　ビジネスのスポークスマンたちとは正反対に、もともと大学教員は、実用性の金銭的、経営的、あるいは政治的意味に関心をもっているわけではない。私のみるところ、彼らにとってそうした成果は、おおむね他の目的――その中心には彼ら自身の「キャリア」が位置づけられる――のための手段にすぎない。大学教員は、新しい調査やコンサルタント業務によって得られるようになったわずかばかりの収入を確かに歓迎していることも事実だろう。全員がそうでないにしても、大学教員のなかには、経営者の事業計画に対して利益をもたらし、トラブルを減らすことができたらうれしいと感じる人もいるだろう。あるいは彼らのなかには、商業権力のために新しいウケのいいイデオロギーをつくり、大きく胸を張る人もいるのかもしれない。しかし、彼らがまだ学者であるとするならば、もっぱら学問以外のことでよろこんでばかりはいないだろう。

学問の実用性への関与は、ひとつには、ビジネスや政府の規模が全体として大きくなり官僚化したこと、そして企業、政府、組合の制度的な関係も一新されたことから、新しく生まれた雇用機会に対応したものである。こうした展開は、専門家の需要が増えたことにより、大学内外で就職口ができたことを意味する。こうした学問外からの需要に応えるかたちで、高等教育の拠点においては、うわべでは政治性のない技術者を、ますます多く育成するようになった。

アカデミズムの世界にとどまろうとする者にとってみれば、昔からある教授職とは異なる新しいキャリアを形成してゆくことが可能になった。それを、「新しい起業家」のキャリアと呼ぶことができるかもしれない。野心的なコンサルタントのようなタイプが、大学の外で威信とささやかな権力さえ確かなものにすることによって、大学内部でのキャリアを伸張させる。とりわけ大学で、彼は、潤沢に予算のついた研究教育体制を始動する。そしてそれらは、アカデミックな世界と実務家とを精力的に結びつける。同僚たちが引きこもっているなかで、こうした新しい企業家はしばしば大学行政のリーダーとなる。

アメリカにおける学問的なポストは、多くの場合、単なるアカデミックなキャリアだけでは野心家を満足させることができなかった、ということを認識しなくてはならないように思う。専門職の威信というものは、経済的犠牲とは釣り合わない場合がしばしばある。報酬も、暮らしぶりも、多くの場合惨めなものとなる。そして、他の領域で権力や威信を得ている者たちよりも自分のほうがずっとすぐれていると感じるような場合に、研究者の不満は沸騰する。そうした不幸な教授にとってみれば、社会科学を行政管理的に用いることを試みる新しい展開は、言ってみれば、学部長にならなくてもエクゼクティブになれるというような、満足を得る機会を与えるのである。

こうした新しいキャリアは、アカデミズムのマンネリから研究者たちを拾い上げるものではあるが、もう一方で、少なくとも同程度には不満を感じるような別の状態に落としこむものであるかもしれない。こうしたことは、あちこちで明らかになっており、成功することに性急な若手についても例外ではない。ともかく、こうしたことすべてが懸念される。新しい学問的な企業家は、掲げた新しい目標が何かさえわかっていないことも多いようにみえる。実際、彼らは、こうしたぼんやりした目標の達成を定義する用語すら頭にないようである。だから彼らは、陽気にイラつくという不安定な状態に陥っているのではないだろうか。

アメリカの学術コミュニティは全体としてみるならば、自らが関わっている新しい実用性を道徳的に受け入れている。大学の内外で、学問の中心にいる人々が、行政的機構の専門家にもなる。疑いなくこのことにより、注意が狭められ、そして本来なら可能だった政治的思考の範囲も狭められている。皆無になったわけではないにしても、アメリカの社会科学者は、ひとつの集団として、政治過程に大がかりに関わることはほとんどなくなった。技術者の役割を果たすようになったことで、彼らは政治非関与の姿勢を強め、(可能なら) 政治に巻き込まれないようにし、政治的な問題を見る能力を使わずに、減退させていることも多い。社会学者や経済学者、そして残念ながら政治学者よりも、ジャーナリストの方がしばしば政治的に鋭敏で博識である理由の一つは、ここにあるのだろう。アメリカの大学教育では、皆無ではないにしてもほとんど政治教育をしていない。そこでは、現代社会における幅広い権力闘争のなかで何が起こっているかを見きわめる方法をほぼ教えてこなかった。大多数の社会科学者は、反体制的な集団とはほとんどあるいはまったく関わりをもってこなかった。平均的な研究者が仕事のなかで相互に啓発しあえるような左翼メディアはない。政治的な知識人に、仕事とは言わないまでも、助力や威信を与えてくれるような運動はなく、アカデミックなコミュニティが労働界に足場を置くことは、皆無ではないにしても、ほとんどなかった。

こうしたことが意味するのは、アメリカの学問状況において、イデオロギー的な転向も、政治的罪悪感もなしに、新しい実用性を選び取ることが可能だということである。誰かが

「売り渡している」などとこれを表現するのは、適切さを欠いているし、ナイーブすぎる。なぜなら、そうした厳しい言い方が適切なのは、売り渡すに足る何かがある場合だけだからである。

第5章　官僚制のエートス

この四半世紀の間に、社会科学の行政管理的利用について、そしてその政治的意味について、決定的な変化が起こっている。「社会問題」に対処するための旧来のリベラルな実用性はまだ存続しているが、新しい経営的で操作的な実用性が保守主義的に利用されるようになったことで影が薄くなってきている。こうした新しいリベラルでない実用性は様々なかたちをとるが、総じてどれもみな人間の学問全体に影響を及ぼす研究動向であることにかわりはない。この実用性のエートスについて、私の見解を紹介していこうと思う。まずは新しい実用性がどのように合理化されているのかを示すのがよいかもしれない。ポール・ラザースフェルドはこう書いた。

社会学者になろうとする学生に、どうしても注意しておかなくてはならないことが一つある。学生は、世界の状態といったものが気になるものである。新しい戦争の危険、両体制の対立、自国で彼が見てきた急速な社会変動などによって、おそらく彼は、社会問題の研究が急務である、と感じているだろう。危険なことは、数年も研究すれば現在直面しているすべての問題が解決できる、と彼が思うことである。残念ながらそのようなことはありえない。彼はまわりで起こっていることをもっと理解できるようになるだろう。ときには、彼がうまく社会的に働きかけるための道筋を発見できることもあるかもしれない。しかし、社会学は、社会工学に安定した基礎を提供できるような段階にはまだない。……自然科学が世界史に重要な影響を与えるのに、ガリレオから産業革命の始まりまで約二五〇年もかかっているのである。経験的な社会調査は三〇年から四〇年の歴史しか持たない。私たちが社会調査によって世界の重要問題が速やかに解決されることを望み、速効性のある結果だけをもとめることは、経験的な社会調査のあるべき発展の邪魔になるだけであろう(1)。

このごろ、「新しい社会科学」という呼び方が用いられるようになってきたが、これは抽象化された経験主義だけではなく、新しいリベラルでない実用性も含めての呼称である。その用語は、方法と用法の両面を指すものであるが、それはまったく正しい。なぜなら、抽象的な経験主義の技法とその官僚主義的な利用とはこんにち恒常的に結びついているからである。このような結合により官僚主義的な社会科学が展開されるようになった、というのが私の主張である。

一般に実践されている抽象化された経験主義は、存在感や影響力などあらゆる点で、社会科学の「官僚主義的」な展開を象徴するものであると言える。すなわち、(1)社会研究における各作業段階の標準化・合理化が試みられたことで、抽象化された経験主義のスタイルによる知的な作業それ自体が「官僚的」になっている。(2)こうした作業は、人間研究を共同化・体系化する。研究施設、研究機関、研究部門などに、抽象化された経験主義が組み込まれると、ただ効率化だけを目的として企業の経理部門に勝るとも劣らないかたちで研究ルーティンの合理化が展開される。(3)これら二つの展開は、他方で、学派成員の新しい──知性と政治両面の──思考力の選択・形成に、大きな関わりをもつ。(4)「新しい社会科学」は、ビジネスでとりわけ広告メディアの補佐役として活用されているが、同様に軍隊においても、さらには大学においてもますます活用されるようになるにつれ、官僚主義的なクライアントのもくろむいかなる目的にもかなうようになる。この研究スタイルを奨励、実践する者たちは、いともたやすく、官僚主義的なクライアントや指導者の政治的なパースペクティブを研究の前提にするようになる。パースペクティブを前提にするということは、遠からずそれを受け入れるということである。(5)このような研究努力が、自らが公言する実用的な目標達成に役に立っているとすれば、それは現代社会における官僚主義的な支配形態をより有効なものにし、威信を増大させている──そして応分に浸透させている——のである。しかし、こうした明確な目標にとって役に立つかどうか（この問いに決着はつけられていない）はともかくとして、それらは文化生活、道徳生活、あるいは知的生活といった他の領域に、官僚主義のエートスが拡大するのを助けている。

I 工学的発想と官僚主義

道徳的に殺菌された方法に強くこだわっているのが、きまって、「応用社会科学」「人間工学」に深く関わる人々であるというのは、皮肉にみえるかもしれない。抽象的な経験主義に基づく研究は予算がかかるので、研究を遂行できるのは大きな研究施設くらいのものである。それは、企業、軍隊、国家、あるいはその下部組織、とりわけ広報、宣伝、渉外などの部局である。財団もあるにはあるが、その管理運営者も、新しい実用性を基準に行動し、資金給付は官僚主義的に行われる。結果として、この研究スタイルを担うのは、限られた研究拠点だけになる。一九二〇年代からは広告やマーケティングの機関、三〇年代からは企業やシンジケート化された調査会社、四〇年代からは大学のいくつかの研究機関、そして第二次世界大戦中には連邦政府の研究部門がそれを担うようになった。今日、様々なかたちで研究が行われるようになったが、これらの機関が今なお研究の拠点となっている。

コストがかかる技術に形式主義的にこだわることで、研究機関はほぼ、財力があってよろこんで資金を提供する者たちの情報ニーズに貢献するものになってしまう。実用的な――すなわち金銭面や行政管理面で役に立つ――行為の選択肢を示すという明確な問題の限定が行われ、そこに新しい応用研究の焦点が置かれることになる。社会科学は、「一般的な原理」の発見なしに「正しい実践的な助言」を行えないというわけではない。行政管理者にとってみれば、多くの場合、詳細な事実関係をある程度確認すれば、すべてが事足りるのである。抽象化された経験主義により研究を行っている者は、自分自身で具体的な問題を立てたいと思うことはほとんどないので、むしろよろこんで、問題の特定・選択を他人にゆずってしまう。

通常、応用社会調査を行う社会学者は、「公衆」と向き合うのではなく、個別の利害や問題を抱えた特定のクライアントをもっている。こうした公衆からクライアントへの変化により、毅然とした客観性という考え方は土台から朽ち果ててしまった。この考え方は、焦点の定まらない得体の知れない圧力を鋭敏に見すえ、ささやかながらもそれぞれに自立し、それゆえ決して屈することのない研究者ひとりひとりの関心をなにより重視してきたのである。

どんな「学派」も、研究者のキャリアにとっては意味がある。「よい仕事」は、学派の支持によって決まる。そして、学術的な成功は、支配的な学派の教義を積極的に受け入れるかどうかにかかっている。多くの「学派」、あるいは少なくとも複数の異なる「学派」が存在していて、専門家の雇用市場も拡大しているのならば、学派の公認が必要なことは、誰にとってもさほどの重荷にはならない。

社会科学において、職人的な個人が第一級の研究をなしとげるための障壁は、能力的な限界以外には、ほとんどなにもなかったはずである。しかし、こうした制約を受けない人たちが、抽象化された経験主義の研究を応分の規模で行うことは不可能である。なぜなら、研究材料をどんどん提供する体制が整い、さらにもっと言ってしまえば、それをどんどん処理する手順が整わないと、研究が立ちゆかないからである。抽象化された経験主義の研究を行うためには、研究機関であるとか、学界用語で言えば、巨額の研究ファンドが必要である。研究費用がふくらみ、研究がチーム化され、研究スタイルそれ自体にお金がかかるようになるにつれて、企業的なやり方で、分業は統治されるようになる。それぞれが初学者を抱えながら職人仕事に磨きをかける対等な専門家の集まりとしての大学という考え方は消え失せた。そして、精緻に分業化された研究官僚機構、知的技術者の組織としての大学という考え方が有力なものとなってくる。簡便な学習を可能にするような研究手順の系統だった整理が、技術者を効率的に使うために、それ以外に理由がなくても、要請される。

調査研究所は、トレーニング・センターでもある。他の機関と同じように、調査研究所は一定タイプの頭脳をよりわけ、報酬を与えるなどして、重点的に育成する。こうした研究機関においては、古いタイプの研究者や調査者とならんで、アカデミックな世界ではこれまでなかったような、二つの新しいタイプがあらわれる。

第一のタイプは、知的な行政管理者、調査のプロモーターである。こうした人々について私に言えることとは、アカデミックな世界ではよく知られていることである。彼らのアカデミックな名声は、学会における権力による。彼らは委員会のメンバーであり、理事会のメンバーであり、職や研究旅行や助成金を与えることができる。彼らは、新しいタイプの風変わりな官僚である。彼らは、思考のエクゼクティブであり、財団専従の広告屋である。他の世界のエクゼクティブやプロモーターと同じように、彼らにとって、書類づくりが本の執筆に取って代わる。彼らは、最も効率的なかたちで、次の調査計画や実施機関を立案し、「著作」という製品の編纂をとりしきる。彼らの言うところによれば、仕事のタイム・スパンは、「専門労働あたりで計算すると一〇億マンアワー〔一時間にこなす仕事量一〇億人分〕」である。当面の間は、私たちは具体的知識などというものを求めるべきではない。すなわち、——方法や探求について——おびただしい方法論的な検討がまずもって行われ、そのうえで「パイロット〔試験的〕研究」が行われてゆくことになる。多くの基金の管理者は、手作業をたくさん必要とするような計画ではなく、大がかりでそれゆえ

「管理」しやすい計画に資金を与えることを好む。あるいはまた資金が好んで与えられるのは、大文字のSがついた科学的（Science）な計画である。それは些末な「安全」（safe）の頭文字にすぎない場合が多い。なぜなら、政治的な関心を集めるような主題を好まないからである。したがって、巨大な基金は、無難な小問題を大がかりで官僚主義的なやり方で研究するのを支援し、知的管理者に仕事を与えようとするのである。

第二のタイプは、新しく採用された若い人々である。彼らは、社会科学者というよりは、調査技術者というほうがふさわしい。大層なことを言うようだが、十分気をつけて言ったつもりである。思考様式の社会的な意味を理解するためには、私たちは常に、リーダーと追従者とを、創造的な革新者と定型化された研究を行うだけの者とを、そして研究を立ち上げた「第一世代」とそれを遂行する第二世代、第三世代とを区別しなくてはならない。成功したすべての学派には、二つのタイプがどちらもいる。ありていに言えば、学派の「成功」は次世代が生み出せたかによってわかる。それはまた、成功が知的に重要なものなのかどうかの鍵でもある。

平凡な追従者にありがちなタイプの思考と、革新者や創造者のそれとは違っていることが多い。それは学派によって大きく異なるが、違いは、かなりの程度、それぞれの学派の研究スタイルがどのような研究集団の編成をよしとし、推進しているかによる。ここで検討している研究スタイルをつくりだし、指導している人々のうちの少なくとも何人かは、非常に洗練された精神をもっている。彼らが若い頃は、こうした研究スタイルはまだ開花しておらず、当時主流であった西欧の思考モデルに熱中していた。彼らは、文化的で知的な営みに日々を費やしていた。事実、彼らは教養のある人々であって、自分自身の感性をいきいきと自覚し、弛むことなく自己を陶冶してゆくことができる。

しかし、第二世代の若者は、——この点は賛成してもらえると思うが——アメリカのハイスクールという知的創造性に欠けた場所で学んだ人々で、修養の点で第一世代には及ぶべくもない。しばしば、彼らは大学での勉強すら十分にしてこなかった。実際どうなのかはわからないが、そのような調査機関にとって最もすぐれた人々を選考しているわけではないのではないか、と思ってしまうのには理由があるのだ。

ひとたび研究体制にとりこまれてしまった若者たちが、真摯に知性を働かせて、困惑しているのを目にしたことはほとんどない。重要な問題に対する情熱的な好奇心、問題探求のために思考を解き放ち、果てのない旅に誘い、必要ならば自己を改めることも厭わない好奇心が、彼らには欠けている。こうした若者は、変化を求めるのではなく整然と現状を維持する。奔放な想像は抑制し、ひたすら辛抱する。そしてなにより、彼らは——その語のあらゆる歴史的・神学的な意味において——ドグマ的である。問題点のいくつかは、もちろん、アメリカの大学やカレッジにおいて多くの学生が陥っている残念な知的状況の一部にすぎないと言うこともできる。しかし、こうした傾向は、抽象化された経験主義に立脚する調査技術者においてより顕著である、と私は考えている。

若者たちは、自らの身を立てる道として社会調査に従事してきた。彼らは、最初からきわめつけの専門化のなかに身を置き、「社会哲学」——彼らにとってみれば「文献から文献を産む詐術」「単なる思弁」にすぎないもの——に対する無関心、軽蔑を身につける。彼らの会話を聞いて、その好奇心がどの程度のものか探ってみると、思考の致命的な限界に気づく。多くの研究者は社会的世界に対する自分の無知を痛感しているのに、彼らにはまったく当惑というものがない。

官僚主義的社会科学のプロパガンダがもっともらしくみえるのは、多くの場合、〈科学的な方法〉だという哲学的な主張を行っているからである。それが人員を確保する力をもつのは大部分、個人を訓練して将来性のある研究キャリアにつけることが相対的にやさしいためである。プロパガンダにおいても、リクルートにおいても、成功の鍵となっているのは、技術屋ならば誰でもたやすく利用できるような、系統的にコード化された方法である。創始者のなかには、経験的な研究技術を想像力の活性化に役立てた人もいた。こうした想像力は、実に奇妙なことに、多くの場合次第に抑制されてしまうが、なお変わることなくそこにあると感じられているのもまた事実である。経験調査の方法について開発者のひとりと話すときには、いつも、相手は知性の持ち主だと感じる。しかし、若者が三、四年もこうした類いの調査方法を学んでしまったような場合は、現代社会研究という問題について彼と話すことはまずもって不可能なことになる。彼の地位も、キャリアも、野心も、そしてなにより自尊心も、この一つのパースペクティブ、一つの語彙、一組の技法に大部分が基づく。実は、彼はそれ以外のことを何も知らないのである。

学生のなかには、知性そのものが人格から離脱してしまう者もかなりいる。知性は、彼らにとってみれば、若干の熟達を要する小道具（gadget）のようなもので、その特殊技能を市場でうまく売却することを望んでいる。彼らは、人間理性に対する敬意からわき上がってくるものはすべて排除することをよしとする、人文知に欠けた人々である。彼らは、力強く野心的な技術者であるが、教育課程に問題があり、粗末な要求しかされなかったために、社会学的想像力を獲得することができなかったのである。こうした若手が多く［テニュア＝終身雇用権のある］准教授の地位に就いてしまった場合は、彼らの知性に変化が生じ、もう裸の王様に依存することはできないのだと気づくときが来ることをひたすら望むしかなくなる。

抽象化された経験主義の方法は、方法論的な禁制を強い、実用性を限定し、研究機構において独特のタイプの思考を選抜・訓練するようになる。こうした展開によって、社会科学が持つ社会的方針を問うことが急務となった。これらの官僚主義的な研究スタイル、それを体現する研究機構は、現代社会構造の主要な動向、時代に典型的な思考法と一体になっている。両者が表裏一体であることを認識できてはじめて、官僚主義的な研究の展開を説明し、十分に理解することが可能だと私は思うのである。実際、同じような社会動向は、社会科学のみならず、アメリカにおける知的生活全体に対しても、そして今日すべての人間事象をめぐる理性の役割に対しても、間違いなく影響を及ぼしている。

何が争点になっているかは明らかであると思われる。社会科学が自律性を保てないのならば、公衆に対する責任を果たせなくなってしまう。研究の手段が大がかりで費用がかかるものになってゆくにしたがい、社会科学は「収奪」されるようになる。したがって、社会科学者たちが互いに連帯して、研究手段を管理することができてはじめて、このスタイルの社会科学は本当の意味で自律的なものとなる。ひとりひとりの社会科学者の研究がすべて官僚制に依存しているかぎり、社会科学者は個人としての自律性を喪失しがちだ。そして官僚制的な研究ばかりしているかぎり、社会科学は社会的・政治的な自律性を喪失しがちである。「……しているかぎり」という限定をつけていることに特に注意していただきたい。議論してきたのは――主要ではあるが――明らかに一つの動向にすぎないわけであり、すべてがそうなったわけではないからである。

2　学閥という官僚制

文化や学問で進行中の何かを理解しようとする場合、領域によらず、直面している社会的な文脈を理解しなくてはならない。したがって、ここでは、学閥について簡単に補足しなくてはならない。もちろん、ある思想が色あせておらず、重要性をもっている間は、どんな人や学閥も、そうした思想をいっとき象徴するものにすぎない。しかし、「学閥」「人」「学派」といった事柄を総じてみると、そうやすやすとはかたづけることができないものである。それらが社会科学の発展を形づくる重要なものであるということは、私たちの立場からも、もっと注目されてよい。私たちがそれと向かい合うべき理由はただ一つ、どのような文化活動もなんらかの資金援助が必要であり、また批評してくれる公衆が必要だからである。資金にしても、批評にしても、価値があると客観的に判断されただけで得られるものではない。価値の有無だけではなく、さらに判断それ自体の客観性についても議論があるのが普通である。

学閥の機能には、競争を調整することだけではなく、競争の条件を定め、一定期間にその条件下で行われた研究に報酬を割り当てることもある。人を評価したり、研究を批評したりする場合の基準を示すということが、学閥の学問的に最も重要な側面である。官僚主義的な社会科学における「技術者のエートス」――それが独特な思考力をもち、そして研究の評価であるとか、社会科学の有力動向であるとか、有力な評価基準であるとかに影響力があること――についてはすでに検討してきた。ここでそれに一点だけ付け加える必要がある。それは、学閥内で業績づくりに用いられる手段は色々あるということである。たとえば、若手に親切にアドバイスをすることであり、就職や昇進の世話を焼くことであり、よい書評がでるよう働きかけることであり、論文や著作の速やかな公刊に助力することであり、研究資金を配分することであり、学会や機関誌編纂における地位配分、政治工作を行うことである。こうした手段によって、威信の割り振りが行われ、他方、割り振られた威信がアカデミズムにおけるキャリアを決定する。それゆえ、これらは学問的な名声だけでなく、研究者個人の経済的な期待にも影響を与える。

もはや昔話となってしまったが、学問的な名声はふつう、著作、研究論文、調査報告書などを生みだすことで得られた。つまり、アイディアや学術的な業績を生みだして、それが学会内外の専門家や知識人に評価されることで得られた。人文社会科学でこれまでこうした評価が行われてきた一つの理由は、その昔アカデミックな世界において、職権をもつ特権的なポストがまだなかったため、能力のあるなしが人の評価に用いられてきたからである。たとえば、会社の社長の能力とされるものが個人の能力によるのか、それともポストによって得られた権力や手段によるものなのかを知るのはかなり難しい。これに対して、研究者が以前と同じく職人として研究しているような場合には、こうしたポストによる疑念をさしはさむ余地はなかった。

しかし、学会に政治屋が登場し、ビジネスや軍事のボスたちと同じように、自らの威信によって、職権を有する研究手段を獲得した。そうして示された能力は、個人の能力とははっきり区別されなくてはならないものであるが、彼の評価のなかでは混同されている。常勤の専門秘書、書誌事務スタッフ、電動タイプライター、録音装置、印刷装置、書籍や雑誌を購入する年間数千ドルの研究費など、ささやかなものがオフィスに設えられ、人員が整えられるだけでも、研究者の能力はとてつもなく高くなったように見えるものである。ビジネス・エクゼクティブはみんな、その程度の研究資産はお粗末だと笑うだろうが、大学の教員は笑えないだろう。大学教員は、最も生産的な人々もほとんどの場合、この程度の設備すら確保していない。しかし、そういう設えこそが能力やキャリアの手段なのである。一匹狼でいるよりも、学閥にしっかり所属しているほうが、たぶんはるかに出世できる。学閥の威信によって設備を整えることができる可能性は高まり、そして設備を得ることによって名声を得る可能性が高まるのである。

実際はあまり業績がないのにかなりの高い評価を得ていることがあるが、どのようにしてそのようなことになるか、右に述べたことは理解の一助となるように思う。そうした人間の一人について、予想好きの同僚が最近、まったく悪気なく、率直な感想を述べた。「生きているうちは、その分野で最もすぐれた人間だが、死後二週間もたてば、誰も彼のことを覚えてはいないだろう」。こうした率直な発言が厳しく感じられてしまうのは、おそらく、切実に先行きを心配しているからであろう。学閥のボス政治家たちの脳裏から、こうした心配が消えることはほとんどないに違いない。

ある学問分野でいくつかの学閥が競合しているような場合には、競合するものの力関係によって、学閥の戦略が決定される。軽く見られている小さな学閥は、学会をリードする大きな学閥によって、学問世界からいずれ排除される可能性がある。そのメンバーはあるいは無視され、あるいは懐柔され、あるいは排斥され、次世代を育てることなく学者生命を終えるだろう。常に心にとどめておくべきことは、学閥の一つの重要な機能は知の後継者を形成することにあるということである。その学閥が重要でないということは、この次世代の形成に影響力がないということと同じである。しかし、たとえば、二つの拮抗するような有力な学派があって、それぞれの指導者が強力で、大きな権威をほしいままにしているような場合には、二つの学閥の間では、合併することや、より大きなカルテルをつくるというようなことが問題となる。そしてもちろん学派がよそ者や他の学閥の攻撃を受けて、ダメージを負うことが予想される場合には、防御戦略の第一オプションは、学閥はもちろん、学派すら実在しないかのように振る舞うことである。こうしたときに、政治屋は本領を発揮する。

学閥の重要な仕事は、学派の実際の活動にとって重要な仕事と混同されがちである。学派は、若い人々の就業機会に影響を及ぼす。年配の人に対しては、行政、昇進、政治、外交などに学閥の特権がある。とりわけこうした年配の人については、名声の根拠が曖昧なものとなる。よそ者ならば、この人の高い名声は、実際達成された仕事の知的な価値によるのか、それとも学閥における地位によるのか、と問うかもしれない。

学閥と学閥との関係を検討しはじめるとすぐに出くわすのが、一学閥ではなく「分野」全体のスポークスマンである。いわば、彼らは一企業の幹部であるだけでなく、その産業全体の広報を担当する。ある学問領域全体に政治屋として君臨することを熱望するほどの者ならば、領域の二大学閥といっても現実的にはあまり違いはないものである、とうまく否定できるようでなければならない。実際、スポークスマンは結託して、「どの学閥も共通の目的に向かって研究している」ことを掲げるのが至上命令である。彼は、学閥の独自性を象徴する栄誉ある存在であると同時に、色々な学閥の「現実の」統一、少なくとも将来的な統一を象徴する存在となる。彼は、両学閥のそれぞれの威信をうまく利用し、両方の学閥に威信を与える。彼は、両団体の威信取引を案配する一種のブローカーである。

たとえば、ある研究領域に二つの大きな学派があって、一つが理論、一つが調査と呼ばれているとしよう。有能な政治屋はせわしく両学派を行き来する。彼はどちらの学派にも所属していて、どちらとも等距離をとっている。理論と調査という二学派は、両立しうるだけでなく、社会科学全体を統合するモデルの両輪であることを、彼の権威が約束しているかのようである。彼はその約束の象徴的な存在である。こうした約束は、彼の著作や研究を根拠とするものではない。実際のところは次のような具合だろう。こうした政治屋は、調査における称えられるべき研究のなかに理論を見つけ出そうとし、完全に願望的な態度で必ずそれを発見する。また、理論における広く称えられるべき研究のなかに、彼は調査を見つけ出そうとし、同じようなやり方でそれを発見する。見つかると言っても、水増しされた書評と同程度のものであって、研究それ自体を吟味したものというよりは単に威信を分配するためだけのものである。理論と調査がしっかりと手を携えてなしとげられたとされる研究は、これまで述べてきたように、約束であり、象徴的な存在であるにすぎない。ところで政治屋の権威は、そうした象徴的な研究に基づいてはいない。実際、権威がなんらかの研究に依拠していることはまったくないと言ってもよい。

そうした政治屋の役割はどれもみな例外なく、悲劇的なものであると私は思っている。役割の担い手の多くは第一級の精神の持ち主である。実際、平凡な人間にはそうした役割はつとまらない。もっとも、口先で真似する人間が多いことも事実ではあるわけだが。政治屋をやっていると、研究ができなくなってしまう。彼が一身に集めている権威は、実際に達成した研究とつりあわなくなる。彼が行った約束は遠大なものとなる。結果として、彼が「研究」することは禁じられているのに等しいこととなる。彼が研究プロジェクトの責任者や本の編者になった場合、他者から見れば完成していると見える場合も、研究をやりとげることや本を出版することについて、なかなか色よい返事をしない。それで彼は、委員会をはじめとする自分が果たしている政治屋の責任は重いのだ、と不平を述べる。しかし、そうは言いながらも同時に、他の重責を受け入れているし、実際しばしばそれを望んでいたりもする。彼の政治屋としての役割が、研究をしない原因となり、同時に言い訳となっている。彼がしばしば愚痴っているように、彼は罠にはめられているともいえる。しかし実は、罠にはめ続けているのは彼自身なのである。そうでなければ、彼の政治屋としての役割は、他の人にとって、そして彼自身にとっても、単なる言い訳にすぎなくなる。

学界には学閥の世界しかないわけではない。どこにも所属しない人も多く、実に様々な役割を担い、仕事もバラエティに富んでいる。主要な学閥からすれば、無所属の人々はその学閥の学派に対して好意的であるか、あるいは少なくとも中立的であるようにみえる。おそらく彼らの仕事は、「折衷的」であるか、もしくは単に「社会的な偏り」がないのである。彼らの仕事は注目を集めており、あるいは彼らはそれぞれに長所、使い道、価値があるとみなされていて、それに応じて学閥のメンバーは彼らの歓心を買うため、道をつけてやろうとするかもしれないし、さらには学閥に引き入れたりする場合もある。祝福の栄誉というものは単なる内輪ぼめ――学閥のメンバーによる、学閥のメンバーの、学閥のメンバーのためのもの――になってしまっているが、それでは十分ではない。

しかし、こうした無所属の者たちのなかには、あてがわれたゲームの役割を演じない者や、威信が求めてくるものに応えない者もいるかもしれない。単に無関心でひたすら研究をしている者もいるだろうし、剝き出しの敵愾心に満ちた者もいるだろう。彼らは学派の仕事を批判する者たちである。可能であるならば、学閥は彼の存在や研究を無視するだろう。しかし、こうした単純な戦略が適切であり、安全であるのは、学閥が大きな威信を獲得している場合に限られる。さらに、戦略が真の威信をもつことになるのは、学閥がすべての安全領域を統括しているような場合に限られる。もし学閥がすべての研究領域を統括しているような場合にかぎり、この戦略は真の威厳をもつことになるのかもしれない。もちろんふつうの場合こういうことはない。通常は、同じ領域に多くの中立的な人々がおり、折衷的に研究をする人々がおり、また他の学閥もある。さらに関連する研究諸領域もある。その他、アカデミックではない人々や公衆も様々に存在しており、彼らの興味関心や称賛は、学閥が威信や名声、キャリアといったものを一枚岩的にコントロールすることを少なくとも今のところは妨げている。

したがって、もし批判者を無視できないようなときには、他の戦略がとられなくてはならない。もちろん、学派内のメンバーたちの統制に用いられるありとあらゆる手段が、敵対してくるよそ者の対処にも用いられる。ここでは、そのうちの一つについて手短に議論しておけばよいであろう。それは威信の配分にとって最も一般的な方法である書評である。無所属の研究者が本を書き、十分な注目を集め、無視するわけにもいかなくなったとしよう。学閥の有力メンバー、とりわけ著者の見解と競合関係にある者、あるいは真っ向から敵対関係にあるもの、もしくは著者と対立する見解に同調している者にそれをゆだねるのは、粗雑な策略である。もう少し手の込んだやり口は、あまり研究を公刊しておらず、見解がさほど知られていない無名な、しかし有望株の派閥メンバーにそれをゆだねることである。これには多くの利点がある。その若い人にとってみれば、忠誠心を示すことになるし、年長で名の知られた人物を批判することで自らの名前を売り込むチャンスとなるので、損のない話である。また著名な研究者に書評を頼むのにくらべ、本がそれほど重要なものでないことを暗に示すことになる。また、若い人には安全な役回りとなる。著名な人には、それなりの俗物根性があり、書評に「応える」などということはしないだろう。専門的な書評者からの批判に応えることは一般的ではない。事実、こうした反論を思いとどまらせ、あるいは反論は許さないというポリシーの学術誌もある。たとえ書評に対して反論が行われたとしても、たいした問題ではない。書評だけではなく、著作を書く者ならば誰でも、知的仕事のなかで最も容易なことの一つが一ページ足らずの書評で本の――どんな本でも――「誤りを暴く」ことであること、そして同じ分量でその書評に「応える」など実質的には不可能であることを知っている。論争のすべての読者が、本それ自体も同じくらい丁寧に読んでいれば、それも不可能ではないかもしれない。しかし、そんなことは前提にするわけにいかないので、書評者は圧倒的に有利なのである。

しかし、問題の書物が分野の内外どちらかで、あるいは双方で、大きな注目を集めるような場合は、書評を学閥の有力メンバーに、できれば政治屋にゆだねるしかない。そうすれば、内容にあまり注意を向けることなく正しく称賛を与えるだろうし、それが分野全体の主要な約束された動向にどのように貢献するかを示すだろう。まじめで熱心な学閥がなんとしても拒否すべきなのは、書評を他の無所属の研究者にまかせることである。そういう研究者は、まず第一に、本に書かれていることを正確にはっきりとまとめ、そして第二に、学派や学閥や流行などというものに一切気をつかうことなく、著作を批判してしまうからである。

3 予測と制御の政治学

様々な社会科学の学派にスローガンがあるが、なかでも最も頻繁に用いられるのが、「社会科学の目的は、人間行動を予測し、制御することである」というものである。今日いくつかの分野では、「人間工学」という文言もよく耳にする。定義されていないこうした語句は、しばしば、はっきりと明快な目標を示しているように誤解されがちなものである。「人間工学」がはっきりした明快なものだと信じられているのは、「自然の征服」とのアナロジーで「社会の征服」を考え、その根拠を自明なものとし、問題視することがないからである。常にこういう語句を用いるのは、「社会研究を真の科学にする」ことに熱心に関わっている人々だろう。彼らは、自分たちの仕事が政治的に中立であり、道徳とも無縁なものだと考えている。基本的な考え方は、ごくふつうに、自然科学に比して社会科学が「遅滞」しているということであり、したがってギャップを埋めることが要請されることになる。こうしたテクノクラート的なスローガンは、私がすでに述べたように、多くの科学主義者にとって、政治哲学に代わるものとなっている。彼らは、自然科学者が自然に対してやってきたことを、社会に対してやろうと躍起になっている。彼らの政治哲学は単純な考え方に集約される。すなわち、いまや原子の制御まで可能にしている科学の方法を「社会行動の制御」に用いることができさえすれば、人類の問題はすぐに解決するし、平和や富は万人に保障される、と。

立論の背後には、権力、理性、歴史をめぐる奇妙な考え方がある。それらはどれも曖昧であり、またきわめて嘆かわしい混乱状態にある。こうした立論をすることで、合理主義的な、しかし中身のない楽観主義が剝き出しになる。それが可能なのは、色々なことを無視したからである。すなわち、人間社会について理性が果たしうる役割、権力の本質がどのようなもので知識にどのように関わるのか、道徳的行為の意味がどのようなものでそこに知識がどう介在するか、歴史の本質がどのようなものか、つまり歴史が人を創り出すだけではなく、人が歴史を変え、さらにまた歴史を創造することもあるということ等々が無視されたためである。社会科学の政治的な意味と関わるこれらの問題を取り上げる前に、簡単にテクノクラート的な哲学者たちの鍵となる——予測と制御とに関わる——スローガンを検証しよう。

多くの人々が予測や制御について口先だけでぺらぺら語っているが、その前提になっているのは、官僚のパースペクティブである。マルクスもかつて警告したように、官僚たちにとってみれば、世界というものは操作すべき対象である。要点をはっきりさせるために、極端な例をあげることにしよう。ある人が、敵のいない孤島において、軍隊の一個師団に対して、巧妙で強力な制御装置をもっているとする。その場合、彼が制御できる立場にあることは、みなさんも同意できるだろう。そして彼が権力をフルに用いて、明確な計画を立てたとすると、ごくせまく限定された範囲においてならば、ある年のある日のある時刻において、それぞれの人が何をしているかを、予測することができる。彼は、人々の多種多様な感情すら予測することができるだろう。なぜならば彼は人々を思いのままに、従順な操作対象とするからである。彼は人々のもっている計画の多くをくつがえす権力をもっている。そして、自分を正しく全能の暴君として捉えている場合もあろう。制御できれば、予測も可能である。彼は「規則性」を掌握している。

しかし、私たちは、社会科学者であるから、対象を安易に操作できると仮定することはできないし、自分たちが聡明な支配者であると仮定することもできないだろう。少なくとも、どちらかを仮定するということは、一つの政治的な立場をとるということである。しかし、研究者にとってみれば、かなり奇妙な立場でもある。歴史的な社会は、右で仮定したような、軍事師団をも封じ込めてしまえるほどの堅固な枠組のなかでつくりだされるなどということはない。また社会科学者は幸いなことに歴史の司令官でもない。にもかかわらず、舌の根も乾かぬうちに「予測や制御」について語る人は多いわけだが、そうするためには、私が示した想像上の司令官のように、ある種の一方的な制御を仮定する必要がある。要点を明らかにするために、その権力について、確かにだいぶ誇張してはいるが。

私が要点を明らかにしたいのは、官僚制エートスの政治的意味を抉り出すためである。このエートスは主として民主的とは言えないような社会領域——軍事的支配層、企業、広告代理店、政府の行政機関——において、利害実現のために用いられてきた。社会科学者が、こうした官僚的組織に多く採用されるようになり、そのなかで、組織の利害のために働く存在となった。そして、そうした官僚制組織の腕の立つボスたちが関心をもつ問題が、彼らの関心事となる。

ロバート・リンド（Robert S. Lynd）教授による『アメリカ兵』についての書評に、合理的に反論をすることは難しいように思う。

この大著は、科学が巧みに用いられ、意に反する目的のために人々が採用され、統制されることを描いている。リベラルな民主主義は、民主主義それ自体の問題考察のためにではなく、本筋を逸れた迂遠なやり方で、社会科学を活用しなければならないことがますます多くなっている。こうした兆候は、リベラルな民主主義の機能不全を見きわめる重要な尺度である。どうやら社会科学は、私企業を調査して断片的なデータを拾い集めて、観客の反応を計測し、ラジオ番組や映画上映の編成に役立てるような研究をしなくてはならなくなってしまったようである。本著作においては、陸軍の調査が行われ、おびえた召集兵を屈強な兵士に変え、目的もわからない戦争を戦えるようにするための研究が行われている。社会科学の利用目的が本来の社会的な役割とは違うことに制約されることで、社会科学は大衆操作の道具となり、そのことがまた民主主義のさらなる脅威となる(2)。

人間工学の研究者が用いるスローガンは、使用されている思考スタイルや探求方法を実際以上のものとして誇張し、官僚主義的エートスを拡大させるのに活用されている。「自分が関わっている事態」を示すのに、このスローガンを用いることで、その気がない場合でも、なんらかの官僚主義的な役割を受け入れさせることになる。

要するに、非常に多くの場合、この役割はいかにも原理的なものであるかのように思いこまれる。テクノクラート的な物の見方を鵜呑みにして、どこかの社会科学者のようにそれを原理にして行動しようとすると、誰もがみなまるで実際に自分が人間工学者であるかのように行動することになる。いまや、こうした官僚主義的なパースペクティブのなかで、社会科学の公的な役割が認識されることがよくある。このように「まるで人間工学者のような」やり方で行動することは、人間理性が広く民主的に組み込まれている社会であれば、面白いだけかもしれない。しかし、アメリカはそんな社会ではない。なによりも明白なことは、人間社会や歴史形成の決定に機能合理的な官僚制がどんどん侵食しているのがアメリカ社会だということである。歴史変動が、「意図的な統制と無関係に」、気づかれることなく進行している程度は、時代によって異なる。現代は、官僚主義的な機構のエリートが重要な決定を下したり下さなかったりすることにより、歴史変動が生じることが多くなった時代であるように思われる。さらに、現代のアメリカ社会では、統制の手段、権力の手段が拡大し、集中した結果、手段を手にした者が割り当てたことならば、どんな目的のためであっても、社会科学は節操なく用いられるようになった。社会科学のこうした展開が提起している問題を無視して「予測と制御」について語ることは、保持し得たかもしれない道徳的・政治的な自律性を放棄することである。

官僚主義的パースペクティブとは別の方法で、「制御」について語ることは可能なのか？　もちろん可能である。「集合的な自己制御」には色々なものがある。何か制御のアイディアがうまく示されれば、自由と理性のあらゆる問題について、アイディアとしても、価値としても、すべての論点をカバーすることが可能なはずである。それによって、「民主主義」のアイディア——社会構造のタイプ、一連の政治的な期待——についても述べることが可能になる。民主主義が意味するものは、法により統治されている者が、合意されたルールに従って——必要ならばこのルールをも変えて——、法改正できる権力と自由を保持していることである。それだけでなく、民主主義は、歴史の構造メカニズムもなんらかのかたちで集合的に自己制御できることを意味する。これは複雑で難しい考え方であり、くわしく後述するつもりである。ここで私が一つだけ提案しておきたいのは、もし社会科学者が、民主的な情熱により駆動されている社会において「予測と制御」についてまじめに議論しようとするならば、右の問題を十分考えなくてはならない、ということである。「予測」について官僚主義のパースペクティブをとらずに語ることは可能なのか？　もちろん可能である。予測が、指令による統制ではなく、「意図されない規則性」に基づいていることもある。他の誰かが強く統制しているわけでもなく、そしてまた「自発的」な活動、ルーティンを外れる活動が最小限に抑えられている社会生活の領域については、統制しなくても、うまく予測することができる。たとえば、言語の使い方は「人々の気づかないところで」変化・持続する。おそらくこのような規則性は、歴史の構造的なメカニズムともつながったものとして起こることだろう。もし、ジョン・スチュアート・ミル（John Stuart Mill）が社会の「媒介原理（principia media）」と呼んだもの、その主要動向をつかみとることができたなら、要するに現代の構造的な変動をつかみとることができたなら、私たちは「予測のための基礎」を獲得したと言えるかもしれない。

しかし、忘れてはいけないのは、特定の生活圏においては、人がしばしば自分の行為を制御しているということである。こうした制御がどこまで可能かということは、私たちの研究目的の一つである。仮構の世界だけでなく、現実世界にも司令官がいて、さらに企業や国家のトップなどもいることを忘れてはならない。しばしば注意されてきたことであるが、人は何かに黙って従うような存在ではない。この事実が意味するのは、自分の活動についての予測を意識しており、自分自身の方向づけを修正することができ、しばしば修正を行っているということである。しかも、予測どおり動く場合もそうでない場合もある。どちらになるかは今のところはうまく予測できない。人は一定の自由をもっているわけだから、何をするかはやすやすとは予測できないのである。

しかし要点はこういうことである。「人間工学の現実の最終目標」、そして「社会科学」の最終目標が「予測」であると言ってしまうと、よく考えた道徳的な選択であるべきことについて、テクノクラート的なスローガンを代用しなければならなくなってくる。それはまた、官僚的なパースペクティブを前提にすることである。一度それを前提とすると、よく考えた道徳的な選択はほとんど不可能となる。

社会研究における官僚主義化は、ごくふつうにみられる動向である。おそらくそのうちに、官僚主義的な手順が重視されているような社会ではどこでも、研究も官僚主義化されることになる。当然のことながら、それにつきものなのは詭弁的な絵空事の理論であるが、それ自体が管理的な調査と関係があるわけではない。個々の調査は、概して行政管理的で統計的なものであり、壮大な〈概念〉体系を練り上げることに影響を与えない。また、それを錬成する側も同様で、個別の調査結果についてはあずかり知らぬことであり、体制の正統化であるとか、変わっていくその特徴の正統化といったことに関わっていくことになる。官僚主義的な社会科学者にとってみれば、世界は、厳格なルールに従って取り扱わなくてはならない事実の世界である。理論家にとっては、世界は、操作可能な概念がつくりだす世界であり、ルールには無頓着であることが多い。理論というものは、色々なかたちで権威のイデオロギー的正統化として役に立つ。官僚主義的な目的の調査は、権威をより有効で効率的なものとするが、あくまで権威ある計画者に情報提供することを通してそうなる。

抽象化された経験主義は、官僚主義的に用いられる。しかし、それは明らかにイデオロギー的な意味をもち、そのために使われることも多い。グランド・セオリーは、これまでも示してきたように、直接に官僚主義的に役に立つものではない。その政治的な意味はイデオロギー的なものであり、利用の可能性もそこにある。もし二つの研究スタイル——抽象化された経験主義とグランド・セオリー——が、知的な「二者独占」(duopoly) 状態をほしいままにし、研究の主要スタイルになってゆくのだとするならば、人間社会で理性の果たす役割——西洋社会の文明において古典的に想定されてきた役割——についての政治的な約束にとっても、社会科学の知的な約束にとっても、とてつもない脅威になるであろう。

いまさら説明するまでもなく、社会科学は乱れ、科学（Science）の本質をめぐる論争ばかりが行われている。唯一普遍の「科学」を自称しているものをありがたく受け入れたとしても、多くの場合その類いは、「科学」が形式的であるのと同じくらい、曖昧になるということに、ほとんどの社会研究者は同意するだろう。「科学的な経験主義」は色々な意味を含み、誰もが受け入れる決定版の定義はなく、ましてや体系的に用いられるものなどない。専門家の期待はまったく混乱していて、職人性の意味もまったく別物の探求モデルによってねじ曲げられてしまっているかもしれない。自然科学の哲学者たちが示している認識論モデルが、今日これほどまで人を惹きつけているのは、ひとつにはこうした混乱状況にもよるのである。(1)

社会科学に複数の研究スタイルがあることがわかると、学ぶ者の多くは、「私たちは社会科学を統一しなくてはならない」ということに熱く同意するようになる。統一のもくろみがかなり説得力をもつこともある。たとえばこんなことが言われる。今後一〇年の課題は、一九世紀のマクロな問題と理論的研究、とりわけドイツのそれと、二〇世紀に台頭した調査技法、とりわけアメリカのそれとを結び合わせることである、と。こうした気宇壮大な弁証法のなかでは、堅牢な概念も、厳格な手順も、めざましく進歩しつづけてゆく、と感じられている。

哲学の問題ならば、「科学の統一」もさほど困難でない[2]。しかし、仮に、気宇壮大な探求モデルで「科学の統一」が仮にできたとして、はたしてそんなモデルは、社会科学の研究をし、重要な成果を出すために、何か使い道があるのか。そう問いかけるのがここでは適切であろう。

哲学的研究は実際の社会科学の研究において役立つものである、と私も思う。哲学的研究を知ることで、自分の概念や研究手順を、よりはっきり意識し、明晰にしてゆけるだろう。こうした作業のための言葉を、哲学的研究は与えてくれるだろう。しかし、哲学的な議論の効用はあくまで一般的な性格のもので、社会科学の研究現場で哲学モデルを真に受ける必要はない。なによりも私たちは、モデルで問題を限定したりせず、想像力を解放して、研究のヒントを得るようにしなければならない。「自然科学」をふりかざして、研究する問題を狭隘に限定するのは臆病であるように思われる。もちろん、未熟な調査者が問題の限定を望むような場合は、賢い自制になりうるかもしれない。しかし、度が過ぎる限定には、なんら意味のある根拠はないのである。

1　方法と理論の記号学——問題をめぐる倒錯

古典的な社会分析家は、研究手順の硬直化、固定化をどのようなものであれ拒絶してきた。彼は、社会学的想像力を発展させて、研究に用いる努力を続けてきた。彼は〈概念〉体系をつくったりこわしたりする言葉遊びを嫌悪し、より広く感性を働かせて正確に対象を認識し、思考を深めてくれると考えるに足る理由がある場合にのみ、慎重に練り上げられた用語を用いてきた。彼は、方法や技法に縛られたことがない。古典的な方法は、常に知的職人のそれであった。

役に立つ議論は普通、方法についても理論についても、現在進行中の研究や、これから着手する研究における余白のメモのようなかたちではじめられる。「方法」とは、なによりも、それなりにしっかりした解答が出せるという見通しをもち、問題を立てて答えてゆくためのものである。「理論」とは、なにより、用いている諸々の単語、特にその一般性や、相互の論理的関係にしっかり注意を払うためのものである。両者の主たる目的は概念を明晰にし、無駄な手順を省くことであり、今日最も重要なのは、社会学的想像力を制限するのではなく、解き放つことである。

「方法」や「理論」に精通しているということは、研究を進めながら同時にその前提や秘められた意味にも自覚的であるような、自己省察的な思索家たりえているということである。逆に「方法」や「理論」にうまいこと飼い慣らされてしまうと、研究から撤退するはめになる。すなわち、世界の出来事から目をそらすことになる。職人芸を発揮する方法がつかめないなら、研究成果はお粗末なものになる。また、重要な研究成果をもたらそうという決意がなければ、すべての方法は意味のないみせかけとなる。

古典的な社会科学者にとっては、方法も理論も、自律的な独立領域などではない。方法は一定範囲の問題を取り扱うための方法である。理論は一定範囲の現象を説明するための理論である。それらはあなたが住んでいる国の言語のようなもので、話せるからといって自慢にはならないが、もし話せなければみっともないし、不便だということになる。研究を行っている社会科学者はなにより、常に対象としている問題に最大限の注意を払わなければならない。このことからはっきりわかるのは、研究中の対象領域をめぐる知識がどのような状況にあるのか、彼は具体的に十分精通していなければならない、ということである。そしてまた、研究が最もうまくいくのは、程度のほどはわからないが、いくつかの研究が似た領域の研究を行っている場合であるということもわかる。結局のところ、そうした研究は、ひとつの専門しかもたない一人の人間にはできないし、ましてや、実際の研究をほとんどしたことがないとか、仮にあっても特定の決まりきったスタイルで行われる研究に首を突っ込んだことがあるだけというような若手には無理だろう。

研究中にひと呼吸おいて理論や方法を省察することの最大の収穫は、問題を立てなおすことである。実際の研究で、すべての社会科学者が自分自身の方法論と理論を持たなくてはならないということの理由はこれである。といっても、その意味は、知的職人であれ、ということだけなのだが。職人はみな、方法を体系化するような包括的な試みからも何かを学ぶことができる。しかし、このような解読体系〔解読コード〕は一般的な注意を促すものにすぎないことが多い。方法についての真に有用な説明は、右のような強行突破的なやり方では引き出せない。方法が社会研究の現場から遊離すると、重要な問題に対する感覚や問題を解決しようとする情熱——これらが今日しばしば喪失されているわけだが——が、研究する社会科学者の精神のなかで自由に働けないのである。

それでは、方法の発展はどのようにして可能か？　それは、進行中の研究における節度ある一般化がきっかけとなることが多い。したがって、私たちは、研究を行う際に、そしてまた学問分野をつくりあげてゆく際に、進行中の研究と方法とをしっかりと照らし合わせなくてはならない。方法論をめぐる議論に真剣に注目する必要があるのは、行われている研究と直接関係する場合だけである。社会科学者の間では、そうした方法論議が現れている。後で付録のなかで、そうした議論は実際どのようになされるか、実例のひとつをお目にかけるつもりである。

方法論を立て、それをめぐる議論を重ねてゆくこと、あるいはまた理論的区分を立て、次々に区分を細分化してゆくことは、どんなに刺激的で面白くても、単なる約束である。何かを研究するときに――実際何かを研究するときにはほとんど――方法を立てることでよりよい道筋が約束される。系統だったものであろうとなかろうと理論を練り上げることで、解釈を行う際に私たちが見ているもの――あるいは見ているものからつくるもの――の特徴に注意を払うことが約束される。〈方法〉も〈理論〉も、どちらかひとつだけでは、実際に社会研究を行っていく場合には役に立たない。事実、両者はしばしば対極的なもので、どちらも社会科学の問題からの政治的撤退の道である。これまで見てきたように、両者はともに何かしら、探求の壮大な一般モデルに基づいており、他の人たちの頭を叩いて攻撃する役にしか立たない。このような一般モデルをフル活用することが難しいということは、おそらく、それほど重要なことではない。なぜなら、モデルの使用は儀式にすぎないからである。すでに説明したことだが、このモデルは、自然科学の哲学――驚くべきことに、いくぶん時代遅れとなった、物理学についての哲学的な粉飾がほとんどである――を用いて、でっち上げられたものである。こうしたささやかなゲーム、あるいは似たような類いの他のゲームをしていては研究が進展するはずもなく、マックス・ホルクハイマー(Max Horkheimer)が次のように書いた科学的な不可知論の論法で、すべてをかたづけるようになってしまう。「厳密に突き詰められていない結論や曖昧な一般化について、決まりきった警告を繰り返すようなことをしていると、慎重に気をつけないと、思考することがすべてタブーになってしまう。完璧な確証を得るまですべての思考を停止しなければならないとすると、根底的な研究は不可能になり、当たり障りのない兆候を指摘するようなレベルに自らを限定することになってしまう[3]」。

繰り返し指摘されてきたことだが、若い研究者は何かに染まりやすい。しかし、社会科学においてそれなりの年齢になった研究者たちも、もっともらしい科学哲学者によって心を乱されるというのは奇妙ではないか？　アメリカの社会学者たちが声高に宣言している方法論などよりも、スイスとイギリスの経済学者たちが絶妙な言い回しで方法の古典的な位置づけについて語っていることのほうが、ずっと実用的で、啓発的である。「著者たちの多くは直感的に正しいやり方で問題にとりかかる。しかし、方法論を学ぶと彼らは、行く手に待ち構えているたくさんの罠や危険を殊更に意識するようになる。方法論を学ぶことで、彼らはそれまでもっていた確かな感触を失い、道に迷い、あるいは適切でない方向に向かうことになる。こうしたタイプの研究者は、方法論に近づくなと警告を受けている[4]」。

私たちがかかげるべきスローガンはこうなる。

全ての人が自分自身の方法論者であるべきだ！

方法論者よ、研究を行え！

私たちは、こういうスローガンを文字通り真に受ける必要はないが、研究をする社会科学者として、自己防衛をする必要はあるに違いない。そして、仲間の社会科学者の一部に見られる奇妙な、およそ学問的とは言いがたい熱情のことを考えるならば、私たちの誇張した物の言い方も赦されるのではないだろうか。

2 指標化の罠

常識に基づく日常的な経験主義は、ある社会に独特の思い込みやステレオタイプにまみれている。なぜなら、常識は、なにを見て、それをどう説明するかを決めているのだから。こうした状態〔常識的なレベル〕から、抽象化された経験主義によって抜け出そうとしても、たどり着くのは結局のところ、とるにたりない小さなお話のレベルであって、そうした抽象的なデータを集めて延々と積み上げるはめになる。グランド・セオリーによって日常的な経験主義から脱却しようとしても、用いている概念から、はっきりとした目の前の経験的な手がかりを取り除いて、空っぽのものにしてしまい、注意しないと、概念でつくりだした歴史のない世界にひとりでいることに気づくはめになるだろう。

概念とは、経験的な内容をもったものである。内容の割にアイディアが大きすぎる場合、あなたはグランド・セオリーの罠に引き寄せられる。内容がアイディアを飲み込んでしまうと、あなたは抽象化された経験主義の落とし穴にはまりやすくなる。ここで問題になっていることは、一般的なレベルにおいては、「指標の必要」としばしば呼ばれるものであり、こんにち社会科学で実際に行われている研究のなかで最先端の専門的挑戦のひとつである。あらゆる学派の人々が、このことを意識している。抽象化された経験主義者は、指標化されているとされるものがどのような意味をどの範囲まで指標化できているのか、ということを無視することで指標の問題を解決する。グランド・セオリーは、実効的なかたちで問題と向きあうことはしないで、同じくらい抽象的な別の概念で〈概念〉を精緻化する作業をひたすら続ける。

抽象化された経験主義者が、経験的な「データ」と呼ぶものは、日常的な社会的世界を非常に抽象的なかたちで転写したものである。たとえば、彼らが扱っているのは普通、中規模都市の一定所得階層の一定性別の一定年齢層というようなものである。これで四つの変数だが、これでも、抽象化された経験主義者たちがスナップショットに入れようと苦心しているものよりもはるかに多い。もちろん、そこには他の「変数」も介在している。たとえば、人々はアメリカに住んでいる。しかしそれは与件であり、抽象化された経験主義の経験世界をつくりだしている微細で、正確で、抽象化された変数には含まれない。「アメリカ」を変数にするためには、社会構造の概念が必要であり、そうなると経験主義の厳密な抽象度を下げる必要が出てくるからである。

ほとんどの古典的な研究は（ちなみにしばしばマクロ的と呼ばれるが）、抽象化された経験主義とグランド・セオリーの狭間で探求を行っている。こうした古典的な研究も日常的な生活圏で観察されるものについて抽象化を行う。しかし、この場合は、社会的・歴史的な構造へと方向づけられた抽象化である。それは、歴史的リアリティというレベルでの抽象化である。その意味は、ある特定の歴史的な社会構造という条件のもとに、社会科学の古典的な問題が定式化され、その解決が示されてきた、ということに尽きる。

古典的な研究は、抽象化された研究に勝るとも劣らず経験的である。実際には、経験性という点でそれを凌駕しているとも言える。研究は、日常的な意味や経験の世界により密着したものである。要点はきわめてシンプルである。フランツ・ノイマンによるナチズム体制の社会構造分析は、少なくともサミュエル・ストーファーの陸軍一〇〇七九部隊のモラール〔士気〕の説明と同じくらいには「経験的」――そして「体系的」――である。マックス・ヴェーバーの中国官僚制研究、ユージン・ステイリー（Eugene Staley）の開発途上国研究、バリントン・ムーア（Barrington Moore）のソビエト連邦研究などは、ポール・ラザースフェルドのエリー郡やエルミラという小さな町での世論研究と同程度には、「経験的」である。

さらに、超歴史的研究や副次的な小さな物語を明らかにする研究で使われるアイディア、のほとんどは、古典的な研究を起源としたものである。実際、実り多い考え方と言えるようなもので、そして人間と社会および両者の関係について概念化したもので、抽象化された経験主義やグランド・セオリーが生み出したものがはたしてあるだろうか？　基本的な考え方という点では、二つの学派は古典的な社会科学の伝統に寄生しているのである。

3　問題定立のピボット

経験的証明の問題は、どう「事実と向き合うか」ということであって、事実に飲みこまれてしまうことではない。また、概念をどう事実に基礎づけるかということであって、概念に溺れることではない。問題は、第一に何を証明するか、第二にどのように証明するかということである。

グランド・セオリーにおいて証明は、あてずっぽうの演繹である。何をどう証明するかは、今のところ明確な問題ではないように見える。

抽象化された経験主義においては、多くの場合、何を証明するかはたいした問題ではないようである。どう証明するかは、問題を立てる条件によってほぼ自動的に決まってしまう。そして手当たり次第に、相関分析その他の統計手法にかけられることになる。実際、そのような証明に求められる教条的な要件が唯一の関心事であるように思われることも多い。それゆえ、こうしたミクロ的な証明スタイルをとる者たちの〈概念〉は制限され、問題は最初から決められてしまう。

古典的な実践においては、通常、何を証明するかが重要な問題となる。おそらくそれは、どのように証明するかよりも重要である。いくつかの具体的な問題としっかり照らし合わせながら、研究の着想が練られる。何を証明するかという選択は、次のようなルールによって決定される。すなわち、着想を練り上げたら、適切な推論を最大限約束するような論点を証明するよう努力すること。こうした論点を私たちはピボット〔基軸、軸足〕と呼ぶ。ピボットは次のように用いられる。もしこれがそうなら、こうなって、こうなって、それでこうなるに違いない。もしこれがそうでないなら、他の推論が検討される。こうした手順がとられる一つの理由は、研究の無駄な手間を省く切実な必要があるからである。経験的な証明、論拠、文書化、事実の確定などは、時間のかかる、しばしば退屈な作業である。したがって、人はこうした作業によって、研究の着想や理論に重要な変化がもたらされることを望む。

古典的な職人は、一つの大きな経験的研究のために、何か大仕掛けを設計するような真似は普通しない。彼はポリシーとして、マクロな概念と詳細な説明の継続的な往還を認め、奨励する。そのために、一連の小規模な経験的な研究を設える（そこにはもちろんミクロな統計研究も含まれる）。小さな主題に切り分けられた経験研究のそれぞれが、どこか一部の問題解決を吟味する際のピボットとなっているように思われる。これらの経験的な研究により、問題解決が確定・追認され、修正され、あるいは反証される。

古典的研究の実践者にとってみれば、立論、命題、推測をどう証明するかは、ミクロな調査研究者がしばしば主張しているほど面倒なことではない。古典的研究の実践者は、立論の証明にあたり、役に立ちそうな経験的な事実をすべて詳細に示す。そしてもちろん、繰り返しになるが、このように問題考察に役に立つ概念を自ら選んで使用することが必要だとわかっているなら、抽象度の高い精緻な統計的な方法を用いた詳細な論証が可能になることも多いだろう。問題や概念の設定によっては、証明は歴史家と同様に論拠の問題となる。もちろん、確信できるものなどない。実際、しばしば私たちは「推測」を行う。しかし、すべての推測が等しく正しいというわけではない。敬意を込めて、古典的な社会科学とは、なによりも重要な問題をめぐって正しく推測できる可能性を向上させるための方法である、ということができるかもしれない。

証明は、自他を合理的に納得させるものである。しかし、そのためには、ルールを受け入れなくてはならない。とりわけ大事なのは、手続きの一つ一つがすべて他者に検証可能であることを明示して、研究を発表しなくてはならない、というルールである。その方法は一つではない。しかし、注意深く、細部にわたって点検し、明晰であることを心がけ、事実とされるものを懐疑的な態度で熟読し、議論の拡がり、他の事実や概念との関わりについて飽くなき好奇心を保つことは、どんな場合も必要になってくる。論証には、方法の遵守と体系性が必要になる。一言でいえば、論証とは、学問倫理を厳格にたゆまず実践することである。それがなければ、どんな技術も方法もまったく意味がなくなる。

4 帰納と演繹——精密化の希望的観測と想像力の職人的勘所

社会研究のやり方がどんなものであれ、すなわちどんな研究対象を選び、どんな研究方法を採用したとしても、それらはすべてなんらかの「科学的進歩についての理論」を秘めている。科学の発展というものは累積的である、ということに反論はないだろう。それは、ひとりの人間になせる技ではなく、多くの人が修正や批判を行い、他の研究に何かを付け足し、何かを削除することを通して、はじめてなしうることである。自分自身の研究を研究の名に値するものにするためには、過去の先行研究や現在進行中の他の研究と照らし合わせなければならない。これが必要とされるのは研究交流のためであり、また「客観性」のためである。よって立論は、他者による検証が可能なかたちで行われなければならない。

抽象的経験主義者の進歩のポリシーは、非常に独特で希望的観測に満ちている。ミクロな研究をたくさん積み上げれば、ゆっくりとほんの少しずつ、蟻が細かな欠片から大きな山をつくるようにして、「科学が築き上げられる」だろう、と。

グランド・セオリストのポリシーはこうなるだろう。そのうちいつかどこかで、経験的な事柄と実際に接触することがあるかもしれない。だから、その日のために、対象を「体系的に」取り扱う準備をしよう。そうすれば、体系的な理論を、経験的な証明という科学的方法に論理的に適合させるとはどういう意味か、いずれわかるだろう、と。

古典的社会科学の約束を守ろうとする者が考える科学的進歩の理論では、ミクロな研究を並べていけば必ず「十分に発達した」社会科学が結実するはず、と決めてかかることはないだろう。彼らは、経験的な研究素材について、目下の研究目的以外にも必ず転用できるなどと考えたりはしない。要するに彼らは、社会科学の発展を積み木遊びに喩えるような（あるいはキルト工芸に喩えるような）理論を容認しない。それらをまとめ上げるダーウィン（Charles Darwin）やニュートン（Isaac Newton）のような存在が現れることはないし、またダーウィンやニュートンの研究は、今日のミクロな社会科学が積み重ねているような微細な事実の「寄せ集め」ではなかった、と彼らは考えている。また、古典的社会科学の実践者たちは、グランド・セオリーのように、〈概念〉を慎重に練り上げて分節してゆけば、やがては経験的な事実に適合するような体系的なものになるだろうとも考えない。概念を練り上げていけば、いま以上の何かがもたらされるなどとは、彼らは考えない。

要するに古典的な社会科学は、ミクロな研究を「積み上げる」ことも、概念展開を「演繹する」ことも行わない。その実践者は、事実構成と理論展開とを同時に、ひとつの研究過程で行っている。問題の適切な定式化、再定式化を行い、そして適切に解決することを通じて、それを試みている。こうしたポリシーを貫くことは――再三の繰り返しになるが重要なポイントなのでご海容いただきたいのだが――、歴史的現実における具体的な問題に着手し、問題を適切な用語で定立することである。そしてさらに、理論が高く飛翔したとしても、詳細な事実を這いつくばって調べるのがどんなに手がかかるとしても、それぞれの研究を完成させる最後の最後には、問題をマクロ的〔歴史的・構造的〕に見たときの解答を示すことである。要するに、古典的社会科学の焦点にあるのは、具体的な問題である。問題の性格が、用いられる概念や方法、およびその用いられ方を絞り込み、決定する。色々な視点から「方法」について論争する場合も、「理論」について論争する場合も、具体的な問題から議論が遊離することはなく、しっかり目をそらさずに適切に行われる。

5　中立的な精密科学の政治性

ある人が取り組んでいる問題のラインナップがどのようなものか――どのように問題を立てるのか、それぞれの問題にどのような優先順位をつけているか――は、自覚しているかどうかはともかくとして、方法、理論、価値に基づくものである。

しかし、社会科学を研究している者のなかには、自分の問題のラインナップという試金石とも言うべき問いかけに、すぐに回答できない人がいるのもまた確かである。彼らは、何かを回答しないとまずいとはあまり感じていない。というのは、彼らは事実、自分が研究する問題を決めていないのだから。日常的な生活圏で普通の人々が問題と感じている身近なことを研究主題として受け入れる者もいる。また、問題を決める際に、権威者や利害関係者たちが公式、非公式に定めた問題をそのまま受け入れて研究主題とする者もいる。こういうことについては、東欧やロシアの社会科学者たちが私たちよりもずっとよくわかっているだろう。なぜなら、私たちの多くは、知識や文化を公的に統制する政治組織のもとで暮らしたことがないからである。しかし、そういうことが西洋社会にはないとは決して言えないし、もちろんアメリカでも起こりうることである。社会科学者に対する問題の政治的な方向づけは――もっと顕著なものとしては商業的な方向づけは――、自発的に行われているかもしれないし、また熱心に忠義を尽くしている場合すらあるかもしれないのである。

古いリベラルな実用性を支持する社会学者たちは、生活圏の問題を重視するあまり、社会問題を発見するための価値をはっきりさせることができなかった。価値が実現される構造的な条件は、究明はおろか対峙すらされてこなかった。事実が整理されていないために、研究は行き詰まる。研究者は、こうした事実を捉えて、整理するための知の技法をもっていなかった。このことによって、多元的な原因を夢想するロマン主義的な考え方がもたらされることになった。ともかく、リベラルな実用主義の立場をとる社会科学者が前提としてきた価値は、支持されているかどうかはともかくとして、福祉国家の行政的なリベラリズムにおおむね組み込まれた。

官僚主義的な社会科学――抽象化された経験主義が最もそれに適した道具立てを提供し、グランド・セオリーがそれに伴う理論不在の状況を助長しているわけだが――において、社会科学の努力はすべて、有力な権威に仕えることになってしまった。古いリベラルな実用主義も、官僚主義的な社会科学も、公的問題、私的問題を、社会科学の問題として再構成するようなかたちで考えることはない。これらの学派が（ついでに言えば、社会科学のすべての学派についても同じことだが）どのような知的な性格をもつかということと、その学派がどのように政治的に活用されるかということとは切り離すことができない。それぞれの知的な性格（およびその組織化の程度）だけでなく、その政治的な有用性によっても、今日の社会科学における位置づけが決まってくるのである。

社会科学の古典的な伝統においては、個々人の多様性によって生じる私的な問題や多くの生活圏を組み込むかたちで、問題が定式化される。こうした生活圏は、他方で、より大きな歴史的社会構造という条件のなかに位置づけられる。いかなる問題も、含まれている価値、それを脅かしているものを明らかにしなければ、適切に定式化することができない。価値とそれへの脅威が、問題それ自体を条件づける。古典的社会分析の導きの糸となっている価値は自由と理性である、と私は考える。今日、それらを脅かしている諸勢力は、この時代を性格づけている特徴とまでは言えないだろうが、ときには現代社会の主要動向とほぼ重なり合うこともあるようだ。今日、社会研究において重要な問題とされているものは、どれもこの二つの価値に対する脅威と関わる。問題は、理性と自由という二つの価値を脅かすものがどのような状態にあって、これからどうなっていくかということ、そして、こうした脅威が人間性や歴史形成にどのような帰結をもたらすかということと関わっている。

しかし、ここでの関心は、私自身選択したものも含め、特定の問題群ではなくて、社会科学者は進行中の研究、計画中の研究が扱う問題を省察する必要があるということである。そうした省察によってはじめて、社会科学者は、選択した問題や、可能な選択肢について、注意深くはっきりと考えることができる。そして、このようにしてはじめて、彼らは客観的に考察を進めることができる。なぜなら、社会科学において研究を客観的に進めるためには、研究の企てのすべてに精通するよう常に努めなくてはならないからである。そのためには、広く批判的なやりとりを行う必要がある。社会科学者が成果を積み重ねることで専門分野を発展させることを望んだとしても、〈科学的方法〉について教条的なモデルをつくったり、あるいは社会科学が扱うべき問題についてもっともらしい宣言を行ったりしていては、それを達成することはできない。

問題の定式化には、色々な公的問題と私的問題に十分注意する必要がある。そして、定式化された問題は、生活圏と社会構造との因果関係の考察に開かれたものでなければならない。問題の定式化をする場合、関係する私的問題と公的問題のなかにおいて実際に脅かされている価値を明らかにし、誰がそれを価値として受容しているか、誰が、あるいは何がそれを脅かしているかを解明しなくてはならない。実際に脅かされている価値は、当事者である個人や公衆が脅威を感じているものとは異なるし、また価値は他にもある。このことから、問題の定式化はしばしば複雑なものとなる。したがって、私たちはさらに次のように問わなくてはならない。すなわち、どのような価値が脅かされていると行為者は思っているか？　誰によって、何によって、価値が脅かされていると、行為者は思っているのか？　実際介在している価値をすべて自覚できた場合、それが侵害されることで、何か困るか？　こうした価値、感情、議論、脅威などを、問題の定式化に取り込むことは不可欠である。なぜなら、行為者が信じ、期待していることは、不適切で間違っていたとしても、公的問題・私的問題の重要な要素だからである。さらに、問題に対する解答が何か出された場合には、その解答は、行為者が経験する公的問題・私的問題の説明にどのように役に立つかということも多少なりとも交えながら、検証されなければならない。

ところで、「基本問題」とその解答のためには、個人史の「深層」から生じる不安と、歴史的社会構造から生じる無関心との双方に注意を注ぐ必要がある。問題を選択して定立することにより、まず第一に、私たちは無関心を公的問題に変換し、不安を私的問題に変換する。そして第二に、定立された問題のなかに私的問題と公的問題の双方を位置づけなくてはならない。どちらの段階においても、できるだけ単純に、正確に、問題に含まれる価値と脅威を論定し、照らし合わせなくてはならない。

一方、問題への適切な「答え」とは、戦略的な介入ポイント――構造の維持・変動を行う「てこ」――を見定めるものとなる。そしてまた「答え」は、介入できる立場にありながら、それを行わない者を評価するものとなる。問題の定式化にはさらに色々な――もっとたくさんの――ことが必要である。ここでは、一つのアウトラインを示すのにとどめたい。

第7章　人間の多様性

社会科学に蔓延する諸傾向について、かなり詳細に批判してきたが、今度は、社会科学が約束する積極的な――綱領的でもある――アイディアに戻りたい。社会科学は混乱しているかもしれないが、その混乱は悲しむのではなく活かすべきである。社会科学は病んでいるかもしれないが、この事実を認識することは、診断を求める声、そしておそらくは来たるべき健康の兆候とさえみなすことができるし、そうすべきである。

1　人間の多様性を理解するための観点――社会構造、制度、生活圏

社会科学は当然、人間の多様性に取り組む。そしてそれは、人々が生きてきた、生きている、生きるかもしれない、あらゆる社会的世界から成る。その世界には、私たちが知る限り一〇〇〇年間でほとんど変化していない原初的コミュニティが含まれるが、いわば急

に暴力的存在になった超大国も含まれる。ビザンティン帝国とヨーロッパ、古典中国と古代ローマ、ロスアンジェルス市、古代ペルー帝国——人々が知る全世界が、いま私たちの前に広がっており、私たちの調査に開かれている。

これらの世界の内部には、広野の集落、圧力団体、少年ギャング、ナバホの石油業者、広さ一〇〇マイルの大都市圏の破壊に向かう空軍、街角の警官、部屋に座っている気のおけない仲間と人々、犯罪組織、ある夜世界中の都市の交差点や広場に群がる大衆、ホピ族の子どもたち、アラビアの奴隷商人、ドイツの政党、ポーランドの階級、メノー派の学校、チベットの精神錯乱者、世界中に届くラジオ網が存在する。様々な人種と民族で映画館は混雑しているが、彼らは隔離されてもいる。幸せに結婚したが憎しみあっている人がいる。事業や産業、政府、地方自治体、ほとんど全大陸に広がる国のなかに、複雑多岐な職業がある。小さな売買が毎日数多く行われ、いたるところに数えられないほど多くの「小集団」が存在する。

人間の多様性には、個々の人間の多様性も含まれる。社会学的想像力は、それも把握し理解しなければならない。この想像力のなかでは、一八五〇年のインドのバラモンが、イリノイの開拓農民と並んで立っている。一八世紀の英国ジェントルマン、オーストラリアのアボリジニ、一〇〇年前の中国人農民、今日のボリビアの政治家、中世フランスの騎士、一九一四年のハンガーストライキ中のイギリスの婦人参政権論者、ハリウッドスターの卵、古代ローマの貴族が、並んで立っている。「人間」について書くということは、これらのすべての男性と女性について――ゲーテについても隣の家の少女についても――書くということである。

社会科学者は、人間の多様性を秩序だてて理解しようとする。しかしこの多様性の幅と深さを考えると、こう尋ねられるのも無理もない。それは本当に可能なのか？　社会科学の混乱は、現場の社会科学者が研究しようとしている対象を反映しているのだから避けがたいのではないか？　私の答えはこうである。その多様性はおそらく、そのごく一部の単なるリストがそう見えるほどには「無秩序」ではない。さらに、大学で提供される履修コースがそう見えるよりも、無秩序ではないかもしれない。秩序も無秩序も、観点次第である。人間と社会の秩序だった理解に至るためには、理解を可能にするほどシンプルでありつつ、人間の多様性の幅と深さを視野に収めることのできるほど包括的な、一連の観点が必要である。そのような観点を求める苦闘は、社会科学の最も重要で永続的な苦闘なのである。

もちろん、あらゆる観点は一連の問いに基づいている。個人史、歴史、それらの社会構造内での相互作用の問題についての研究として、社会科学を方向づける構想をしっかり把握して考えると、社会科学の全体的な問い（私はそれを第1章で示唆した）はすぐ思い出される。これらの問題を研究するためには、つまり人間の多様性を理解するためには、私たちの研究は、歴史的現実に絶えず密接に関連づけられていなければならないし、この現実が個人個人の男女に対してもつ意味に絶えず密接に関連づけられていなければならない。私たちの目標は、この現実を定義して、その意味を見きわめることである。その意味から、古典的社会科学の問題が定式化され、その問題に含まれる公的・私的問題との対決が行われる。そのためには、世界史上に存在したことがある社会構造と、いま存在する社会構造について、比較によって十分に理解しようとする必要がある。大規模な歴史的構造の観点から、小規模な生活圏を選択して研究する必要がある。学問分野の恣意的な専門化を避け、私たちの研究をトピックに応じて、またとりわけ問題に応じて様々に専門化しなければならず、その際には歴史的行為者としての人間についてのありとあらゆる適切な研究から、観点、アイディア、データ、方法を利用する必要がある。

社会科学者は伝統的に、政治制度と経済制度に多くの注意を向けてきたが、軍事、親族、宗教、教育の諸制度も大いに研究されてきた。このような、制度が一般的に役立っている客観的機能による分類は、一見単純だが、やはり使いやすい。もし私たちがこれらの制度的秩序が互いにどのように関係しているかを理解すれば、ある一つの社会の社会構造を理解したということである。というのは、「社会構造」という概念が最も一般的に使われるときに指しているのは、まさにそれ——つまりそれぞれが遂行する機能によって分類される諸制度の組み合わせ――だからである。社会構造それ自体は、社会科学者が扱う最も包括的な作業単位である。したがって社会科学者たちの最も広範な目標は、その構成要素とその全体性のなかで、それぞれの社会構造の多様性を理解することである。「社会構造」という用語自体の定義はきわめて多様であり、この概念の代わりに使われる用語は他にもあるが、制度という考え方に加えて、生活圏と構造の区別を頭に入れておけば、社会構造という考え方に出くわしたときにそれを理解できないということはないだろう。

2　国民国家という単位

現代では通常、社会構造は政治的国家の下で組織されている。権力に関しても、他の多くの興味深い点から見ても、社会構造の最も包括的な単位は国民国家である。国民国家は、今では世界史における支配的形態であり、それ自体がすべての人の人生における主要な事実である。国民国家は、様々な程度と方法で、世界の「諸文明」と大陸を分裂させたりまとめたりしてきた。その拡大範囲と発展段階は、近代史の主要な鍵であり、いまや世界史の主要な鍵である。今では、政治的、軍事的、文化的、経済的な決定手段と権力手段が、国民国家内部で組織されている。ほとんどの人々が公的生活と私的生活を送っている制度と個別の生活圏はすべて、今では何かしらの国民国家へと組織されている。

もちろん社会科学者は、国民国家の社会構造だけを研究しているとは限らない。ポイントは、国民国家より小さいあるいは大きい単位の問題を、国民国家という枠組のなかで定式化する必要があると、社会科学者がとてもしばしば感じているということである。他の「単位」は、「国民以前」あるいは「国民以後」として最もよく理解される。もちろん、国民の単位は「文明」の一つに「属している」こともあり、その場合はたいてい、国民の宗教制度がいずれかの「世界宗教」の文明だという意味である。「文明」についてのそのような事実は、他の多くの事実とともに、今日の多様な国民国家を比較する方法についてヒントを与えてくれるかもしれない。しかし、たとえばアーノルド・トインビーのような著者によって使われているときには、「文明」はあまりにまとまりがなく不正確であり、社会科学の根本的な単位、「わかりやすい研究領域」となりえないように私には思われる。

包括的な作業単位として国家の社会構造を選ぶとき、私たちは適切なレベルの一般性を採用している。それはつまり、私たちの問題を断念せずにすみ、しかも今日の人間行動の細部と問題の多くに関係していることが明らかな構造的な力を考慮できるレベルである。さらに、国家の社会構造という作業単位を選ぶことによって、公的関心の対象である主要な問題を取り上げることが容易に可能となる。なぜならば今日、有効な権力手段、そしてそれゆえかなりの程度までは歴史形成の有効な手段が、善かれ悪しかれしっかりと組織されているのは、世界の国民国家内および国民国家間だからである。

もちろん、すべての国民国家が歴史形成の力について平等ではないことは確かである。非常な小国で他国に依存しているために、国内で起こることを理解するためには超大国を研究しなければならない国もある。しかしこれは、私たちの単位——国民——をどのように分類するのが実用的かということや、国民国家についての研究は必然的に比較研究になるという、別の問題にすぎない。また、すべての国民国家が相互作用しており、同じような伝統的文脈をもつためにまとまりを成している国民国家群があることも確かである。しかしそれは、私たちが社会研究にどんなサイズの単位を選んでも言えることである。そのうえ、特に第一次世界大戦以降は、独立可能なすべての国民国家が、ますます自給自足的になった。

ほとんどの経済学者と政治学者は、自分たちの根本単位が国民国家であることを自明視している。彼らは、関心が「国際経済」や「国際関係」にある場合でさえ、多様で独特の国民国家という観点を堅持し、研究しなければならない。人類学者が現状および継続的に行っていることは、もちろん、ある社会あるいは「文化」の「全体」を研究することであり、彼らが近代社会を研究している場合には、進んで国民の全体理解に努めるのであるが、その成功の程度は様々である。しかし、社会構造という概念をあまりしっかり把握していない社会学者——というよりも正確には調査専門家——はしばしば、国民という単位は大規模でうさんくさいと考える。これは明らかに、あまり金をかけずにもっと小規模な単位だけに携わることができるような「データ収集」を偏重するバイアスのせいである。これはもちろん、彼らが選んだ問題が何であれ、その問題に必要なものと、彼らの選んだ単位とが一致していないという意味である。その代わりに、問題も単位も、彼らの選んだ方法によって決められているのである。

ある意味で、本書は全体として、このバイアスへの反論である。私の考えでは、重要な問題を真剣に考察するようになれば、大半の社会科学者は、国民国家よりも小さな単位で定式化するのは非常に難しいことに気づくのである。これは、階層、経済政策、世論、政治権力の性質、仕事と余暇の研究に当てはまる。地方自治の諸問題でさえ、国民という枠組と十分に関連づけなければ、適切に定式化できない。したがって、国民国家という単位がお薦めできる経験的証拠は多いが、それらはいずれも社会科学の諸問題について研究した経験のある人なら誰でも知っているものである。

3 社会学と社会諸科学

社会構造という考え方は、社会科学に特有の単位だと主張されているが、歴史的には社会学と最も深く関連している。社会学者はその古典的な擁護者であった。社会学と人類学の伝統的な主題は、全体社会、あるいは人類学者が呼ぶように「文化」であった。ある全体社会の特定の特徴を研究する際にとりわけ「社会学」的なものは、全体の概念を得るために、その特徴を他の特徴と関連づけようとする絶え間ない努力である。すでに強調したように、社会学的想像力は、かなりの部分、この種の努力を重ねた賜物なのである。しかし今日ではそのような見方や習慣は、決して社会学者と人類学者に限られたことではない。かつては社会学や人類学の約束であったものは、社会科学全般の目標とされているだけでなく、少なくともたどたどしく実践されるようになった。

文化人類学の古典的伝統と今日の展開は、社会学的研究と根本的には区別できないように思われる。かつて、同時代の社会についての調査がほとんどなかった時代には、人類学者は、人里離れた場所の文字を知らない人々についてのデータを集める必要があった。他の社会科学――特に歴史学、人口学、政治学――は最初から、文字をもつ社会に蓄積された文書資料に頼ってきた。そしてこの事実によって、学問分野が分かれる傾向があった。しかし今では様々な種類の「経験的調査」がすべての社会科学で使われており、実際に調査技術を最も発展させてきたのは、歴史的社会と関わりをもつ心理学者と社会学者であった。もちろん近年では人類学者も、(多くはかなり遠い場所の)先進社会のコミュニティや国民国家をも研究してきた。同様に社会学者と経済学者も「発展途上の人々」を研究してきた。今日、人類学を経済学や社会学と正確に区別する、主題の境界や方法の違いは存在しない。

ほとんどの経済学と政治学は、社会構造のなかの特殊な制度領域に関心をもってきた。「経済」と「国家」に関して、政治学者はある程度、経済学者は大いに、研究者の世代を超えて持続する「古典的理論」を展開してきた。彼らは簡単に言うとモデルを作ったのだが、伝統的に政治学者は（社会学者と同様に）、経済学者ほどには自分たちのモデル作りを意識してこなかった。もちろん古典的理論は概念と仮説の構成からなり、その概念と仮説から演繹と一般化が行われる。次に演繹と一般化が、多様な経験的命題と比較される。この作業のなかで、概念と手続きと問いまでが、少なくとも暗黙のうちにコード化される。

これはいかにも結構だが、国家と経済にはっきりとしたつまり整然たる——そしておおむね相互排他的な——境界があるという形式的モデルは、経済学にとっては確実に、そしてやがては政治学と社会学にとっても同様に、不適切になる傾向がある。それは次の二つの事実による。(1)いわゆる発展途上世界の経済的政治的な発展と、(2)二〇世紀型の「政治経済」——全体主義的であり形式的には民主的でもある——の動向である。第二次世界大戦の結果は、注意深い経済理論家にとって、いやそれどころかその肩書きに値するすべての社会科学者にとって、破壊的かつ実り豊かであった。

単に経済学的な「価格理論」は、論理的には整っているかもしれないが、経験的に適切なものではありえない。そのような理論には、たとえばビジネス組織の経営陣と組織内外の意思決定者の役割についての考察が必要であるし、費用特に賃金についての予期の心理学への注意が求められる。小事業カルテルによる価格操作に対しては、その先導者たちを理解せねばならない。同じように、「利子率」を理解するためには、非人格的な経済の仕組みだけでなく、銀行家と政府役人の間の公私の往来についての知識がしばしば必要である。

私の考えでは、それぞれの社会科学者が社会科学に参加して、その際十分に比較を行う以外にできることはない。そしてそれは、今では完全に力強い重要な傾向であると私は信じている。比較研究は、理論的なものも経験的なものも、今日の社会科学の発展にとって最も将来有望な方向性である。そしてそのような研究は、統一された社会科学のなかで最もうまく行うことができる。

4　社会科学の統一とは何か

それぞれの社会科学が進歩するにつれて、そこでの相互作用は強くなった。経済学の主題は、ふたたび、当初の経済学の主題——「政治経済」——になりつつある。それは、一つの社会構造全体のなかで考察されることが増えている。ジョン・ガルブレイスのような経済学者は、ロバート・ダール（Robert Dahl）やデイヴィッド・トルーマン（David Truman）と同じくらい、政治学者である。それどころか、アメリカ資本主義の今日の構造についての彼の著書は、シュンペーターの資本主義と民主主義についての見解や、アール・レーザム（Earl Latham）の集団政治についての見解と同じくらい、一つの政治経済についての社会学的な理論である。ハロルド・D・ラスウェルやデヴィッド・リースマン（David Riesman）、ガブリエル・アーモンド（Gabriel Almond）は、心理学者や政治学者であるのと同じくらい、社会学者でもある。彼らは社会諸科学を出たり入ったりしており、彼らは皆どれでもある。ある人が、これらの「分野」のいずれかをマスターするのだとすれば、他の人たちの得意分野に、つまり古典的伝統に属するあらゆる人たちの領域に入らざるを得ない。もちろん彼らは、一つの制度的秩序を専門にしているかもしれないが、その制度的秩序に本質的なものを把握するのだとすれば、彼らは社会構造全体におけるその位置と、それゆえ他の制度領域との関係も理解するようになるだろう。というのもかなりの部分、一つの制度的秩序のすべての現実はこれら諸関係からなることが明らかになりつつあるからである。

もちろん、社会生活のあまりの多様性に直面して、社会科学者たちがその都度その都度、研究を合理的に分割してきた、と想定すべきではない。第一に、関係する学問分野はそれぞれが特有の要求や条件に対応して、それぞれ独自に発展してきた。何か包括的な計画の一部として展開されたものはない。第二に、これら複数の学問分野の関係については、多くの意見の不一致が当然あるし、どの程度の専門化が適切なのかについても意見の不一致がある。しかし今ではこのような不一致が知的困難と考えられることはなく、研究上の事実とみなすのが支配的な見解で、しかも私の考えでは、昨今ではしばしば、学問的にすら、それらは解決済みとされる傾向がある。

学問の知の内容について言えば、今日の中心的な事実は境界線がますます流動的になっていることである。概念はますます容易に、学問分野間で汎用される。一つの分野の語彙をマスターして、それを別の伝統的領域で巧妙に使うことだけでキャリア形成をしているような著名な人が何人かいる。専門化は存在するし、これからも存在するだろうが、それは、私たちが知っているような多かれ少なかれ偶然できあがった学問分野による専門化であるべきではない。それは問題に基づいて専門化されるべきであり、その問題の解決には、複数の学問分野に伝統的に属する知的能力が必要なのである。すべての社会科学者によってますます類似の概念と方法が使われるようになる。

あらゆる社会科学の形は、それぞれの分野のなかで知的に発展してきたものだが、制度的な「偶然」によっても決定的に影響されてきた。この事実は、主要西側諸国において、社会科学の形成のされ方がそれぞれ異なることからも明らかである。哲学や歴史学、人文学などのすでに確立された学問分野の寛容あるいは無関心が、社会学、経済学、人類学、政治学、心理学の分野形成にしばしば決定的な影響を与えた。実際、高等教育機関においては、そのような寛容あるいは不寛容が、社会諸科学が学部として存在するかどうかを決定した場合もある。たとえばオクスフォード大学やケンブリッジ大学には「社会学部」は存在しない。

社会科学の部門構成をあまり真剣に取り過ぎると、経済、政治、その他の社会制度がそれぞれ自律的なシステムであると想定してしまう危険がある。もちろん、すでに示したように、そのような想定はしばしば非常に有用な「分析モデル」を構築するのに使われてきたし、今も使われているのは確かである。一般化され、一学派の部門へと固定された「政治」や「経済」の古典的モデルは、一九世紀初期のイングランドの構造と、そしてとりわけアメリカ合衆国の構造におそらく近い。実際、歴史的に見ると、専門分野としての経済学と政治学は、近代西洋という歴史段階においては各制度的秩序が自律的領域であると主張されていたということから解釈されなければならない面がある。しかし、自律的な制度的秩序からなる社会というモデルは、社会科学でうまく機能する唯一のモデルではないことは確かである。私たちは、その一類型こそが知的な分業全体にふさわしい基礎だとみなすわけにはいかない。この理解は、いま社会諸科学を統一しようと働いている推進力の一つである。政治学、経済学、文化人類学、歴史学、社会学、そして心理学の少なくとも一つの主要部門、これらの分野のいくつかが、学問の理念的設計においてだけでなく大学課程の計画においても、非常に活発に融合してきた。

社会科学の統一によって提起される学問上の問題は、主に、ある時代ある社会に制度的秩序――政治、経済、軍事、宗教、家族、教育――がどう連関しているかという問題に関わっている。すでに述べたように、それは重要な問題である。複数の社会科学で行われている協力関係は多くの実際的な問題も提起しているが、それは、カリキュラム・デザインや学問的なキャリア・デザイン、言語の混乱、既存の求人市場がそれぞれの分野の卒業生向けに確立されてしまっていること、に関わる。社会科学における統一的研究に対する重大な障害は、入門的教科書が一つの学問分野しか扱っていないことである。「学問分野」の統合と境界設定は、他の研究業績よりも教科書に関して起こることが多いのだが、これほど不適切な場所は想像しにくい。しかし、たとえ結果的に生産者と消費者が不利になろうとも、教科書販売業者は実際に教科書にとても現実的な既得権益をもっているのである。教科書の統合とともに、概念や方法から社会科学を統合するという試みが、問題や主題は無視して行われてしまう。その結果、はっきり区別される「分野」という考え方は、堅固な強い問題領域ではなく、薄っぺらい〈概念〉に基づいている。それにもかかわらずこの〈概念〉を乗り越えるのは難しいが、今後もそうなのかはわからない。しかし学問分野の世界において、専門分化された生活圏にいまだに囚われている――しばしば安全な立場に身を置いていて強情な――人々を、ある種の構造的傾向がやがて圧倒することは、可能性にすぎないがありうるように思う。

ところで、多くの社会科学者は次のことを確かに理解している。つまり、個々の社会科学者が、同じ方向性をもつ社会科学の課題をより明確に認識することによって、「自分自身の学問分野」においても自分の目標を最もよく達成できるのである。今では、現場の研究者個人が、分野の「偶然の」展開を無視して、分野主義的な障害にあまり遭うことなく、自分自身の専門を選択して形成することはまったく可能である。そのような社会科学者が、重要な問題についての本物の感覚をもち、それを解決することに情熱的に関わるようになるにつれ、色々な学問分野でたまたま生まれたアイディアや方法をマスターしなければならないことはよくある。彼にとっては、社会科学のいかなる専攻も、知的に重要な意味で閉じた世界のようには思われない。また彼は、社会諸科学のなかの一つというよりも、要するに社会科学を実践しているのであって、最も興味をもって研究をしているのが社会生活のどんな領域であっても、そうなのだということを理解するようになる。

ディレッタントになることなく完全に百科全書的な精神をもつことはできない、とよく言われる。本当にそうなのか、私にはわからないが、もしそうであっても、少なくともちょっとした百科全書的な感覚を獲得することはできないのであろうか。社会諸科学の全分野のあらゆるデータ、概念、方法を本当にマスターすることは、絶対に不可能である。さらに、「概念の翻訳」やデータの詳細な注解によって「社会諸科学を統合」しようという試みは、たいてい形式張ったばかげた考えである。「総合社会科学」のコース編成の多くにおいて起こっていることの大半もそうである。しかしどんなにマスターし、どんなに翻訳、注解を重ね、コース編成を行ったところで、社会科学を統一したことにはならない。社会科学の統一が意味するのは、こういうことである。私たちの時代の重要な問題を提示して解決するためには、複数の学問分野からデータ、概念、方法を選ぶ必要がある。関心を持った問題をはっきりさせるためにデータと観点を使うために、一人の社会科学者が「学問分野をマスターする」必要などない。専門は、学問の境界線によってではなく、主題とする「問題」によって分化すべきである。私には、これがいま起きているように思われる。

第8章　歴史の利用

社会科学は、個人史の問題、歴史の問題、社会構造におけるその交差の問題を扱う。この三つ——個人史、歴史、社会——が人間の適切な研究の座標点であるということを主な根拠にして、この古典的な伝統を失っている現在のいくつかの社会学派の実践を批判してきた。現代の問題——それは今では人間のまさに本質についての問題を含んでいる——を適切に述べるためには、歴史が社会研究の軸であるという見方を一貫して実行しなければならないし、社会学的に根拠づけられ、歴史的に意味のある心理学をさらに発展させる必要性を認識しなければならない。歴史を使用せず、心理学的問題についての歴史的感覚がなければ、こんにち社会科学者は自分の研究を方向づけるポイントになるはずの問題を適切に述べることはできない。

I　歴史学と社会科学

歴史研究は社会科学であるかどうか、またそうみなされるべきかどうか、という退屈な議論は、重要でもないし興味もない。結論は、どんな種類の歴史家、どんな種類の社会科学者について話しているのか次第だということははっきりしている。事実とされるものを収集して、その「解釈」は控えようとする歴史家も明らかに存在する。彼らは、歴史の断片に熱中してしばしば成果を上げるが、それをもっと広範な出来事のなかに位置づけるのをしぶっているように思われる。歴史を超越して、来たるべき破滅あるいは来たるべき栄光という超歴史的なビジョンに耽る——これもまたしばしば成果をもたらすのだが——歴史家もいる。一つの学問分野としての歴史学は、詳細を掘り起こすことを促すと同時に、視野を広げて社会構造の展開のなかに時代を画す重要な出来事を見て取ることも奨励する。

おそらく、ほとんどの歴史家が関心を持っているのは、社会制度の歴史的変容を理解するために必要な「事実を確認」して、そのような事実を通常は物語《ナラティブ》という方法によって解釈することである。さらに、多くの歴史家は、自分の研究のなかで社会生活のあらゆる側面を取り上げることを躊躇しない。つまり歴史家の研究範囲は社会科学の範囲に等しい。とはいえ他の社会科学者と同じように歴史家も、政治史や経済史、観念史へと専門分化している場合があるが。歴史家が制度の型について研究する場合、彼らはある程度の期間にわたる変化を強調して、非比較的な方法で研究する傾向がある。他方で、多くの社会科学者が制度の型について研究する際には、歴史研究というよりは比較研究を行ってきた。しかしきっとこれは強調点の違いであり、共通の課題のなかでの専門性の違いにすぎない。

アメリカの歴史家の多くは、今のところ、色々な社会科学の概念、問題、方法から強い影響を受けている。最近バルザン（Jacques Barzun）とグラフ（Henry Graff）は次のように言った。おそらく「社会科学者は歴史家に対して、技術を近代化するように催促し続けている」が、その理由は「社会科学者は忙しすぎて歴史を読めず、違ったパターンで提示されると自分自身のデータを理解できない[1]」からである。

もちろん、歴史研究の方法については、多くの歴史家がふつう想像しているよりも多くの問題がある。しかし今日、方法よりも認識論についてあれこれ空想する歴史家もいるのだが、そのやり方では結局、歴史の現実からの奇妙な撤退にしかならない。ある種の「社会科学」が一部の歴史家に与える影響は、しばしばきわめて不幸なものであるが、その影響は今のところ、ここでくどくど議論する必要があるほど広まっていない。

歴史家の主要な使命は、人間の記録を間違いのない正確なものにしておくことであるが、これは一見単純だが実は難しい目標宣言である。歴史家は人類の組織的な記憶を代表しているが、書かれた歴史としてのその記憶は非常に影響を受けやすい。それは歴史家の世代ごとにしばしば非常に劇的に変化する。その理由は、その後のより詳細な調査によって、新しい事実と文書が記録に採り入れられるからだけではない。関心のポイントと、その記録が作られるときに流行っていた枠組が変化することでも、歴史は変わる。関心や枠組は、利用可能な無数の事実から取捨選択するときの基準となり、同時に事実の意味を解釈するときにはそれを導く。歴史家は、薄っぺらく慎重な解釈にとどまることによって、事実を選択していることを否定しようとするかもしれないが、それは避けられない。歴史が絶え間なく書き換えられる過程でいかに容易に歪められてしまうものかを知るためには、ジョージ・オーウェルの『一九八四年』(George Orwell) の想像力に富んだ予想は必要なかった。とはいえ、オーウェルの『一九八四年』はそれを劇的に強調したので、私たちの仲間の歴史家のなかには当然のことながらぞっとした者もいると期待しよう。

このような危険があるために、歴史家の企ては人文系学科の最も理論的なものの一つになるのであって、だからこそ、多くの歴史家がそれに気づかず平然としているのはそれだけ印象的である。実際、印象的であるが、かなり不安でもある。観点が厳密で一枚岩であり、主題が当然視されて歴史家がそれに気づくことのない時代も存在したのであろう。しかし現代は違う。「理論」なき歴史家は歴史を書く素材を提供できるかもしれないが、自分で歴史を書くことはできない。そのような歴史家は読者を楽しませることはできても、正確な記録をとることはできない。今そのような仕事をするために注意しなければならないのは「事実」だけではない。

歴史家の著書は、すべての社会科学にとって不可欠な巨大なファイルと考えることができるかもしれない。これは有益な正しい見方だと思う。また、一つの学問分野としての歴史学は、すべての社会科学を包含するとみなされることもある——しかしそうみなすのは、少数の見当違いの「人文主義者」だけである。この二つよりも根本的な見解は、すべての社会科学——あるいはより適切に言うと、すべてのよく考えられた社会研究——には、概念が歴史的な視野をもっていることと、歴史的素材を十全に利用することが必要だというものである。この単純な意見こそ重要なアイディアであり、私はこれに賛成である。

おそらく最初に、社会科学者が歴史的素材を使うことに対する、一つのよくある反論に向き合うべきであろう。そのような素材は不正確だったりよく知られていないものなので、より確定された、より正確な最新の素材と一緒に使うことはできない、というような考え方である。もちろんこの反論は、社会探究の非常に厄介な問題を指摘してはいるが、情報と認めるものを狭く限定しないかぎり、まったく説得力がない。すでに論じたように、厳密な一つの方法の制約ではなく、その人の問題が要求する条件こそが、古典的社会分析においては優先して考慮されるべきであるし、これまでもそうであった。さらに、その反論はある特定の問題にしか適切ではないし、実は逆のことが多いのかもしれない。つまり、多くの問題については、私たちは過去についてのみ適切な情報を得ることができるのである。公式、非公式の秘密主義という事実と、広報活動の広範な利用は、私たちが過去と現在についての情報の信頼性を判断するときに、確実に考慮しなければならない現代的事実である。右の反論は、一言でいうと、方法論的禁制の別バージョンにすぎないのであり、政治的に沈黙する人の「何も知らない」イデオロギーの特徴であることが多い。

2 歴史としての現在

歴史家はどのくらい社会科学者なのか、また社会科学者として振る舞うべきなのか、ということよりも重要なのは、社会科学ははたして歴史的な学問なのかという、より論争的な問題である。社会科学者は、自分の使命を果たすために、あるいはそれをはっきり述べる場合にさえ、歴史の素材を利用しなければならない。歴史の性質について超歴史的理論を想定するとか、社会のなかの人が非歴史的存在であると想定しないかぎり、社会科学が歴史を超越するとは想定できない。その名に値するすべての社会学は、「歴史社会学」である。それは、ポール・スウィージー（Paul Sweezy）のうまい言い回しを借りれば、「歴史としての現在」を書く試みである。歴史と社会学の間のこの親密な関係には、いくつか理由がある。

(1)なにが説明されるべきか述べるときでさえ、それに必要となる射程を提示しうるのは、人間社会の歴史的多様性についての知識だけである。時代と社会が異なれば、ある特定の問い――たとえばナショナリズムの諸形態と軍国主義の諸類型との関係――の答えも異なる。それは、問いそのものがしばしば定式化され直されなければならないという意味である。私たちは、社会学的な問題を適切に問いかけるだけでも、歴史によって提供される多様性を必要とするのであり、いわんやそれに答えるためにはなおさらである。私たちが提出する答えや説明は、いつもというわけではないが、しばしば比較の観点をとる。私たちが理解しようとしていることが、奴隷制の諸形態であろうと、犯罪の特殊な意味であろうと、家族や農民共同体や集団農場の諸類型であろうと、その本質的な条件が何かを理解するためには、比較が必要である。私たちの関心が何であれ、それを多様な状況下で観察しなければならない。さもなければ平板な記述にとどまる。

そうならないためには、私たちは、現在のものだけでなく歴史的なものも含めて、入手できる範囲の社会構造を研究しなければならない。現存する事例をすべて網羅するのは無理にしても、そうした範囲を考慮しなければ、経験的に適切な叙述はできない。簡単に言うと、社会のいくつかの特徴にまたがる規則性あるいは関係は、はっきり認識されない。社会の歴史的諸類型は、私たちの研究対象のきわめて重要な一部分でもあるし、その説明にとっても不可欠である。私たちの研究からそのような素材——人間が何を行い、何になったかの全記録——を排除するのは、母親を無視して出生過程を研究しようとするようなものであろう。

もし私たちが現代のある一つの社会（通常は西洋社会）の国民単位しか見ないならば、人間の諸類型や社会の諸制度の間にある、実は根本的な多くの差異を理解することは望めない。この一般的真理は社会科学の研究にとってはかなり特殊な意味がある。つまり、一つの社会の一断面においては、信念、価値、制度形態に共通の特徴があまりに多いので、私たちの研究がどんなに詳細で正確であっても、この一つの社会のこの一瞬を見るのでは、人々の間、制度の間にある、真に重要な差異が見つかることはないだろう。実際、ある時ある場所についての研究は、多くの場合、均質性を前提あるいは含意しているが、もし本当に均質なのであれば、その均質性こそが問題として取り上げられなければならない。それは今日の実際の調査においてはサンプリング手法の問題へと還元されることが多いが、それでは実りの多いものにはならない。ひとつの時間と場所という範囲のなかでは、均質性を問題として定式化することはできないのである。

社会は、特定の現象の多様性には幅があるし、より一般的な意味では社会的均質性の程度も異なる。モリス・ギンズバーグ（Morris Ginsberg）が述べたように、もし私たちが研究しているものが「同じ社会のなかで、あるいは同じ時代に、個々に十分に多様であれば、その社会や時代の外に出ることなく、実在する関連性を立証できるかもしれない」[2]。本当にそうである場合も多いが、しかし通常はあまり確実ではないので、単純に前提はできない。それが本当かどうかを知るために、しばしば私たちは自分の研究を社会構造の比較として設計しなければならないのである。それを適切に行うためには、通常、私たちは歴史が提供してくれる多様性を利用する必要がある。社会の――近代の大衆社会、あるいは好対照の伝統社会におけるような――均質性という問題は、現代社会と歴史的社会の範囲を比較という方法で考察しなければ、適切に述べることさえできないし、いわんや十分に解決することなどできない。

たとえば、「公衆」と「世論」といった政治学の基本テーマの意味は、そのような作業なしでは明確にできない。もし私たちがより幅広く研究しなければ、しばしば皮相的で誤解を招く結果にならざるを得ない。たとえば、政治的無関心が西洋社会における現代の政治状況の主要な事実の一つであるという言明に反論があるとは思えない。しかし、比較の視点も歴史の視点もない「投票者の政治心理学」研究で見られる「投票者」――または「政治的人間」――の分類は、そのような無関心を本当の意味では考慮していない。それどころか、政治的無関心という歴史特殊的な概念や、ましてやその意味は、そのような投票研究の通常の観点では定式化できない。

産業化以前の世界の農民について「政治的に無関心」だと言うのは、現代の大衆社会に件に対する政治制度の重要性は、この二種類の社会ではまったく異なる。第一に、生活様式や生活条件に対する政治制度の重要性は、この二種類の社会ではまったく異なる。第二に、政治に関与するようになる形式的な機会が異なる。そしてさらに、近代西洋のブルジョア民主主義の民主化過程で政治にかかわる期待が一貫して高まったが、この期待は産業化以前の世界においては必ずしも高かったわけではない。「政治的無関心」を理解し、説明し、現代社会に対するその意味を把握するためには、無関心のきわめて多様な種類と条件を考慮する必要があり、そうするためには、私たちは歴史的で比較可能な素材を検証しなければならない。

(2)歴史に無関心な研究は、通常、限定された生活圏の、静的あるいは非常に短期的な研究になりがちである。それは当然予想されることだ。というのは、私たちがより大きな構造に気づきやすくなるのは、それが変動しているときであり、そのような変化に気づく可能性が高いのは、適切な歴史的スパンを含むように視野を広げるときだけだからである。それゆえ、小さい生活圏と大きな構造がどのように相互作用するのかを理解し、これらの限定的生活圏のなかで働く大きな原因を理解できるようになるためには、私たちは歴史的素材を扱わなければならない。構造という中心的な用語のあらゆる意味を意識し、限定的な生活圏の私的問題と公的問題を適切に述べるためには、社会科学を歴史的な学問分野として認識し、実践する必要があるのである。

歴史的研究は、私たちが構造に気づく可能性を高めるだけではない。たった一つの社会を静的なものとして理解することさえ、歴史的素材を利用しなければ望めない。社会のイメージは、歴史特殊的なイメージである。マルクスの言う「歴史的特殊性の原理」は、第一に、いかなる特定の社会でも、それが存在する固有の時代の観点で理解すべきだという指針である。「時代」がどのように定義されるのであれ、ある特定の時代に一般的である制度、イデオロギー、男女の諸類型は、一つの独特なパターンのようなものを構成する。これは、そうした歴史的類型は他の類型と比較できないという意味ではないし、そのパターンは直感的にしか把握できないという意味でもない。その意味は、この歴史的類型のなかで、変動の多様なメカニズムがある独特な種類の交差をするようになるということであり、これが歴史的特殊性の原理の第二の内容である。このメカニズムのことを、カール・マンハイムは――ジョン・スチュアート・ミルにならって――「媒介原理」と呼んだが、それこそが、社会構造に関心をもつ社会科学者が把握しようとしているメカニズムなのである。

初期の社会理論家たちは、社会の不変の法則――自然科学の抽象化された手続きが、「自然」の質的な多様性の下で共通している法則を導いたのとまったく同じように、すべての社会に当てはまる法則――を定式化しようとした。私の考えるところ、いかなる社会科学者によっても、ある時代に特有の構造に関係しているものと理解してはならない超歴史的「法則」が明言されたことはない。他の「法則」は結局のところ、空虚な抽象であるか、あるいはまったく混乱したトートロジーになる。「社会の法則」やさらには「社会の規則性」の唯一の意味は、ある歴史特殊的な時代のなかの社会構造について発見――そう言ってよければ構築――するような、「媒介原理」である。私たちは、歴史変動の普遍原理を知らない。私たちが実際に知っている変動のメカニズムは、研究している社会構造によって変化する。なぜならば、歴史変動とは、社会構造の変化、つまりその構成要素間の関係の変化であるからである。社会構造が多様であるのと同じように、歴史変動の原理も多様なのである。

(3)ある社会を理解するためには、その社会の歴史についての知識が不可欠であることがよくある。これは、経済学者や政治学者、社会学者が、一度でも自分の先進工業国を離れて、中東やアジア、アフリカの異なる社会構造の制度を研究すると、きわめてはっきりする。彼は「自分自身の国」の研究において、しばしば歴史を密輸入してきた。歴史についての知識が、彼が研究で使うまさにその概念のなかに埋め込まれている。彼が取り上げる範囲を拡げ、比較を行うとき、歴史的なものは理解したい対象に固有のものであり、単なる「一般的背景」ではないと気づくようになる。

現代においては、西洋社会の問題はほとんど必ず世界の問題である。私たちの時代は、その多様な社会的世界が本格的で急速で明白な相互作用をしている初めての時代である。このことは、おそらく私たちの時代を定義する一つの特徴である。私たちの時代の研究は、このような複数の世界とその相互作用の比較研究でなければならない。おそらくそれゆえに、かつては人類学者のエキゾチックな保護区であった国々が、今では世界の「発展途上諸国」になり、政治学者や社会学者と同様に、経済学者も、普通は研究対象のなかに発展途上諸国を含めるようになったのである。それゆえ、現代の最もすぐれた社会学のなかには、世界の諸地域についての研究もあるのである。

比較研究と歴史研究とは、互いに非常に深く絡み合っている。時間を超越した平板な比較では、今日の世界に存在するような、低開発、共産主義、資本主義の政治経済を理解することはできない。分析の時間的範囲を拡大しなければならないのである。いま目の前にある事実を比較して理解・説明するためには、歴史的諸段階を知らなければならないし、様々な速度と方向の開発や未開発の歴史的理由を知らなければならない。たとえば、一六、一七世紀に西洋人によって北米とオーストラリアに建設された植民地は順調に産業が栄えて資本主義諸国になったが、インド、ラテンアメリカ、アフリカの人々が二〇世紀になっても貧しく低開発の農民にとどまっている理由を、知らねばならない。

こうして、歴史的観点は諸社会の比較研究につながる。現代のいかなる西洋国についても、その国の歴史という観点だけでは、それがたどってきた主要な段階や、あるいはそれが今日とっている形を、理解あるいは説明することはできない。単に、歴史的現実のなかでひとつの国が他の社会の発展と相互作用をしたと言っているのではない。他の社会と対比・比較しながら理解しなければ、このひとつの社会構造の歴史的・社会学的問題を定式化する思考さえできない、と言っているのである。

(4)私たちの研究がはっきりとした比較研究ではない場合でも——一国の社会構造のある限定された領域に関心をもっている場合であっても——、歴史的素材は必要である。社会的現実をいたずらに踏みにじる抽象という行為によってのみ、私たちはある決定的瞬間の固定を試みることができる。もちろんそのような静止状態について、一瞥したり広範囲な概観を組み立てることもあるが、それだけで研究を終わらせるわけにはいかない。私たちの研究対象は最もシンプルな記述的レベルでも変化しやすいことを考えれば、顕著な趨勢は何なのかと問わねばならない。その問いに答えるためには、少なくとも「何から」の変化であり「何へ」の変化であるのか、述べなければならない。

私たちの述べる趨勢は、きわめて短期間のものかもしれないし、一時代の長きにわたるものかもしれない。それはもちろん私たちの目的次第であろう。しかし通常は、研究の規模にかかわらず、かなり長期の趨勢を論じる必要がある。歴史的な視野の狭さの克服だけが目的にせよ、たいていは長期の趨勢が必要とされる。歴史的な視野の狭さとは、現在はある種の自律的な創造であるという想定である。

現代の社会構造のダイナミックな変動を理解したければ、社会構造の長期的展開を認識しようとしなければならない。そしてその観点で、これらの趨勢が生じ、この社会の構造が変化しているメカニズムは何かを問わねばならない。まさにこのように問うときに、趨勢に関する私たちの関心が頂点に達するのである。その頂点は、一つの時代から別の時代への歴史的移行および、私たちが一つの時代の構造と呼ぶものに関わっている。

社会科学者は、現代の性質を理解して、その構造のアウトラインを描き、そのなかで働いている主要な力を認識したいと思っている。それぞれの時代は、適切に定義されるならば「一つのわかりやすい研究分野」であり、それぞれに特有の歴史形成メカニズムを示す。たとえば歴史形成におけるパワー・エリートの役割は、制度化された決定手段の集中度によって異なる。

「近代という時代」の構造とダイナミズム、そしてそれには本質的で独特な特徴があるという発想は、一般に認められていないことも多いが、社会科学の核となるものである。政治学者は近代国家を研究する。経済学者は近代資本主義を研究する。社会学者は――特にマルクス主義と対話するなかで――問題の多くを「近代の特徴」という観点で提起し、人類学者は近代世界に対する感覚を使って、文字をもたない社会を説明する。おそらく、近代社会科学——社会学に劣らず、政治学、経済学も——の古典的問題のほとんどは、実際のところ、かなり特殊な一つの歴史解釈と関わっていた。つまり、「西洋近代」の都市産業社会の出現、構成要素、形を、通常は封建時代と対比して解釈してきた。

社会科学で最もよく使われる概念の多くは、封建時代の農村共同体から、近代の都市社会への歴史的な移行と関わっている。メイン（Henry James Sumner Maine）の「身分」と「契約」、テンニース（Ferdinand Tönnies）の「ゲマインシャフト」と「ゲゼルシャフト」、ヴェーバーの「身分」と「階級」、サン＝シモン（Claude Henri de Rouvroy Saint-Simon）の「三段階」、スペンサーの「軍事型」と「産業型」、パレート（Vilfredo Pareto）の「エリートの周流」、クーリー（Charles H. Cooley）の「一次集団と二次集団」、デュルケームの「機械的」と「有機的」、レッドフィールド（Robert Redfield）の「都鄙」、ベッカー（Howard S. Becker）の「聖」と「俗」、ラスウェルの「取引社会」と「軍事国家」——これらは、いかに一般的に使われていようとも、すべて歴史に根ざした概念である。歴史的な研究をしているつもりがない者でさえ、そのような用語を使うことによって、歴史的趨勢についての考えや、さらには時代感覚をさらけ出してしまうのが普通である。

「近代という時代」の形とダイナミズム、およびその危機の性質に対するこのような注意深さという観点でこそ、「趨勢」に対する社会科学者の標準的な関心が理解されるべきである。私たちは、出来事の真の理由を調べ、それを秩序立てて理解しようとして、趨勢を研究する。そのような研究において、私たちはしばしば、今より少しだけ先の各趨勢に焦点を合わせ、そしてより重要なことには、すべての趨勢を、その時代の全体構造のなかで動いている部分として、同時に見ようとする。いわばすべての趨勢を一緒に見ようと努力するよりも、それをバラバラに一つずつ認識するほうが知的には簡単である（政治的にも得策である）のはもちろんである。まずこれについて、次にあれについて、とバランスのとれた小さな論文を書いている学者ぶった経験主義者にとっては、「全体を見る」試みはしばしば「過激な誇張」に思われる。

もちろん、「全体を見る」試みには多くの知的危険がある。第一に、ある人が全体とみなすものを別の人は単なる一部とみなすのであって、大局的な視野がない場合、記述する必要があることが多すぎて、全体を見る試みは圧倒されてしまう。もちろん、全体を見る試みはバイアスがかかっているかもしれない。しかし、最もバイアスがかかるのは、全体という考え方を無視して、くわしく調べられる細部を選択するときだと私は思う。そのような選択は恣意的であるに違いないからである。また歴史志向の研究においては、私たちは「予言」と「記述」を混同しがちである。しかしこの二つははっきり分かれているわけではないし、趨勢を見る方法はその二つだけではない。「私たちはどこに向かっているのか？」という問いに答える試みのなかで、私たちは趨勢を考察できる——そしてそれは、社会科学者がしばしば行おうとしていることなのである。その際に私たちが行おうとしているのは、歴史のなかに引きこもるのではなく、歴史を研究することであり、「単にジャーナリスティック」にならずに、現在の趨勢に注意を払うことであり、単なる予言者にならずに、これらの趨勢の未来について判断することである。これはすべて行うに難しではある。私たちは、歴史的素材を扱っているということ、それは非常に急速に変化すること、逆の傾向も存在するということを忘れてはならない。そして私たちは常に、きわどい現在の緊急性と、時代全体に特有な趨勢の意味を明らかにするために必要な一般性との間でバランスを取る必要がある。しかしなによりも、社会科学者はいくつかの主要な趨勢を同時にまとめて見ようとしている。つまり、バラバラの生活圏で起こり、合わさって新しい何かが生まれることもないし、そもそも合わさることもないような出来事として見るのではなく、構造的に見るのである。こうした構造的な目標ゆえに、趨勢の研究はある時代の理解にとって重要になるのであり、そのためには歴史の素材を十全かつ上手に使う必要がある。

3　現代社会の歴史的特殊性

今日の社会科学に行き渡っている「歴史の利用法」が一つある。それは実際には、真の利用というよりも儀礼的な利用である。私が言っているのは、「歴史的背景の素描」として知られている、短い退屈な埋め草のことである。現代社会の研究は、しばしばその前置きで始まり、「歴史的な説明」として知られるアドホックな手続きが続く。そのような説明は、ある単一の社会の過去に基づいているが、適切であることは稀である。これについて言うべきことは三点ある。

第一に、歴史から脱するために歴史を研究しなければならないことがしばしばあるという点を認めねばならない。どういう意味かというと、しばしば歴史的説明として受け取られているものは、説明されるべきことを述べた部分として受け取るほうがよいということである。あるものを「過去から続いていること」として「説明」するよりも、「それはなぜ続いてきたのか?」と問うべきである。研究しているものが何であれ、それが経由した段階によって、答えはたいてい変化することがわかるだろう。次に、それぞれの段階に対して、その段階はどんな役割を果たしたのか、それはいかにしてなぜ次の段階に移行したのか、を見出そうとする。

第二に、現代社会の研究において非常にしばしばよい習慣だと思うのは、まずは現在の諸特徴をその現在の機能という観点で説明しようとすることである。これが意味するのは、現在の諸特徴を、同時代の周辺状況の一部として、さらにはその状況の他の特徴に起因するものとして、位置づけて見るということである。それを定義し、明確に記述し、その構成要素を特定するだけのためであっても、ある程度狭い——ただしもちろん歴史的な——

範囲から始めるのがよい。

諸個人の成人問題についての研究のなかで、新フロイト派の一部――最も明確なのはおそらくカレン・ホーナイ（Karen Horney）――は、同じような順番の手続きを利用するようになったようにみえる。性格の現在の特徴と背景について調べ尽くした後に初めて、遺伝学的、生物学的原因に戻るのである。そしてもちろん、人類学の機能主義学派と歴史学派の間には、問題全体をめぐる古典的議論が起こってきた。その理由の一つは、「歴史的説明」は保守イデオロギーになってしまうことがあまりに多いからだと思う。つまり制度は長い時間をかけて進化するものなのだから、性急に変更されることはない、というわけである。もう一つの理由は、歴史意識はある種のラディカルなイデオロギーの基礎になってしまうことがあまりに多いからである。つまり制度は結局一時的なものなのだから、これらの特定の諸制度は永遠でもなければ人間にとって「自然」でもなく、それもまた変化するであろうというわけである。いずれの見方も、ある種の歴史的決定論さらには歴史的必然性に基づくことが多いが、たぶんそれは静観――そして歴史がどのように作られてきたのか、どのように作られうるのかについての誤った観念――を招く。私は、自分が頑張って獲得してきた歴史感覚を弱めたいわけではないが、歴史の運命という概念を保守的あるいはラディカルに使用することによって、自分の説明方法を補強したいわけでもない。後で説明するつもりだが、私は普遍的な歴史的カテゴリーとしての「運命」を認めない。

私の最後の論点はさらに論争的であるが、だとしても、かなり重要な点である。私の考えでは、時代や社会を理解するために「歴史的要因」を直接参照する必要があるかどうかは、時代や社会によって違う。その社会の理解のためには「歴史的過去」が間接的にしか重要でないような、そのような歴史的性質をもつ時代と社会もあるかもしれない。

もちろん、貧困、伝統、病、無知の循環に何世紀も陥っている、変化の緩慢な社会を理解するためには、歴史的背景と、歴史の恐ろしい自縄自縛の永続的な歴史的メカニズムを研究する必要があるのは明らかである。その循環とそれぞれのメカニズムの説明には、非常に根本的な歴史分析が必要である。まず初めに説明されるべきことは、全循環のメカニズムである。

しかしたとえばアメリカや北西ヨーロッパ諸国、オーストラリアの現状は、歴史の強固な循環に陥ってはいない。この種の循環――イブン・ハルドゥーン[3]（Ibn Khaldoun）の砂漠の世界におけるような――が人々をとらえているわけではない。歴史の循環といった観点でそれら諸国を理解しようとする試みは、すべて失敗したと私には思えるし、それどころか、超歴史的ナンセンスになる傾向がある。

簡単に言うと、歴史の重要性それ自体が、歴史的特殊性の原理の影響を受けるのである。確かに、「すべてが過去からやって来た」と言われるのが常かもしれないが、しかしその

「過去からやって来る」というフレーズの意味が問題なのである。世界には、まったく新しいことが存在することもある。つまり、「歴史は繰り返す」し「歴史は繰り返さない」。それは社会構造と時代によるのであって、その歴史に私たちは関心をもつのである。[4]

この社会学的な原則は、今日のアメリカにも適用できるかもしれない。私たちの社会は、他の多くの社会と時代と比べ、歴史的な説明が重要ではない段階の社会なのかもしれない。このことは、アメリカの社会科学のいくつかの重要な特徴を理解する助けとして大いに役に立つと私は考える。(1)現代の西洋社会、あるいはさらに狭くアメリカにしか関心をもたない多くの社会科学者たちが、自分の研究に歴史研究は重要ではないとみなしているのはなぜなのか。(2)今日、「科学的歴史学」について語り（私にはかなり乱暴な主張だと思えるのだが）、そしてきわめて形式主義的ではっきりと歴史に無関心でさえある技術を研究に用いようとする歴史家がいるのはなぜなのか。(3)また、歴史学とは実にデタラメなものであり、リベラル、保守どちらの立場をとるにしても、現在のイデオロギー的利用のために過去についての神話を作っているのである、という印象を、非常にしばしば私たちに与える歴史家もいるのはなぜなのか。新聞の日曜版は特にそういう印象を与える。アメリカの過去は、確かに幸せなイメージのすばらしい源泉である。そして——もし歴史が今日的にはあまり重要ではないということについて私が正しいのであれば——その事実そのものが、そのような歴史のイデオロギー的利用をそれだけ簡単にしている。

社会科学の使命と約束にとっての歴史的研究の重要性は、もちろん、この「アメリカ型」社会構造の「歴史的説明」に限定されるわけではない。さらに、歴史的説明の重要性は異なるというこの考え方は、それ自体が歴史的なアイディアなので、それは歴史的根拠に基づいて議論し検証されねばならない。この一つの現代社会の類型にとってさえ、歴史の重要性を軽視しすぎる可能性はある。ある社会に、ある歴史段階が欠如して**いる**ことに私たちが気づくのは、比較研究によるしかないのであって、しばしばこの欠如は、その社会の現在の形を理解するためにまったく不可欠なのである。封建時代の欠如は、エリートの性質や極端な地位流動性といったアメリカ社会の多くの特徴にとって本質的な条件であるが、この欠如が、階級構造の不足や「階級意識の不足」と非常にしばしば混同されてきた。社会科学者は、〈概念〉と技術を形式的に偏重しすぎることによって歴史から撤退しようとしているのかもしれない――実際、多くの社会科学者はいま撤退している。しかし撤退するためには、歴史と社会の性質について、有益でもなければ正しくもない想定をする必要がある。私は言葉を注意深く選んでいるが、このように歴史から撤退することによって、この一つの社会の最も現代的な諸特徴を正確に理解することが不可能になる。それは歴史的な構造であり、歴史的特殊性という社会学的原則を導きの糸としなければ、それを理解することは期待できない。

4　人間性の本質

社会心理学と歴史心理学の諸問題は、多くの点で、私たちがこんにち研究できる最も面白い問題である。それどころか西洋文明の主要な知的伝統が合流して、いま最も刺激的なのは、この分野である。現代の、この分野である。現代において「人間性の本質」――啓蒙主義から受け継いだ人間の生成的イメージ――が問われてきたのは、この分野である。全体主義政府の勃興によって、民族学的相対主義によって、人間の大きな潜在的非合理性の発見によって、人々が歴史的にきわめて急速に変容しているように見えることによって、人間性の本質が議論の対象になってきた。

人々が個人史を生き、どのような個人になるのかということは、その日常生活の生活圏が組織されている歴史的構造と関係なしに理解できないことがわかってきた。歴史的変容は、個人の生活様式だけではなく、人間の性格そのもの――人類の限界と可能性――に対しても意味がある。絶えず変化する国民国家は、歴史形成の単位でもあるが、そのなかで多様な男女が選ばれ形成され解放され抑圧される単位でもある――それは人間を作る単位である。それは、民族間と国家ブロック間の争いが、中東、インド、中国、アメリカで最終的にどのような種類の人間が優勢になるのかという争いでもある一つの理由である。それが、いま文化と政治が非常に密接な関係にある理由であり、社会学的想像力にかなりのニーズと需要がある理由である。というのも私たちは、「人間」を、孤立した生物学的動物として、反射作用の束として、一組の本能として、「わかりやすい分野」として、それ自体一つのシステムとしては、適切に理解できないからである。人間が社会的歴史的行為者でもあることは確かなのだから、それを理解しようとするのであれば、社会的歴史的構造との密接で複雑な相互作用において理解しなければならない。

もちろん、「心理学」と「社会科学」の関係についての議論に終わりはない。その議論の大半は、「個人」と「集団」についての多様なアイディアを統合しようとする形式的な試みであった。それらはすべて、誰かにとって何かの点で有益であることは疑いないが、幸いなことに、ここで社会科学の範囲を定式化しようとする私たちの試みにおいては、これまでの形式的な試みが関心を引くとはかぎらない。心理学者が自分たちの研究分野をどのように定義しようとも、経済学者、社会学者、政治学者、人類学者、歴史学者は、人間社会についてのそれぞれの研究において、「人間性」についての仮説を立てなければならない。その仮説が今では通常、「社会心理学」という境界線上の学問分野になる。

この分野への関心が高まってきたのは、心理学が、歴史学同様、社会科学の研究にとって非常に根本的だからである。心理学者がそこに含まれる問題に目を向けない場合は、社会科学者が自ら心理学者になってきたほどである。経済学者は、長い間、社会科学者のなかで最も形式が整っていたが、彼らは、経済制度の適切な研究の心理学的基礎として、快楽主義的で打算的な古い「経済人」を想定することはもはや不可能であると気づいた。人類学の内部では、「パーソナリティと文化」に対する強い関心が生じている。心理学のみならず社会学においても、「社会心理学」は今では活気のある研究分野である。

以上のような知的展開に反応して、「社会心理学」の多様な研究を始めた心理学者もいるが、明確に社会的な要因を切り離して研究分野を維持するために、様々な方法で心理学を再定義しようとしてきた心理学者もおり、また自分の活動を人間生理の研究に限定した心理学者もいる。私はここで心理学——いま大きく分裂している学問分野——内部の学問的専門分野について調べたいわけではないし、ましてやそれについて判断を下したいわけでもない。

通常アカデミックな心理学者にははっきり取り上げられてこなかったが、それにもかかわらず、心理学者に対しても、私たちの知的生活全体に対しても、影響を与えてきた心理学的思想の一つのスタイルがある。精神分析、とりわけフロイト（Sigmund Freud）自身の業績においては、人間性の本質という問題がとても幅広く述べられる。簡単に言うと、過去一世代の間に、一部の柔軟な精神分析家とその影響を受けた人々による二つの進歩があった。

第一に、個人の有機体の生理学が乗り越えられ、実に恐ろしいメロドラマ的事件が起こっている家族という小集団についての研究が始まった。フロイトは医学という意外な視点から、出生家族における個人の分析を発見したと言えるかもしれない。もちろん、家族が人に「影響」を与えることは知られていた。新しかったのは、フロイトの視点では、社会制度としての家族が、個人の内的性格と人生の運命にとって本質的になったということであった。

第二に、特に超自我に関する社会学的研究とでも呼ぶべきものによって、精神分析のレンズを通した社会的要素の意味が拡張された。アメリカでは、精神分析的伝統に対して、起源のまったく異なる伝統が合わさり、ジョージ・H・ミード (George H. Mead) の社会的行動主義において早くから盛り上がるようになった。しかしその後、限界あるいは躊躇がやってきた。今では明らかに、小規模な「個人間関係」の環境に目が向けられている。しかし、そのような人間関係そのものとそれゆえ個人そのものが置かれる、もっと広い文脈には目が向けられてこなかった。もちろん例外も存在する。顕著なのはエーリッヒ・フロム (Erich Fromm) だが、彼は経済制度と宗教制度を関連づけ、個人の諸類型に対するその意味を明らかにした。躊躇が広まる一つの理由は、精神分析家の社会的役割が限定的なことである。その仕事と観点は、職業的に患者個人に結びつけられており、仕事が専門化されている状況で精神分析家が容易に気づける問題には限界がある。残念だが、精神分析は、学問的調査の確固とした不可欠な存在にはなっていない[5]。

精神分析的研究が次にすべきことは、特定の類型の親族制度に対して非常に見事なかたちでフロイトが始めたことを、他の制度分野に対して完全に行うことである。必要なのは、制度的秩序の構成物としての社会構造という考え方である。各制度的秩序を、フロイトが一定の親族制度を研究したように、心理学的に研究しなければならない。私たちはすでに精神医療――実際の「個人間」関係の治療――において、困難な中心的問題について疑問を提起し始めている。それは、価値と規範の根拠が、個人の本質的な生理的要求とされるものにあると考える傾向である。しかし、もし個人のまさに本質が、社会的現実との密接な関連なしには理解できないのであれば、私たちはそのような関連においてそれを分析しなければならない。そのような分析には、個人を、個人史的な存在として様々な個人間の生活圏のなかに位置づけるだけでなく、生活圏を、それを形成する社会構造のなかに位置づける必要がある。

5　心理の社会学

社会心理学全体だけでなく精神分析の発展にも基づいて、社会科学の心理学的関心を手短に述べることができる。私がここでごくごく手短に列挙する論点は、最も成果が出そう

だと私がみなしているものか、あるいは少なくとも研究に携わる社会科学者から見ると論理的な仮説であるものだけである。(6)

ある個人の生活は、その個人史が生きられる制度との関係なしに適切に理解することはできない。というのもこの個人史は、獲得、落伍、軌道修正、そして最も個人的な意味では一つの役割から別の役割への移動の記録だからである。人はある特定の種類の家族の子どもであり、ある特定の種類の子ども集団の遊び仲間であり、学生、工員、職長、将軍、母親である。人生の大半は、特定の制度内部でそのような役割を演じることから成っている。ある人の個人史を理解するためには、その人がどんな役割を演じてきて、今なにを演じているか、それはどんな重要な意味をもっているかを理解しなければならないし、その役割を理解するためには、それが組み込まれている制度を理解しなければならない。

しかし、人間を社会的創造物として見ることで、個人史を単に社会的役割の連続として表面的に理解するよりも、はるかに深い追求が可能になる。そのような見方には、人間の最も内面的で「心理的な」特徴、とりわけその自己像、良心、それどころか彼の精神の明白な成長を理解することが必要である。おそらく、近年の心理学と社会科学で最もラディカルな発見は、人間の最も内面的な特徴のいかに多くが、社会的にパターン化されており、教え込まれてさえいるのかという発見である。分泌腺と神経組織の範囲は広いのであって、その広い範囲内で、恐れや憎しみや愛や怒りという多種多様な感情が、社会的な個人史と文脈のなかで経験され表現される。感情は、このような密接かつ継続的な関係において理解されなければならない。感覚器官の生理機能の範囲も広いのであって、私たちの物質界の認識そのもの、私たちが区別する色、気づく香り、聞こえる音は、社会的にパターン化され、社会的に境界を定められている。人間の動機づけは、ある社会で安定した納得を与えている動機の語彙によって、そしてそうした語彙の社会的な変化やゆらぎによって、理解されなくてはならない。いや動機の典型的な自覚のされ方は人によって様々であるということすら、そのように理解されなくてはならない。

人の個人史と性格は単に生活圏という観点だけでは理解できないし、また幼い時期——幼児期と子ども期——の環境という観点をとっても完全には理解できないのは確かである。適切な理解のためには、これらの内面的環境と広範な構造的枠組との相互作用を把握する必要があり、この枠組の変容と、それが生活圏に及ぼす影響を考慮する必要がある。社会構造や構造変動が、より個人的な親密圏やそこでの経験にも関わっていることがわかれば、固有の生活圏内にいる本人が気づいていない個人的振る舞いや感情の原因を理解できる。人間類型が適切に概念化されているかどうかは、その類型と自己像が合致していると本人がよろこんで認めるかどうかでは検証できない。人々は限られた生活圏で生活しているのであるから、自分の状態の原因と人格の限度をすべてわかっているわけではないし、そう期待するのは無理である。自分自身およびその社会的立場について、真に適切な見解をもつ人間集団はきわめて稀である。一部の社会科学者の用いる方法がしばしば想定しているように、その反対を想定するということは、一八世紀の心理学者ですら認めないほどの、理性的な自意識と自己認識を想定することである。「ピューリタン」、その動機、宗教制度と経済制度内におけるその機能についてのマックス・ヴェーバーのアイディアのおかげで、私たちはピューリタンについて本人よりもよく理解できる。ヴェーバーは構造という概念を使うことによって、個人とその生活圏についての「個人の自分の認識」を越えることができたのである。

幼児体験がどれくらい重要か、子ども期は成人後の性格心理においてどれくらい「重要」かということ自体が、様々な社会でどのような子ども期類型と社会的な個人史類型が優勢かによって変わる。たとえば今でははっきりしていることだが、「父親」がパーソナリティ形成において役割を果たすのは特定の家族類型だけのことであって、それは家族を含む社会構造のなかで家族がもっている影響力がどのくらいかによって決まるのである。

社会構造という考え方は、諸個人が存在し、彼らが生活圏に反応する、という一連の流れについての考え方や事実だけでは組み立てられない。「個人」をめぐる心理学理論に基づいて社会的歴史的出来事を説明しようとする試みは、次のような想定に依拠していることが多い。つまり、社会は大量のバラバラの個人以外の何ものでもないのであり、したがってその「原子」についてすべてを知れば、なんとかして情報を合計することによって社会について知ることができる、というわけである。これは生産的な想定ではない。それどころか、社会的に孤立した生物としての個人の心理学的研究では、「個人」について最も基本的なことさえわからない。もちろん抽象的なモデル構築も有用かもしれないが、モデル以外では、経済学者は「経済人」を想定できないし、家族生活の精神科医（そしてほとんどすべての精神科医は、実際のところこの一つの社会領域の専門家である）は古典的なエディプス的人間を想定できない。なぜならば、諸個人の経済行為を理解するためには、今では経済的役割と政治的役割の構造的関係がしばしば決定的に重要であり、ビクトリア時代の父権以降、家族のなかの役割と、近代社会のなかの一制度としての家族の位置に起こった大きな変化も、まったく同じように決定的に重要だからである。

歴史的特殊性の原理は、社会科学だけでなく心理学にも適用できる。人間の内面生活のきわめて個人的な特徴でさえ、歴史特殊的な文脈のなかの問題として最も適切に定式化される。これが完全に理にかなった想定であることを理解するためには、人類史のなかで示される人々の広大な多様性について少し考えてみればよい。社会科学者だけでなく心理学者も、文章を書き終える前に、その主題が「人間」であるということをしっかり考えるべきである。

人間の多様性とは、私たちの知るいかなる「要素」心理学、「本能」理論、「基本的な人間性」の原理をもってしても、人間の諸類型や諸個人のとてつもない多様性を説明することができないような多様性である。人間について、人間生活の社会的歴史的現実に内在するものを離れて主張できることは、人類の生物学的限界の幅広さと可能性だけであろう。しかしその限界内で、そしてその可能性から、人間の諸類型の一大パノラマが広がっている。それを「基本的な人間性」という理論で説明しようとするのは、「人間性」についての〈概念〉の貧弱で小さな檻――これはしばしば、迷路のなかのネズミについての正確だが重要ではない些末な知見から作られる――のなかに、人類史そのものを閉じ込めることである。

バルザンとグラフは次のように述べている。「キンゼー博士の有名な著書『人間に於ける男性の性行為』という書名は、隠れた――そしてこの場合は間違った――想定の印象的な実例である。その本は人間における男性についての本ではなく、二〇世紀半ばのアメリカ合衆国における男性についての本である。……人間性という概念そのものが、社会科学の一つの想定なのだから、それがその報告の主題となると言うと、本質的な論点を避けることになる。そこには「人間文化」というきわめて変わりやすいものしか存在しないかもしれない」[7]。

人間としての人間に共通するなんらかの「人間性」という考え方は、人間の研究における注意深い仕事が必要とする社会的歴史的特殊性に違反している。少なくとも、社会を研究する者は、そのような抽象を行う権利を得ていない。私たちは人間について実はそれほど多くを知ってはおらず、私たちのもっている知識は、歴史と個人史のなかで明らかになる人間の多様性を取り巻く謎めいたものを完全には取り除いていないということを、時折しっかり思い出すべきである。私たちはたまにはその謎にふけり、結局自分たちはその謎の一部なのだと感じたいこともあるし、多分そうするはずである。しかし西洋人である私たちは、人間の多様性を研究することも避けられないだろう。それは私たちにとっては、視界に入る人間の多様性から謎を取り除くという意味である。その際、私たちが研究しているものが何であるか、人間と歴史と個人史についていかにわずかしか知らないか、私たちがその被造物であると同時に創造者でもある社会についていかにわずかしか知らないか、忘れないようにしよう。

第9章　理性と自由について

自分が生きる時代に対する歴史認識をもつに至り、社会科学者の歴史的な関心は頂点に達する。人間の基本的性質と、それが歴史による人間の変容に与える限界について洞察するに至り、社会科学者の個人史への関心は頂点に達する。

すべての古典的社会科学者は、その時代の顕著な特徴（およびそのなかで歴史がいかに作られるかという問題）と、「人間性の性質」（およびその時代に顕在化した個人の多様性）に関心をもった。マルクス、ゾンバルト（Werner Sombart）、ヴェーバー、コント、スペンサー、デュルケーム、ヴェブレン、マンハイム、シュンペーター、ミヘルス（Robert Michels）は、それぞれがそれぞれのやり方で、こうした問題に取り組んできた。しかしながら、目下の時代では、多くの社会科学者はそうしてこなかった。しかし右の関心が公的問題として切迫したものとなり、私的問題としていつまでも消えず、私たちの人間の研究の文化的方向性に必須のものとなるのは、まさに二〇世紀後半の今なのである。

I　第四の時代

今日、人々はいかなる場所にいようと、自分がどこに立っているのか、どこに行こうとしているのか、歴史としての現在と責任としての未来についてできることがもしあるとすればそれは何か、知ろうと努めている。このような問いにきっぱり答えられる人はいない。あらゆる時代に、それぞれの答えがある。しかしまさに今の私たちには困難がある。いま私たちは一つの時代の終わりにいるのであって、自分たちの答えを出さなければならないのである。

私たちは、近代と呼ばれるものの終わりにいる。古代の後に東洋の優位が数世紀続いた（その時代を西洋人は偏狭にも暗黒時代と呼ぶのだが）のと同じように、いま近代は近代の後の時代にバトンを渡そうとしている。それはおそらく第四の時代と呼べるであろう。

確かに、一つの時代の終わりと次の時代の始まりは定義の問題ではある。しかし社会的なものがすべてそうであるように、定義は歴史的特殊性をもつ。そして今、社会と自我についての私たちの基本的な定義が、新しい現実によって追い越されつつある。私が言いたいのは、一世代の間に人々がこれほど完全にこれほどの速度でこのような激変にさらされたことはこれまでなかった、ということだけではない。私たちはある種、時代から時代への移行期にいると感じており、自分たちが足を踏み入れつつあるように思われる新時代の輪郭を苦心して把握しようとしている、ということだけでもない。私が言いたいのは、私たちは自分の位置を確認しようとするときに――もし本当にそうしようと試みるのであれば――、次のように感じるということである。つまり、私たちの古い期待とイメージのあまりに多くが、結局は歴史に縛られている。私たちの思考や感情の標準的なカテゴリーのあまりに多くが、周囲で起こっていることを説明する助けになるのと同じくらい、私たちを混乱させる。私たちの説明のあまりに多くが、中世から近代へという大きな歴史的移行に由来している。こうした説明を一般化して今現在にあてはめてみても、扱いにくく不適切で説得力がなくなる、ということである。私たちの主要な指針としての自由主義と社会主義が、世界や私たち自身について適切な説明をすることが実質的にできなくなった、ということもある。

この二つのイデオロギーは啓蒙主義から生まれ、多くの前提と価値を共有していた。いずれにおいても、合理性の増大が自由の拡大の第一条件と考えられている。理性による進歩という解放思想、純粋な善としての科学に対する信頼、大衆教育の要求、大衆教育が民主主義に対してもつ政治的意義への信頼――これらすべての啓蒙主義の理念は、理性と自由とは本来的に関係しているという幸せな前提に基づいていた。私たちの思考様式形成に大きく寄与してきた思想家たちは、この前提の下に研究してきた。それは、フロイトの仕事のあらゆる瞬間あらゆるニュアンスの下に潜んでいる。つまり自由になるためには、個人はもっと理性的意識をもたなければならないのであり、セラピーは個人の人生のなかで理性が自由に働く機会を与える援助である、というわけである。同じ前提は、マルクス主義的な研究の基本路線を作り出している。つまり人間は非合理的で無秩序な生産に陥っているので、社会における自らの位置について理性的な意識をもたねばならない。つまり「階級意識」をもたねばならないというわけである――マルクス主義においてこれが意味するところは、ベンサムの述べるいかなる用語とも同じくらい合理主義的である。

自由主義は個人に関する至高の事実として、マルクス主義は政治的な歴史形成において人間が果たす役割に関する至高の事実として、それぞれ自由と理性に関心をもってきた。近代という時代の自由主義者と急進主義者はおおむね、自由な個人によって歴史ならびに自分の個人史が合理的に作られると信じる人々であった。

しかし世界で起こったことは、次のことを明らかにしていると思う。現代の新しい資本主義社会においても共産主義社会においても、自由と理性という観念がいまや非常に曖昧なものに思われることが非常に多いのはなぜなのか。なぜマルクス主義はあまりにもしばしば、官僚制の擁護と濫用の退屈なレトリックになってしまうのか。なぜ自由主義はあまりにもしばしば社会的現実を隠す些末で的外れな方法になってしまうのか。現代の主要な展開は、政治と文化についての自由主義的な解釈でもマルクス主義的な解釈でも、正確に理解できないと思う。この二つの思考方法は、現存していないタイプの社会について考える指針として生まれた。ジョン・スチュアート・ミルは、いま資本主義世界で生まれつつあるような種類の政治経済を考察していない。カール・マルクスは、いま共産圏で生まれつつあるような種類の社会を分析していない。ミルもマルクスも、今日、国民の七割がどうにか生きていこうとしているような、いわゆる発展途上国の問題を考え抜いていない。私たちはいま新しい種類の社会構造に直面しているのであって、それは、「近代」の理念という点からみると、私たちが受け継いだ自由主義的・社会主義的観点では分析しにくいような種類の社会構造なのである。

第四の時代のイデオロギー的特色――この時代を近代と区別する特色――は、自由と理性という観念が議論の余地のあるものになった、つまり合理性の増大が自由を拡大させるとは想定できないかもしれないということである。

2　合理化の帰結

人間の事象における理性の役割と、理性のありかたとしての自由な個人という観念は、二〇世紀の社会科学者が啓蒙主義哲学者から受け継いだ最も重要な主題である。もしこの主題が私的問題を特定し公的問題に焦点を合わせるための中心的な価値であり続けるのであれば、理性と自由の理念は、以前の思想家や研究者に可能であったよりも正確に、解答できるようなかたちで、いま問題として言い換えられねばならない。というのは、現代においては、理性と自由というこの二つの価値は、明確な、しかし捉えがたい危機にあるからである。

根底にある趨勢はよく知られている。合理的な巨大組織――一言でいえば官僚制――は確かに拡大したが、一般個人の実質的理性は拡大しなかった。毎日の限定された生活圏に囚われている普通の人々は、生活圏を支配している大きな構造――合理的なものもあれば非合理なものもある――について理性的に考えられないことがよくある。したがって普通の人はしばしば、自分が何の役に立っているか知らないで、一見合理的な行動を次々にこなすのであるが、トップの人々も――トルストイの将軍たちのように――知っているふりをしているだけなのではないかという疑いが高まっている。分業が拡大するなかで、官僚制組織の成長によって規定される生活、仕事、余暇の範囲がますます拡大するため、そのなかで理性的に考えるのは困難あるいは不可能となる。たとえば兵士は、「一連の機能的に合理的な行動のすべてを正確に遂行するが、その場合彼らはその行動の究極目的が何であるか」、あるいは、それぞれの個人的行動が全体のなかでいかなる機能的な役割をもつか、という点については「少しも考えていない」[1]。すぐれた専門的知性をもつ人々でも、自分に割り当てられた仕事は効率的に遂行するが、その結果が最初の原子爆弾になろうとは知らないということもある。

科学は技術的な再臨ではない〔科学技術によって神の国が完成するわけではない〕ということである。科学の技術と合理性が社会のなかで中心的な位置を与えられたからといって、人々が神話やごまかし、迷信なしに理性的に生きているということを意味しない。万人に対する教育が、学識のある独立した知性ではなく、技術的愚行と国家的偏狭を招くこともある。歴史文化が大量に流通しても、文化の感受性は向上せず、むしろ陳腐化するだけで、創造的革新の機会に激しく対抗するのかもしれない。官僚制的合理性と技術の水準が高いからといって、個人あるいは社会の知性の水準が高いことにはならない。前者から後者は推論できない。というのは、社会的、技術的、官僚制的な合理性は、個人が理性的に考える意思と能力を単に集計したものではないからである。そのような意思と能力を獲得する機会それ自体が、実際は社会の合理性によってしばしば衰えさせられるように思われる。合理的に組織された社会編成は、個人にとってあるいは社会にとって、必ずしも自由を拡大させる手段ではない。それどころか、それはしばしば専制政治と操作の手段なのであって、理性的に考える機会そのもの、つまり自由な人間として行為する能力そのものを取り上げる手段なのである。

合理化された構造においては、数少ない指導的立場あるいは——場合によっては——単に有利な立場からしか、全体のなかで働く構造的諸力を容易に理解することはできないが、すでに述べたように、この構造的諸力は一般人が知っている限られた各部分に影響を与える。

これらの生活圏を形づくる諸力は、生活圏内部で生じないし、生活圏のなかに埋もれている人々にはコントロールできない。さらにこれらの生活圏はそれ自体ますます合理化される。工場だけでなく家族も、仕事だけでなく余暇も、国家だけでなく近隣も、機能的に合理的な全体の一部になる傾向がある――あるいはコントロールできない非合理な力を受けやすい。

社会の合理化の進展、そのような合理性と理性との間の矛盾、理性と自由の想定されていた一致の崩壊――これらの展開が、合理性は「ある」が理性はない人の台頭の裏に存在しているが、そのような人はますます自己合理化され不安にもなる。そうした類いの人間の観点からこそ、自由の現代的問題が最も適切に述べられる。しかしこのような趨勢と疑いは問題として定式化されないことも多いのであって、公的問題として広く認められたり、一連の私的問題と感じられていないことは確かである。それどころか、自由と理性という現代的問題の最も重要な特徴は、その性質が認識されておらず、それが定式化されていないという事実なのである。

3 陽気なロボット

個人の観点からは、出来事の大半は、操作、管理、無目的な漂流の結果のように見える。権威はあからさまでないことが多い。しばしば権力者は、権力を明示して正当化する必要を感じていない。それが、普通の人が私的問題に陥ったときや公的問題に直面していると感じたときに、思考や行動の明確な目標をもてない理由の一つである。普通の人は、自分のものとしてぼんやり認識している価値を危うくしているものは何なのか、見定めることができない。

このような合理化という支配的趨勢の影響を考えれば、個人は「最善を尽くして」はいる。彼は目標や仕事を、置かれている状況に合わせるが、出口を見出せない。やがて彼は出口を探さなくなる。状況適応するのである。仕事をした後に残された生活を使って、彼は遊び、消費し、「楽しむ」。しかしこの消費領域も合理化されつつある。生産から疎外され、仕事から疎外され、消費からも疎外され、真の余暇からも疎外される。このように個人が適応し、それが生活圏や自己にも影響すると、その結果、彼の機会が失われて、当然の成り行きとして、理性的に考える力や意志が失われる。そしてそれだけではなく、自由な人間として行為する機会や能力にも影響する。さらに言えば、彼は自由という価値も理性という価値も知らないように思われる。

そのように適応した人間は、そうした環境でかなりの時間、生活し、働き、遊んできたとしても、必ずしも知性がないわけでない。カール・マンハイムは「自己合理化」について述べることによって、その点をはっきりさせた。自己合理化とは、個人が合理的な大組織の限定的な一部にとらわれて、「組織の規則と規制」にかなり厳格に一致するように、自分の衝動、目標、生活様式、思考方法を一貫して調整するようになることである。それゆえ合理的組織は疎外する組織である。行為や思考だけでなく、感情も指導するようになる原理は、宗教改革的な人間の個人的良心や、デカルト的人間の独立した理性のなかにはない。実際こうした指導原理は、伝統的に個性として理解されてきたあらゆるものと相容れず、矛盾する。こう言っても言い過ぎではないのだが、極端な場合、合理性が拡大し、その中枢と管理が個人から大規模組織へと移動するのに伴って、ほとんどの人にとり理性の機会は破壊される。そこに存在するのは理性なき合理性である。そのような合理性は、自由に相応するものではなく、自由を破壊する。

個性という理想が疑わしくなったのも不思議ではない。現代において論点となっているのは、人間の性質そのもの、私たちが人間としての限界と可能性についてもっているイメージなのである。歴史は「人間性」の限界と意味をまだ探求し終えていない。近代から現代までの人間の心理的変容がどれほど大きいのか、私たちは知らない。しかしいま私たちはその問いを究極的な形で提起しなければならない。つまり、現代人のなかに、陽気なロボットと呼べるようなものが広まり、隆盛を極めるようにさえなるのだろうか?

もちろん化学的あるいは精神医学的方法、絶え間ない強制、環境のコントロールによって、また無原則な圧迫や無計画な状況の連続によっても、人間がロボットになりうることはわかっている。しかし陽気で自発的なロボットになることを人間に望ませることは可能なのだろうか。その人はその状況で幸せでありうるのだろうか。そのような幸せの性質や意味は何だろうか。人間としての人間の奥深くには自由を求める衝動と理性的に考える意志が存在するのである、という人間性の形而上学を想定するだけでは、もはや不十分だろう。今はこう問わねばならない。人間の性質の何が、今日の人間の条件の何が、多様な各社会構造の何が、陽気なロボットの優越を助長しているのだろうか。そしてそれに抵抗するのは何であろうか。

疎外された人間の出現と、その背景にあるすべての主題は、いまや私たちの真剣な知的生活の全体に影響し、当面の知的不安を引き起こしている。それは現代における人間の条件の中心テーマであり、研究の名に値するすべての研究の中心テーマである。古典の伝統においてそれほど深い——そして現代の社会科学では放棄されかねず、だからこそその怠慢に大きく関わる——アイディア、テーマ、問題を、私は知らない。

それは、カール・マルクスが初期の「疎外」論で非常に鮮やかに認識していたものであり、ゲオルク・ジンメルの紛うことなく名高い「大都市」についての論文の中心的な関心である。グレーアム・ウォーラス（Graham Wallas）は、大社会についての研究でそれに気づいていた。それはフロムの「オートマトン」概念の背後にある。そのようなタイプの人間が優越するという懸念が根底にあって、近年でも「身分と契約」や「共同体と社会」のような社会学の古典的概念が多く使われている。それは、リースマンの「他人志向型」やホワイト（William H. Whyte）の「社会的倫理」のような概念の確かな意味である。そしてもちろん、きわめて人口に膾炙しているものとしては、そのような人間の勝利が――それを勝利と呼べるのであればだが――ジョージ・オーウェルの『一九八四年』の中心的な意味である。

積極的な側面――今日ではややもの悲しそうな側面――には、フロイトの「イド」、マルクスの「自由」、ジョージ・ミードの「主我」、カレン・ホーナイの「自発性」があるが、そうした概念が疎外された人間の勝利に対抗して使われている点に、重要な意味が込められている。彼らは、人間としての人間のなかに、なんらかの中心を見出そうとしている。それがあれば、人間が最終的にはそのような――自然、社会、自己から――疎外された生き物にさせられることはなく、結局のところ、そうはなりえないと信じられるというわけである。「コミュニティ」を求める叫びは、そのように人間が疎外される可能性を取り除く条件を力説しようとするが、私の考えでは誤った試みである。多くのヒューマニストの思想家が、疎外され自己合理化された人間の適応を助ける努力を拒否するのは、精神科医の多くが実践によってそうした人間を生み出している、と信じるようになったからである。このすべて——および人間についての真剣で思慮のある研究者の間で、伝統的にも今日においても憂慮され考えられてきたことのほとんど大半——の背後には端的で決定的な事実がある。つまり、疎外された人間は、西洋の自由な人間のイメージとは正反対だということである。この陽気なロボットという人間が隆盛をきわめる社会は、自由な社会——あるいは言葉の文字通りの素直な意味における民主的社会——とは正反対である。こうした人間の出現は、私的問題としての、公的問題としての、そして願わくは社会科学者にとっての問題としての、自由を示している。個人の私的問題——その観点と価値に個人は不安を抱えてはいるが気づいてはいない——として述べれば、それは「疎外」と呼ばれる問題である。公衆にとっての公的問題——その観点と価値に公衆は概して無関心である——としては、それは事実および目標としての民主的社会の問題に等しい。

私的問題と公的問題を暗示する不安と無関心が、意味においても影響においても非常に深く広範である理由は、まさに、この私的問題と公的問題が今は広く認識されておらず、それゆえ実際には明確な問題として存在していないからである。これは、その政治的文脈において見るならば、今日、自由の問題の中心であり、現代の社会科学者が自由の問題を定式化する際の知的挑戦の中心である。

私的問題の不在の背後、不快感と疎外という不安な感情の背後には、自由と理性という価値が存在するというのは、単なる逆説ではない。同じように、自由と理性に対する近代の脅威から最も典型的に生じる公的問題は、なによりまず、明確な公的問題の不在である。つまり、公的問題が問題として明確に定義されるというよりも、アパシーが生じるのである。

私的問題と公的問題が明確にされてこなかった理由は、それを明確にするために必要な人間の主たる能力と資質である自由と理性が、脅かされ減退しつつあるからである。私的問題も公的問題も、本書で私が批判してきたような種類の社会科学の問題としては真剣に定式化されてこなかった。古典的社会科学の約束は、かなりの部分、それを定式化することにある。

4　社会科学者の責務

理性と自由の危機によって提起される私的問題・公的問題は、一つの大きな《グランド》問題として定式化できないのはもちろんであるが、一連の小規模な公的問題やバラバラの生活圏に閉じ込められた一連の私的問題として微視的に一つ一つ扱うことによっては、立ち向かうことも、いわんや解決することもできない。それは構造的問題なのであり、それを述べるためには、人間の個人史と、時代を画す歴史という古典的な観点で研究する必要がある。そのような観点でのみ、今日これらの価値に影響している構造と生活圏の結びつきを突きとめ、原因の分析を行うことができる。個性の危機と歴史形成の危機、自由な個人の人生と歴史形成における理性の役割――このような問題を言い直し、明確化するなかに、社会科学の約束は存在するのである。

社会科学の道徳的・知的約束とは、自由と理性が大切な価値であり続けるということであり、それらを問題の定式化において真剣かつ一貫して想像力豊かに使うということである。しかしこれは、漠然と西洋文化と呼ばれるものの政治的約束でもある。社会科学のなかで、現代の政治的危機と知的危機が一致するのである。つまり片方の領域における真剣な仕事は、他方においてもなすべき仕事である。古典的自由主義と古典的社会主義の政治的伝統は一緒になって、私たちの主要な政治的伝統を使い果たしている。この二つの伝統がイデオロギーとしては崩壊したことは、自由な個性の衰退と、人間の事象における理性の衰退と関係していた。今日、自由主義と社会主義の目標を政治的に言い直す際には、中心に次のような社会の構想がなければならない。つまり、すべての人が実質的理性をもつ人になり、彼らの独立した理性的思考が、その社会、歴史、それゆえその独自の人生の運命に対して構造的意義をもつような社会という構想である。

社会科学者が社会構造に関心を寄せるのは、未来は構造的に決まっていると考えるからではない。私たちが人間の決定の構造的限界を研究するのは、効果的な介入点を見つけようとするからである。つまり、もし明確な決定が歴史形成において果たす役割が拡大するのであれば、構造的に変えられるのは何なのか、変えなければならないのは何なのかを知るためである。私たちが歴史に関心を寄せるのは、未来は必然であり、未来は過去に縛られていると考えるからではない。人々が過去においてある種類の社会で生活したということは、将来において生み出す社会の種類を厳密あるいは絶対的に制限するわけではない。私たちが歴史を研究するのは、他の可能性を見つけるためであって、その可能性のなかで、いま人間の理性と自由は歴史を作ることができるのである。私たちが歴史的社会構造を研究するのは、簡単に言うと、そのなかに、社会構造がコントロールされている方法とコントロールされうる方法を見出すためである。というのも、人間の自由の限界と意味について知るようになるには、この方法しかないからである。

自由とは、単に望み通りに行う機会ではないし、単に所定の選択肢のなかから選ぶ機会でもない。自由とは、第一に、可能な選択を定式化し、それについて論じるチャンスであり、そしてその次に選択する機会である。それが、人間の事象における理性の役割が拡大しなければ、自由は存在できないという理由である。一人の人の個人史における、そして一つの社会の歴史における、理性の社会的使命とは、選択を定式化して、歴史形成における人間の決定の範囲を拡大することである。人間の事象の未来は、単なる一連の予測される変数ではない。未来は決定されるものだ——もちろん歴史的可能性の範囲内ではあるが。しかしこの可能性は不変ではない。ことに現代はその範囲がきわめて幅広いと思われる。

さらに、自由の問題は、人間の事象の未来についてどのように決定されるのか、誰がそれを決定するのか、という問題である。組織的には、それは公正な決定機構の問題である。道徳的には、それは政治的責任の問題である。知的には、それは人間の事象の可能な未来は今どうなっているのかという問題である。しかし今日の自由の問題のもっと大きな側面は、単に歴史の性質と、明確な決定が歴史の進路に影響を及ぼす構造的機会に関わるだけではない。それは、人間の性質と、自由という価値が「人間の基本的性質」に依拠できないという事実にも関わっている。自由の究極の問題は陽気なロボットの問題である。それが今日このような形で生じているのは、次のことが明らかになってきたからである。つまり、すべての人が自由でありたいと自然に望むわけではないということと、自由に必要な理性を獲得するための努力を、すべての人がしようとする、あるいはできるわけではないということである。

自由であることや自由に振る舞えることを人々が望むようになる条件とは、どのようなものなのだろうか。自由が課する負担に耐えて、それを負担というよりもよろこんで引き受ける自己改革とみなすことを望み、それが可能な条件とは、どのようなものなのだろうか。そしてネガティブ面でいえば、人々が陽気なロボットになりたいと望むようにさせることはできるのだろうか。

現代、社会的事実としての人間の精神が質的にも文化水準においても堕落しているにもかかわらず、技術的な仕掛けがとてつもなく積み重なっているために、それに気づいている人は多くないという可能性に向き合わなくてもよいのだろうか。それが、理性なき合理性の、人間の疎外の、人間の事象における理性の自由な役割の不在の、一つの意味ではないだろうか。仕掛けが積み重ねられ、これらの意味を隠す。そのような装置を使う人々が、それを理解していない。それを発明する人々が、他のことをあまり理解していない。だからこそ私たちは、技術的な豊かさを、人間の資質と文化の進歩の指標として決して使ってはいけないのである。

いかなる問題であっても、それを定式化するためには、私たちは含まれる価値とその価値に対する脅威とをはっきり述べる必要がある。なぜならば、社会研究のすべての重要な問題と、すべての公的問題・私的問題とに必要な道徳的内容は、大切にされている価値――たとえば自由と理性という価値――に対して感じられる脅威だからである。

好都合なことに、個性という文化的問題に含まれる諸価値は、ルネサンス的人間の理想によって示唆されるものすべてのなかに体現される。この理想に対する脅威は、私たちの間で陽気なロボットが優勢になることである。

歴史形成という政治的問題に含まれる諸価値は、人間が歴史を作るというプロメテウス的な理想のなかに体現されている。この理想に対する脅威は二重である。一方では、歴史形成が怠慢によって進行する可能性がある。つまり人間が歴史の意図的な形成を放棄し続け、それゆえ単に漂流するという可能性である。他方で、歴史が実際に作られる可能性もある――しかしそれを行うのは狭いエリート集団であり、彼らの決定と怠慢の結果を乗り越えようとしなければならない人々に対して、このエリート集団は実質的な責任を負っていないのである。

私には、現代の政治的無責任という問題や、陽気なロボットという文化的・政治的問題に対する答えはわからない。しかし少なくともこれらの問題に立ち向かわなければ、答えが見つからないのは明らかではなかろうか。誰よりもそれに立ち向かうべきなのは、豊かな社会の社会科学者であることは、明らかではなかろうか。彼らの多くが現在そうしていないことは、現代の特権的な者によって犯されている最大の人間的怠慢であることは確かである。

第10章　政治について

研究をしている社会科学者は、自分の研究の政治的意味が周辺状況の「偶然」によって定められたり、その使用法が他人の目的によって決められることを許す必要はない。自分の研究の意味を論じて、その使用法を自分の方針の問題として決めるのは、完全に社会科学者の権限内である。社会科学者は、この方針にかなりの程度（どの程度なのかはほとんど試されていないが）影響を与え、決着をつけることさえできる。そのような決着のためには、社会科学者が明確に判断し、理論、方法、事実について明確に決定する必要がある。方針の問題であるから、この判断には、研究者個人だけでなく研究者集団も関心をもつべきである。しかし、暗黙の道徳的・政治的な判断のほうが、個人的・専門的方針についての明確な議論よりもはるかに影響力が大きいのは明らかではなかろうか。その影響力を、方針の問題として議論することによってのみ、人々はそれに十分意識的になれるのであり、それゆえ社会科学の研究とその政治的意味に対する影響をコントロールしようと試みることができるのである。

社会科学者が、価値の選択を引き受けず、自分の研究全体に価値が入り込まないようにする方法は存在しない。社会科学の問題は、公的問題や私的問題と同様、期待される価値の危機に関係するのであり、その価値を認識せずにはっきり定式化することはできない。しだいに官僚的・イデオロギー的目的のために調査が使われ、社会科学者が使われる。こういうわけで、人間と社会を研究する者は個人としても専門家としても次のような問いに直面している。自分の研究の使用法と価値を自覚しているかどうか。それを自分がコントロールしているかどうか、またはコントロールしようとしているかどうか、である。彼らが以上の問いにどのように答えるのか、あるいは答えられないのか、またその答えを自分の研究や専門家としての生活のなかでどのように使うのか、あるいは使えないのかが、最後の問いに対する答えを決める。つまり社会科学者として、彼らは研究において、(a)道徳的に自律しているのか、(b)他の人の道徳に従属しているのか、(c)道徳的に漂流しているのか、という問いである。以上の問題にずっと伴ってきた——しばしば善意であったと私は確信している——キャッチフレーズでは、もはや不十分である。いまや社会科学者は、これらのきわめて重大な問いに実際に向き合わねばならない。本章では、これに答えるにあたって考える必要があると思われる事柄について、いくつか示唆をして、また私がここ数年間で筋の通ったものだと考えるに至った種類の答えを述べる。

I　社会科学者の三つの役割

研究のなかで、社会科学者は、価値を選ぶ必要に突然直面するわけではない。彼はとっくに特定の価値に基づいて研究しているのである。社会諸科学がいま体現している価値は、西洋社会で作られた価値から選ばれた。他の場所では社会科学は輸入されたものである。もちろん、自分が選択した価値が、西洋その他いかなる社会も「超越している」ものであるかのように話す人もいる。自分の基準について、それが、ある種の実現されざる可能性として、ある既存の社会に「内在する」ものであるかのように話す人もいる。しかし社会科学の伝統に固有の諸価値は、超越的でもなければ内在的でもないということに、今日ほぼ異論はないのは確かであろう。それは単に、多くの者によって主張され、小さな集団の範囲内で実践される価値にすぎない。ある人が道徳的判断と呼ぶものは、その人が選ぶに至った価値を一般化して他の人にも利用できるようにしたいという願望にすぎない。

社会科学の伝統に固有で、その知的約束に間違いなく含まれている最重要な政治的理念は、三つあると私には思われる。その第一は端的に、真理という価値、事実という価値である。社会科学という企図そのものは、事実を確定するゆえに政治的意味をおびる。たわごとが幅広く伝達される世界においては、事実の言明は政治的・道徳的に重要である。すべての社会科学者は、存在しているという事実によって、啓蒙主義と蒙昧主義との闘争に関わっている。私たちのような世界では、社会科学を実践することはとりもなおさず真実の政治を実践することなのである。

しかし真実の政治は、私たちの企図を導く価値について十分に示してはいない。私たちの発見の真実性、私たちの調査の正確性は――それを社会的環境のなかで見るならば――、人間の事象にとって重要であるかもしれないし重要でないかもしれない。それが重要であるかどうか、どの程度重要なのか、ということ自体が第二の価値である。それは簡単に言うと、人間の事象における理性の役割という価値である。それとならんで第三の価値、つまりその意味は曖昧だが、人間の自由がある。すでに論じたように、自由と理性は西洋世界の文明の中心であり、いずれもすぐ理念として主張される。しかし基準として目標として、どのように適用されても、それは多くの意見の相違を招く。だからこそ、自由という理念と理性という理念を明確にすることは、社会科学者としての私たちの知的使命の一つなのである。

もし人間の理性が歴史形成において、もっと明確でもっと大きな役割を果たすべきだとすれば、社会科学者がその主要な担い手の一つでなければならないのは間違いない。というのも、社会科学者は研究を通じ、人間の事象の理解における理性の使用を象徴する存在だからである。それこそが、彼らが行うことなのである。もし社会科学者が、ある意識的に選ばれた方法で研究したい、したがって行動したいのであれば、まず最初に自分の時代の知的生活と社会的・歴史的構造のなかに自らを位置づけねばならない。そして次に、この知性の社会のなかで知性の及ぶ範囲内に自分を位置づけねばならない。本書はそのような作業をする場及ぶ範囲を、歴史的社会の構造に結びつけねばならない。ここでは、理性をもつ人間としての社会科学者が自分のことを考える観点とではない。ここでは、理性をもつ人間としての社会科学者が自分のことを考える観点として、三つの政治的役割を簡単に区別するにとどめたい。

おそらく社会学は特にそうなのだが、ほとんどの社会科学は哲人王というテーマを含んでいる。オーギュスト・コントからカール・マンハイムまで、「知識ある人間」が大きな権力をもつべきだという弁明やその正当化の試みがある。もっと明確に述べるならば、理性が王座に就くということは、もちろん、「理性ある人間」が王座に就くという意味である。人間の事象における理性の役割についてのこの一つの思想が大きく影響して、社会科学者は社会的価値としての理性をごく一般的に受け入れてきた。彼らは、権力についての事実を考え合わせる場合には、このような思想の愚かしさを避けようとしてきた。またこの思想は、たとえ生まれや富ではなく才能の貴族であったとしても貴族的な上流階級を必要とするために、様々なバージョンの民主主義とも相性が良くない。しかし、社会科学者が哲人王になるべきだというかなり愚かしい思想は、社会科学者が演じようとする政治的役割についての思想の一つにすぎない。

政治の質は、それにたずさわる人々の知的資質にきわめて大きく左右される。もし「哲学者」が王ならば、私は彼の王国を去りたくなる。しかし王が「哲学」をもたないとき、責任ある統治は不可能ではなかろうか。


第二は、現在最も普通の役割であるが、王のアドバイザーになることである。私が論じた官僚的利用は、この役割の最新の具体例である。ひとりひとりの社会科学者が、個人を機能合理的な官僚制の一部とする近代社会の多くの趨勢に巻き込まれるようになり、専門化された自分の持ち場に埋没して、近代後の社会構造にはっきりとした関心をもたないようになりがちである。すでに見たように、この役割においては、しばしば社会科学そのものが一つの機能合理的な機械になる傾向がある。社会科学者個人は自分の道徳的自律と実質的合理性を失い、人間の事象における理性の役割は、単なる管理的・操作的な使用技術を洗練することになりがちである。

しかしこれは、王のアドバイザーの役割を果たす場合の最悪の形の一つである。私の考えでは、この役割は必ずしも官僚制的なかたちや意味をとる必要はない。とはいえ、この役割を果たしながら、道徳的・知的誠実さと、それゆえ社会科学の使命に取り組む自由とを保つのは難しい。コンサルタントは、自分は哲学者であり、クライアントは物のわかった支配者であると容易に想像してしまう。しかし、たとえ彼らが哲学者だとしても、彼らが仕える人たちは物のわかった人たちではないかもしれない。物のわからない独裁者に仕えるコンサルタントが示す忠誠に、私が非常に強い印象を受ける理由の一つはそれである。その忠誠は、独裁者の無能によっても独断的な愚かさによっても、揺らがないように見えるのである。

私は、アドバイザーの役割をうまく遂行することが不可能だと主張しているわけではない。それが可能であり、そうしている人がいることを現に知っている。そのような人がもっと多ければ、第三の役割を選ぶ社会科学者の政治的・知的使命の負担もかなり軽くなるであろう。第二の役割と第三の役割は重なっているからである。

社会科学者が、理性の価値と、人間の事象における理性の役割とを実現しようとする第三の方法も、よく知られており、そしてたまには実践されている。それは、独立を保ち、自分自身の研究を行い、自分自身の問題を選択し、しかしこの研究を王に向けると同時に「公衆に」宛てることである。このような考え方は、社会科学をある種の公共的な知的装置だと考えるように促すものである。つまり公的問題・私的問題に関わり、その二つの根底にある現代の構造的傾向に関わる知的装置である。そして、個々の社会科学者を自制的なアソシエーションの理性的メンバーだと考えるように促す。そのアソシエーションを私たちは社会科学と呼ぶのである。

そのような役割については、すぐに十全に説明するつもりだが、この役割を始める際には私たちは理性の価値に基づいて行動しようとしているのである。自分たちはまったくの無力ではないと考え、一つの歴史形成の理論を想定している。つまり「人間」は自由であり、合理的努力によって歴史の進路に影響を与えることができると想定している。ここで私は自由と理性という価値について論じようというのではなく、ただ、どのような歴史理論の下でなら、その二つの価値が実現されるのかを論じたい。

2　現代史は運命ではない

人間は自由に歴史を作る。しかし他の人々よりはるかに自由に歴史を作る人がいる。そのような自由のためには、目下の歴史形成の決定と権力の手段を利用できなければならない。歴史が常にこう作られるわけではないが、以下で私は、歴史を形成する権力手段が非常に拡大し中央集権化した現代に論を限定する。もし人間が歴史を作らないのであれば、人間はますます歴史形成者の言いなりになり、歴史形成の単なる対象になる傾向がある、という私の主張は、この現代に関するものである。

明確な決定が歴史形成においてどれくらい大きな役割を果たすのかは、それ自体が歴史的な問題である。それは、ある特定の時にある特定の社会において使える権力手段に非常に大きく左右される。無数の人々の無数の行為が彼らの生活圏を部分的に変え、そして次第に社会構造も変えてゆくような社会もある。この変更が歴史の進路である。歴史は漂流であるが、とはいえ全体としては「人間が歴史を作る」のではある。たとえば無数の企業家と無数の消費者が、毎分何万という決定によって、自由市場経済の形成を繰り返す。マルクスが『ルイ・ボナパルトのブリュメール十八日』で「人間は自分で自分の歴史を作る。しかし、人間は、自由自在に、自分でかってに選んだ事情のもとで歴史をつくるのではなく……」〔『マルクス＝エンゲルス全集 第8巻』、大月書店、一九六二年、一〇七頁〕と書いたときに念頭にあったのは、主にこの種の制限であろう。

運命あるいは「必然」とは、(1)特定可能なほどコンパクトで、(2)結果につながる決定ができるほど力があり、(3)その結果を見通せて、それゆえ結果に対して責任を問われる立場にいる、という三つの特徴をもつ仲間や集団でも制御できないような歴史上の出来事に関係している。この概念に従えば、出来事とは、無数の人々の無数の決定をまとめた、意図せざる結果である。したがって彼らの決定の一つ一つはごく小さく、他の同様の決定によって打ち消されたり強化されたりしやすい。ある一人の意図と、無数の決定の集合的結果との間には、結びつきは存在しない。出来事は人間の決定を越えている。歴史は人間の背後で作られる。

そう理解するならば、運命は普遍的事実ではない。それは、歴史の性質や人間の性質に本来備わっているものではない。運命は、ある歴史特殊的な種類の社会構造の特徴である。究極の兵器がライフル銃であり、典型的な経済単位が家族農場や小さな店であり、国民国家がまだ存在していないかあるいは遠くにある枠組に過ぎず、コミュニケーションが口頭、ビラ、説教で行われる社会――そのような社会においては、確かに歴史は運命である。

さてしかし、私たちの状況を知るための重要な手がかりについて考えるならば、それは一言でいうと権力と決定のあらゆる手段――つまり歴史形成のあらゆる手段――のとてつもない拡大と圧倒的な集中化ではないだろうか。近代の産業社会においては、経済生産の施設が発展し集中し、同時に農民と職人が私企業と政府系事業に取って代わられる。近代の国民国家においては、暴力手段と政治が同様の展開をたどる――君主が貴族を支配するようになり、そして自前装備の騎士が常備軍に取って代わられ、そして今では恐ろしい軍事機構がそれに取って代わっている。経済・政治・軍事というこれら三つすべての展開の近代後の頂点は、今ではアメリカ合衆国とソビエト連邦において、最も劇的に生じている。現代においては、歴史形成手段は国内だけでなく国際的にも集中化している。というわけで、意識的な人間の行為主体が、歴史を形成できる範囲と機会をかつてないくらい手中に収めているのは、明らかではなかろうか。これらの手段を支配している権力エリートが、いま歴史を作っているのである――なるほど「自分でかってに選んだ事情のもと」ではないが、他の人や他の時代と比べると、彼らの事情それ自体が御しきれないものとは思えないのは確かである。

これは確かに私たちの当面の状況のパラドックスである。歴史形成のより新しい手段についての諸事実から見るならば、人間が必ずしも運命に束縛されておらず、人間はいまや歴史を作ることができることがわかる。しかしこの事実は、さらに人間に歴史形成の希望を与えるイデオロギーが今まさに西洋社会で衰退し挫折しかけているという事実からするならば、皮肉なものになる。それは、理性と自由が人類史のなかで卓越した力として広まるだろうという啓蒙主義の期待の挫折でもある。そしてその背後に存在するのは、知識人コミュニティの知的・政治的な怠慢である。

西洋世界の重要な討議を続けており、しかもその知識人としての仕事が、政党や公衆の間で影響力をもっており、現代の大きな決定に意味をもっているインテリゲンチャは、どこにいるのか。そのような人々に開かれたマスメディアはどこにあるのか。二大政党制国家とその凶暴な軍事機構に責任を負う人々のなかの誰が、知識と理性と感受性の世界で行われていることに敏感なのか。自由な知性が権力の決定から遠く切り離されているのはなぜか。いま権力者のなかに、かくも甚だしく無責任な無知が蔓延しているのはなぜか。

今日のアメリカ合衆国では、知識人、芸術家、聖職者、学者、科学者は一種の冷戦を戦っているのであって、彼らはそこで官僚の混乱をそのまま繰り返し、より手の込んだものにしている。彼らは権力者たちに対して、オルタナティブな政策を要求するわけでもなければ、そのようなオルタナティブを公衆の前に提示するわけでもない。彼らは、アメリカ合衆国の政治を責任ある内容にしようとしない。政策を空にして、空のままに保つのを助けている。国家主義的な科学機構が科学者を牛耳っていることと同様、聖職者のキリスト教的怠慢と呼ばねばならないものも、この情けない道徳状況の一部である。ジャーナリストの嘘もその一部であり、日常茶飯事になっている。社会科学とみなされている、もったいぶった陳腐な関心の大半もそうである。

3　誰に何を語るべきか

このような見解がすべての社会科学者に受け入れられるとは、私も期待していない（また私のこの議論全体としても、そう求めるものではない）。ここで最も言いたいのは、理性と自由という価値を受け入れたのであれば、自由の限界と、歴史における理性の役割の限界を確定させるのが、社会科学者の第一の使命だということである。

第三の役割を引き受ける社会科学者は、自分を「社会の外」にいる自律した存在だとはみなさない。彼は他のほとんどの人々と同じように、現代の歴史を形成する主要な決定の外に置かれていると感じていない。しかしながら同時に、自分がその決定の結果の多くに対して責任のある者の一人であることも、彼は知っている。自分が行っていることを自覚している程度に応じて、その分だけ彼は明確に政治的な人間になる、という一つの大きな理由はそれである。「社会の外」にいる者はいない。問題は社会のなかのどこに立っているかである。

社会科学者は通常、中間的な階級、地位、権力の環境で生活している。そのような生活圏における活動で構造的問題を解決する場合、彼の立場は普通の個人以上のものではないことが多い。というのも、その解決が単に知的なものであったり単に私的なものであったりすることは決してないからである。構造的問題について適切に述べるのであれば、社会科学者の意思を受け入れる生活圏に限定するわけにはいかない。その解決も同様である。これはもちろん、それは社会的・政治的・経済的な権力の問題であるという意味である。しかし社会科学者はただ単に「普通の人」ではない。彼がたまたま生活している生活圏を知的に超えることこそ、まさに彼の使命であり、一九世紀イングランドの経済秩序、二〇世紀アメリカの地位ヒエラルヒー、ローマ帝国の軍事組織、ソビエト連邦の政治構造を考察するときに彼が行っているのはこれなのである。

彼が自由と理性という価値に関わっているかぎり、彼の研究テーマの一つは、ある特定のタイプの社会構造のなかのある特定のタイプの人々が、個人として自由で理性的になれる客観的機会と関係している。もう一つのテーマは、異なるタイプの社会の異なる立場の人々が、もし持っているのであればどのような機会を持っているかに関係している。つまり、第一にその理性と経験によって日常の生活圏を超える機会と、第二にその権力によって自分たちの社会構造と時代に影響を与える行動を起こす機会である。これらは歴史における理性の役割という問題である。

それを考察すると次のことが簡単にわかる。近代社会においては、大きな構造的影響を及ぼすことのできる権力を持ち、自分の行為が及ぼす影響をよく自覚している人々もいる。そのような権力をもっているが、その影響範囲に無自覚な人もいる。構造について意識することによって日常の生活圏を超えたり、あるいは可能な行動によって構造変動に影響を与えることができない人も多い。

さて、私たちは社会科学者として存在している。仕事の性質上、私たちは社会構造について知っており、その動向の歴史的メカニズムについてもいくらか知っている。しかし、そのメカニズムに影響を及ぼすことができるような、いま存在している主要な権力手段を私たちが使えないのは明らかである。けれども私たちは、脆いことも多いのだが、一つの「権力手段」を確かにもっているのであって、これこそが、私たちの政治的役割と、私たちの研究の政治的意味に一つの手がかりを与えてくれる。

私の考えでは、自由と理性という理念を受け入れる社会科学者の政治的使命は、権力と知識という観点から分類してきた他の三種類の人々のそれぞれに向けて、自分の研究について話すことである。

権力をもっており、そのことを自覚している人々に対しては、程度は様々だが構造的結果に対する責任を割り当てる。彼らの決定あるいは決定の欠如は、構造的結果に対してきわめて重大な影響を与えるということを、社会科学者の研究は明らかにしている。

構造的な影響を及ぼすような力が行為にあるのに、自覚していないように思われる人々に対しては、そうした影響力について明らかになったことをすべて提示する。社会科学者は教育に努め、そしてここでも責任を割り当てる。

そのような権力を通常もっておらず、意識が日常的な生活圏に限定されている人々に対しては、構造的傾向や構造的決定が生活圏に対してもつ意味、私的問題と公的問題の結びつき方を、研究によって明らかにする。社会科学者は、こうした研究努力を通じて、より大きな権力をもつ者の行為に関して発見したことを述べる。これらは彼の主要な教育的使命であり、より幅広い聴衆に向けて話すときの主要な公的使命である。次に、この第三の役割によって提起される問題と使命のいくつかについて考察しよう。

4　民主主義と社会科学者

どこまで自覚しているかに関係なく、ふつう社会科学者は大学教授であり、こうした職業に就いているという事実によって、彼に可能なことはほぼ決定される。大学教授として、彼は学生に向けて話をし、そして時折は講演や著作によって、もっと広範なより戦略的な立場にある公衆に向けて話をする。彼の公的役割が何かを論じる際には、権力についての、あるいはそう言いたければ、彼の無力についての、このような単純な事実から離れないようにしよう。

彼がリベラルな教育、つまり解放教育に関わるかぎり、彼の公的役割には二つの目標がある。彼が個人のためにすべきことは、私的な問題と関心を、理性に開かれた社会的な争点と問題へと変えることである――彼の目的は、個人が自己教育する人間になる助けをすることだ。自己教育する人間になって初めて、理性的で自由になる。彼が社会のためにすべきことは、真の公衆を破壊して大衆社会を生み出しているあらゆる力と戦うことである――あるいはポジティブな目標として言うと、彼の目的は自己陶冶する公衆を育てて強くすることである。そうして初めて、社会は理性的で自由になる。

これらは非常に大きな目標なので、少し遠回しな言い方になってしまうが説明しなければならない。私たちは技術と価値に関心をもっている。しかし「技術」のなかには、解放という使命に深く関連する技術と、それほど関連しない技術がある。技術と価値は、私たちが「中立的技術」を追求するときにしばしば想定するように、簡単に切り離せるとは私は思わない。それは、技術と価値を両極とする、程度問題である。しかしこの尺度の中間には、私が感受性と呼ぶものが存在するのであり、私たちが最も関心をもつべきなのはこの感受性なのである。旋盤の操作や読み書きをさせる訓練は、大部分が技術の訓練である。自分の人生に本当に望むものは何なのかを決める助けをしたり、ストア派やキリスト教、人文主義の生活様式について一緒に議論することは、価値の陶冶あるいは価値の教育である。

技術と価値と一緒に、私たちは感受性も据えるべきである。それは技術と価値だけでなくそれ以上のものを含む。それは自分についての知識を明確にするという、古くからの意味における一種のセラピーを伴っている。自分自身と議論するあらゆる技術の陶冶も含まれるが、それを私たちは思考と呼び、それを他者と一緒に行うときにはディベートと呼ぶ。教育者は、たとえそれがまったく些細で安直なものに見えようとも、個人が最も深い関心をもつものから始めなければならない。そのような関心と、教育が進むなかで獲得する他の関心に対して、学生が次第に合理的な洞察を得ることができるような方法と素材で進行せねばならない。そして、教育者が始めたことを自分で続けることができ、続けようと思う男女を育てようとしなければならない。解放する教育の最終目的は、文字通り、自己教育・自己陶冶する男女、簡単に言うと自由で理性的な個人である。

そのような諸個人が支配的である社会は、その言葉の重要な意味において民主的である。そのような社会は、大衆ではなく真の公衆が広く存在する社会とも定義できる。これによって私が意味しているのは以下のことである。

そのことに気づいていようといまいと、大衆社会のなかの人々は私的問題にさいなまれており、彼らはそれを社会的問題に変えることができない。彼らは、自分の生活圏の私的問題と社会構造の問題との相互作用を理解していない。他方、真の公衆のなかの理解力のある人は、まさにそれができる。彼は、自分が個人的問題だと考えたり感じたりするものが、非常にしばしば他の人にも共有されている問題であることを理解しており、もっと重要なことには、それはいかなる個人によっても解決できず、自分が生活している集団の構造や、ときには全体社会の構造の変更によってのみ解決できるということを理解している。大衆のなかの人々は私的問題を抱えているが、その真の意味と源泉にふつう気づいていない。公衆のなかの人々は公的問題に立ち向かっており、その公共的な観点に気づくようになるのが普通である。

私的問題を公的問題へと翻訳し、公的問題を多様な諸個人にとっての人間的意味の観点へと翻訳し続けることは、――リベラルな教育者としての――社会科学者の政治的使命である。研究のなかで――そして教育者としては人生のなかでも――この種の社会学的想像力を発揮するのが、彼の使命である。公の場で自分を目にする人々の間に、そのような思考の習慣を陶冶することが、彼の目的なのである。これらの目的を達成するということは、理性と個性を手に入れるということであり、それを民主的な社会の支配的価値にするということである。

読者は今、「さあ来たぞ。ミルズは、すべてのものが低く見えるよう、理想をとても高く設定しようというわけだ」とつぶやいておられるかもしれない。私がそうしていると思われかねないということ自体が、いま民主主義という言葉が真剣に受け取られていないということの証拠であり、その語の率直な意味からのずれに対して多くの観察者が無関心であることの証拠となる。もちろん民主主義は複雑な概念であり、それについては、それぞれに筋の通った多くの意見の相違がある。しかし、ともに理性的に考えたいと思っている人々によってもはや使われないほどに、複雑であったり曖昧であったりするわけではないのは確かである。

理想としての民主主義で私が意味するものについては、すでに示そうと努力してきた。民主主義とは本質においては、人間が行う決定によって重大な影響を受ける人々が、その決定に有効な声を有しているという意味である。ということは、そのような決定を行う権力がすべて公的に正統化され、その決定を行う者が公的に説明責任を負わされているということである。私が説明してきた種類の公衆と個人が社会のなかで支配的でなければ、この三つのポイントはいずれもうまくいくとは思えない。ここからさらに特定の条件がただちに明らかになるであろう。

アメリカ合衆国の社会構造は、完全に民主的な社会構造ではない。これを最低限の同意事項としよう。私は完全に民主的な社会については聞いたことがない。それは今でも理想である。今日のアメリカ合衆国は、主に形式上および期待のレトリックにおいては、おおむね民主的であると言ってもいいだろう。実質において、そして実際問題としては、それは非常にしばしば非民主的であり、多くの制度的分野ではまったくはっきりと非民主的である。企業経済は、一連のタウンミーティングとして経営されるわけでもなければ、その活動が非常に深刻な影響を与える人々に対して説明責任を負う一連の権力として経営されるわけでもない。軍事機構も、そしてますます政治情勢も同じ状況になっている。多くの社会科学者が、民主的な公的役割を果たせるまたは果たすつもりがあるという可能性について、あるいは――たとえ彼らの多くがその役割を果たすとしても――これが必然的に公衆の復権という結果になる可能性について、私が楽観的だという印象を与えたくはない。私は単に、可能であるように私には思われ、そして実際に一部の社会科学者によって実践されてもいる一つの役割を概説しているだけである。それはたまたま、人間の事象における理性の役割についての自由主義的および社会主義的な見解と一致している役割でもある。[1]

私が言いたいのは、社会科学の政治的役割——その役割が何であるか、それはいかにして果たされるか、どれくらい有効なのか——は、民主主義の普及度と関係しているということだ。

もし私たちが理性の第三の役割、つまり自律的な役割を取り上げるのであれば、私たちは完全には民主的ではない社会において、民主的に振る舞おうとしているのである。しかし私たちは、あたかも完全に民主的な社会にいるかのように振る舞うことによって、それを「かのように」ではないようにしようとしているのである。私たちは、社会をもっと民主的にしようとしている。そうした役割は、私たちが社会科学者として社会を民主的にしてゆけるかもしれないただ一つの役目である、というのが私の持論である。いずれにせよ、民主的な政治の樹立を助けようとする他の方法を私は知らない。そしてこのために、人間の事象における理性をまずもって担うものとしての社会科学の問題は、実は今日の民主主義の主要な問題なのである。

5　社会科学の約束

成功する可能性はどれくらいあるだろうか。いま私たちがそのなかで行動しなければならない政治構造を考えるならば、社会科学者が理性の有効な伝え手になる可能性がきわめて高いとは私は信じていない。知識ある人々がこの戦略的役割を果たすためには、特定の条件がなければならない。人は自分自身の歴史を作るが、自分自身が選んだ条件の下に作るわけではない、とマルクスは述べた。それでは、この役割を効果的に果たすために私たちに必要な条件は何だろうか。必要なのは、(1)その内部で社会生活についてのアイディアと代替案が適切に議論されており、(2)構造的な結果をもたらす決定に真に影響を及ぼす可能性がある、という二つの特徴をもつ政党や運動、公衆である。そのような組織が存在しさえすれば、私が概説しようとしてきた人間の事象における理性の役割について、私たちは現実的な期待をもつことができる。なお、そのような条件は、完全に民主的な社会にとって一つの主要な必要条件だとみなすべきである。

そのような政治において自らの政治的役割を果たす社会科学者たちはおそらく、単にしばしば減少しつつある――のではないかと恐れているのだが――漠然とした公衆に向けて単に話すというよりも、様々な運動、階層、利害を「代弁」したり「反対」することになるであろう。一言でいえば、彼らの見解は競合するであろうし、この競合は（結果的にもプロセスとしても常に）政治的に有意義であろう。もし私たちが民主主義という考えをまじめに受け取るならば、もし私たちが人間の事象における理性の民主的役割をまじめに受け取るならば、そのような競合に関わっても全然苦痛ではないだろう。私たちは、社会的現実の定義や、ましてや政治的方法の言明、目標の提案がすべて議論の余地なく統一された見解に落ちつくであろうと仮定できないのは確かである。[2]

そのような政党や運動、公衆がない場合、私たちは主に法律的形式と形式的期待においては民主的である社会で生活している。この状況が大きな価値とかなりの機会を可能にしていることを軽視すべきではない。私たちは、ソビエト世界にはそれが欠如しているという事実と、その世界の知識人たちが直面している闘争から、その価値を学ぶべきである。あちらでは多くの知識人が物質的に押さえつけられているが、こちらでは多くの知識人が自らを道徳的に押さえつけているということも知るべきである。アメリカ合衆国の民主主義がきわめて形式的なものであるといっても、次のような結論は避けられない。もし民主的な歴史形成のなかで理性が自由な役割を果たすのであれば、その主たる伝え手の一つは間違いなく社会科学者でなければならない。民主的な政党と運動、公衆がないからといって、教育者としての社会科学者が自分たちの教育組織を枠組にしようとすべきではないということにはならない。その枠組のなかで、諸個人からなるそのような解放的な公衆が少なくとも最初は存在し、そして彼らの議論が促進され支えられるのである。また、社会科学者があまり学問的でない役割のなかでそのような公衆を育てようとすべきではないということも意味しない。

もちろんそうすることは、「トラブル」を覚悟するということである。あるいはもっと重大なことだが、まったく致命的な無関心に直面することである。そのため私たちは、論争的な理論と事実を意識的に提示して、積極的に論争を促す必要がある。広範で開かれており情報に基づく政治的討論が欠如しているため、人々は自分の世界に影響する現実にも自分自身の現実にも触れることができない。とりわけ今日においては、私が述べてきた役割には、現実そのものについて対立する定義を提示することまで求められるように、私には思われる。通常「プロパガンダ」と呼ばれるもの、特にナショナリズム的な種類のそれは、多様なトピックと論点についての意見のみから成り立つわけではない。かつてポール・ケチケメーティ（Paul Kecskemeti）が指摘したように、それは現実をめぐる公式の定義の宣伝なのである。

いまや私たちの公的生活は、神話や嘘、ばかげた意見だけでなく、そのような公式の定義にも左右される。多くの政策——議論されるものもされないものもある——が不適切で誤解させるような現実の定義に基づいているときには、現実をより適切に定義しようとする人は騒ぎを起こす人であらざるを得ない。それゆえ、私が述べたような種類の公衆は、個性をもつ人々と同様、そのような社会に存在すること自体がラディカルである。けれども、精神や研究、知性、理性、観念の役割とはそういうこと、つまり適切かつ公的に意味のあるやり方で現実を定義するということである。民主主義における社会科学の教育的・政治的役割は、個人的・社会的現実の適切な定義を展開して、それを受け入れ、それに従って行動する公衆と諸個人を啓発して支えることである。

私がざっと説明してきた理性の役割は、町へ出て行き、次の飛行機で最新の危機の現場に向かい、議会に駆けつけ、新聞工場を買い取り、貧者のなかに入って行き、街頭演説の準備をする、ということを意味あるいは要求するわけではない。そのような行動はしばしば賞賛に値するし、私も一人の人間としてそうしたいと思ってしまうことがあるのも確かである。しかし社会科学者がそれを自分の通常の活動にするということは、単に自らの役割を放棄することであり、社会科学の約束と人間の事象における理性の役割を信じていないことを行動で示すことにすぎない。この役割が求めるのは、社会科学者が社会科学の研究に励み、理性と言説のさらなる官僚化を避けることだけである。

これらの論点についての私一個人の見解のすべてを、すべての社会科学者が受け入れているわけではないし、そうしてほしいわけでもない。私のポイントはこうだ。社会科学者の使命の一つは、歴史変動の性質と、もしあればそこにおける自由で理性的な人間の場について、自分自身の見解を定めることなのである。そうして初めて彼は、自分が研究している社会における自らの知的・政治的役割を知るようになり、その際、非常に深いところで社会科学の伝統と約束の一部である自由と理性の価値について、自分が実際にどう考えているか気づくのである。

もしも個人および小集団が、歴史的な結果を伴う行為を自由に行うことができず、同時にもしもそれらの結果を理解できるほど理性的でなければ。もしも近代社会の現在の構造が、歴史が実際に無目的な漂流であるような構造であり、そうでなければ使えるであろう手段や獲得されるであろう知識による歴史形成が不可能なような構造であれば。それならば、社会科学の唯一の自律的役割は、記録にとどめ、理解することである。権力者の責任という考えはばかげているし、自由と理性の価値は特定の恵まれた私的生活という例外的な生活圏でしか実現できないということになる。

しかしそれは多くの「もしも」である。自由の程度と影響の規模については意見が一致しない余地は十分あるが、いま自由と理性という価値が社会科学の研究を方向づけているときに、その価値を放棄しなければならないほどの証拠があるとは私は思わない。

私が論じてきたような厄介な論点を避ける試みが、社会科学は「世界を救おうとしているわけではない」というスローガンによって現在幅広く擁護されている。これは謙虚な学者の責任の否認である場合もある。あらゆる重大な問題に対する専門家のシニカルな軽蔑である場合もある。若かりし頃の期待の幻滅である場合もある。それが、具体性から切り離された純粋な知性としてイメージされる「科学者」の名声を借りようとする人々のポーズであることもよくある。しかし、権力という事実について熟慮した後の判断に基づいていることもある。

そのような事実ゆえ、私は社会科学が「世界を救う」だろうとは信じていない。とはいえ、「世界を救おうとすること」――この言い方で私がここで意味しているのは、戦争を避け、人間の自由と理性という理想にしたがって人間の事象を再編成することである――が間違っているとはまったく思わない。私がもっているような知識からは、成算についてかなり悲観的な見積もりに達するのではある。しかしたとえそれが今の私たちの立場であるとしても、それでも私たちはこう問わねばならない。もし、知性によって私たちの時代の危機を解決する道があるのであれば、それを述べるのは社会科学者の責務ではないだろうか。私たちが代表しているのは――いつも明らかだというわけではないが――、人類に気づいた人である。巨大な問題に対するほぼあらゆる解決策はいまや、人類という意識の水準になければならない。

私たちがいまもっている知識に基づいて権力者に対して訴えることは、語の愚かな意味においてユートピア的である。私たちと権力者の関係は、権力者にとって有益であるような関係でしかない可能性が高い。つまり私たちが権力者の問題と目標を受け入れる技術者になるか、彼らの名声と権威を宣伝するイデオローグになるということである。それ以上になるためには、政治的役割に関するかぎり、私たちはまずもって社会科学者としての私たちの集合的な努力の性質を再考せねばならない。一人の社会科学者が同僚に対してそのような再考にとりかかるよう訴えることは、まったくユートピア的ではない。自分が行っていることを知っている社会科学者は、私が本章で示してきた大きな道徳的ジレンマ――人々が関心をもつことと、人々のためになることとの違い――に直面せざるを得ない。

もし人々が関心をもつことだけが私たちにとって重要だという素朴な民主的見解をとるならば、既得権益によってしばしば偶然に、そしてしばしば意図的に教え込まれた価値を私たちは受け入れていることになる。これらの価値は、人々が展開させる可能性のあった唯一の価値であることがしばしばである。それは、選択というよりも、無意識的に獲得された習慣である。

もし人々が関心を持とうが持つまいが、人々のためになることだけが私たちにとって正しく重要なことである、というドグマティックな見解をとるならば、私たちは民主的価値を侵害する危険を冒すことになる。私たちは、人々が一緒に理性的に考えようとする社会、理性の価値が高く評価されている社会における説得者というよりも、操縦者か強制者か、またはその両方になるかもしれない。

私が提案しているのは、公的問題と私的問題に取り組み、それらを社会科学の問題として定式化することである。それによって、自由な社会における人間の事象にとって、理性が民主主義的な意味で有意義なものになり、私たちの研究の約束の根底にある古典的価値が実現される可能性が最も高くなるのである。私はそれしかないと思う。

付録　知的職人論

古典的伝統に参加していると感じている社会科学者個人にとっては、社会科学は一つの職人仕事の実践である。彼は実質的な問題に取り組む人であり、方法一般や理論一般についての手の込んだ議論には、すぐにイライラうんざりするような人間である。その大半が彼の本来の研究を妨げるからである。仕事をしている研究者がどのように研究を進めているのかという話を本人から聞くほうが、重要な研究をほとんどやったことのない専門家による大量の「手続きのコード化」よりも、たいていの場合ずっとよいと彼は考える。考える経験を積んだ者が自分の実際の仕事のやり方について情報を交換する会話によってのみ、方法と理論の実用的な感覚が初学者に伝わる。だから私は、自分がその職人仕事をどう進めているのか、少しくわしく報告することは役に立つと思う。これはどうしても一つの個人的な意見になるが、これを書くのは、他の人、特に自分自身で研究を始める人々がそれぞれ自分で経験することによって、私個人のものでなくすることを期待するからである。

I ファイルをつける習慣

研究を始めたばかりの読者に対する注意から始めるのが一番だと思うのだが、あなたが参加することを選んだ学者コミュニティのなかで最も賞賛すべき学者たちは、自分の仕事と自分の生活を分けていないものである。彼らは仕事と生活をどちらもあまりに真剣に考えているので、そのように分けることを認めないように思われる。彼らはそれぞれを他方を高めるために使いたいと思っているのである。もちろんそのように分けてしまうことは、人々の間によく見られる慣習であるが、それは今一般に人々が行っている仕事のむなしさに由来しているのだろう。しかしあなたは学者として、良き職人技の習慣を促進するような生活様式を構想するという例外的な機会に恵まれていることを認識するようになるであろう。学問とは、キャリアの選択だけでなく、生き方の選択でもある。つまり、本人がそれを知ろうが知るまいが、知的製作者が完璧な職人仕事をめざして励むときには、彼は自分自身を作り上げているのであり、自分自身の可能性や機会を現実のものにするために、彼は良き製作者の資質を核とした性格を築き上げるのである。

これが意味するのは、あなたは知的な仕事において、自分の人生経験を利用し、それを吟味・解釈し続けるようにならなければならないということである。この意味で、職人の技能があなた自身の中心に置かれ、あなたは自分が取り組むすべての知的生産物に個人的に深く関わるのである。「経験」できるということは、一面からみるとあなたの過去があなたの現在に作用し影響を与えるということであり、そしてそれが将来の経験の可能性を定めるということである。社会科学者として、あなたはこのかなり複雑な相互作用をコントロールして、自分が経験することを捉え、整理する必要がある。そのなかで初めて、自分の考えを導き検証するために経験を使うことが期待できるのであって、その過程で自分を知的職人として形づくることができる。しかしどうやってこんなことができるのか。一つの答えはこうである。あなたはファイルを作らなければならない。日記をつけるということを、社会学者的に言い換えればそうなる。多くの生産的な著述家が日記をつけている。体系的な反省的思考が必要となる社会学者には、それが欠かせないのである。

いまから私が述べるようなファイルのなかには、個人的経験と専門的活動の合わさったものや、進行中の研究、研究計画がある。あなたは知的職人として、このファイルのなかに、知的作業と一人の人間としての経験をまとめて整理しようとするであろう。ここであなたは、自分の経験を用い、それを進行中の様々な研究に直接結びつけることを恐れないであろう。ファイルは、退屈な繰り返し作業を防止する役割を果たすので、エネルギーも節約できる。またそれは、日常生活の副産物である様々なアイディアや、街なかで小耳にはさんだ会話の断片、さらに言えば夢といった「些末な思考」を逃さず捕らえるように促す。書き留めてしまえば、これらは限定された経験に知的重要性を加えるだけでなく、より体系的な思考をもたらすことがある。

考えることに熟達した人たちが、自分自身の思考をどれだけ注意深く扱うのか、彼らが自分の成長をどれだけ綿密に観察し、自分の経験をどれだけしっかり組織的に整理しているか、しばしば気づくことになるだろう。彼らがごくごく些細な自分の経験を大切にする理由は、一生涯のうちに近代人が持てる個人的経験は非常にわずかであるにもかかわらず、それが独創的な知的活動の源泉として非常に重要だからである。自分自身の経験を平然と疑うことができるということは成熟した製作者の一つの証拠なのだ、と私は思うようになった。この曖昧な自信は、どんな知的な仕事における独創性にとっても不可欠なのであって、ファイルはそのような自信を強め、根拠づける方法である。

適切なファイルを作り続けて、自己反省の習慣を伸ばすことによって、自分の内面世界を目覚めさせておくことができるようになる。出来事やアイディアについて強く感じるところがあったときにはいつでも、それを忘れることなく、自分のファイル用に定式化するべく試みなければならないし、その際にはその含意を引き出し、その感情やアイディアがどれほど馬鹿らしいのか、またはどうすれば生産的な形で表現されるのかを示すように努めなければならない。ファイルは書く習慣を確立する助けにもなる。少なくとも毎週何かを書くようでないと、「腕が落ちて」しまう。ファイルを展開するなかで、書き手として実験することができ、それゆえいわば表現力を磨くことができる。ファイルを維持することは、経験を制御するということである。

社会科学者にありがちな最悪のことの一つは、調査のなかのある特定の部分や「プロジェクト」のためのお金を求めようとするとき以外では、自分の「計画」について書く必要が感じられなくなるということである。この場合、ほとんどの「計画」が立てられるのは、あるいは少なくとも計画について注意深く書かれるのは、資金の要求としてである。この習慣がどれほど標準的であっても、これは非常にまずいと思う。それはある程度はセールスマンシップにならざるを得ないし、お金に対する期待がはびこると、手の込んだアピールに終わる可能性が非常に高い。プロジェクトは、完結してもいないのに、恣意的にまとめられ、「プレゼン」される。それはしばしばまがい物であり、プレゼンされた調査のためだけでなく、それにどれほど価値があろうとも、隠れた目的のためにお金を得ることをめざしている。実践的な社会科学者は、「自分の問題と計画の現状」を定期的に再検討するべきである。自分なりの研究を始めたばかりの若手もこれについて考えるべきだが、その推進は期待できないし、期待すべきでもない。そして彼は何か一つの計画に頑なに打ち込むべきではないのは確かである。彼にできるのは自分の論文を並べることくらいであるが、それが不幸にも、ある程度の長さをもつ彼の最初の独立した仕事となることもしばしばである。そのような再検討が実り豊かになり、他人にとっても興味深いものになる可能性が最も高いのは、研究を始めてから半分から三分の一くらいが経ったときである。

順調に研究をしている社会科学者は、常に多くの計画を抱え込みすぎていて、それはつまり多くのアイディアをもっているということだが、そのために次はどれを行おうか、行うべきだろうかということがいつも問題となる。だから彼は、重要計画表のために小さな特別ファイルをつけるべきである。それは自分用もしくは友人との討議用に、書いたり書き直したりするファイルである。彼はときには注意深く明確な目的意識をもって、またリラックスしたときにも、それを見返すだろう。

このような手続きは、あなたの知的企画の方向性を維持・制御する不可欠な手段の一つである。研究をしている社会科学者の間で、「自分の問題の現状」についてざっくばらんに幅広く検討しあえることは、「社会科学の主要な諸問題」を適切に述べるための唯一の基礎であると私は思う。自由な知的共同体において、問題が「一枚岩的」に整然と並んでいるということはありそうにないし、そうあるべきでないということは確かである。もし自由な知的共同体が活発に栄えているのであれば、そこでは間奏曲として、将来の研究についてて個人間で議論されているだろう。三種類の間奏曲――問題について、方法について、理論について――が、社会科学者の研究から生じて、再び研究へと戻るはずである。それは、進行中の研究によって形づくられ、ある程度はその研究を導くはずである。専門家のアソシエーションが存在する理由は、知的側面について言えば、そのような間奏曲にある。そしてそのためにも、あなた自身のファイルが必要である。

ファイルの多様なトピックの下には、アイディア、個人的ノート、本の抜き書き、文献項目、プロジェクトの概要がある。個人的な習慣の問題だと思うが、このすべての項目を分類して、多くの下位区分をもつ「プロジェクト」という一つのマスターファイルを作るのがよいのではないかと思う。もちろんトピックは変わるし、とても頻繁に変わることもある。たとえば予備試験に向けて勉強しながら、論文を書き、同時に期末レポートを書いている学生の場合、ファイルはその三領域に整理されるであろう。しかし学位論文に取り組んでから一年くらい経つと、自分の論文の中心プロジェクトに関連づけてファイル全体を組織し直し始めるであろう。すると、自分の研究を続けている間は、一つのプロジェクトが研究を支配したり、研究を配列するマスターカテゴリーを定めたりするわけではないことに気づくであろう。実際、ファイルを使うことで、考える際に使うカテゴリーの拡張が促進されるのである。そしていかにカテゴリーが変化し、あるものが捨てられ、別のものが加えられるかは、あなたの知的な進歩と幅広さの指標なのである。ファイルは最終的には、年々変化する多くのサブプロジェクトをもつ、いくつかの大きなプロジェクトに従って配列されるようになるだろう。

こうした作業すべてにおいて、ノートが取られる。あなたが読んだ本で価値のあるものから、大量のノートを取る習慣をつけなければならない。とはいえ、本当にくだらない本を読んだときでも、自分の力で良い研究を引き出せる場合もあるとは言っておかねばならない。他の人の文章であれ自分自身の生活であれ、経験を知的な領域へと翻訳する第一歩は、それに形を与えることである。ある一つの経験を単に名づけるだけでも、それを説明することが促される場合が多い。一冊の本から単にノートを取るだけでも、しばしば省察の刺激になる。もちろん同時に、ノートを取ることは読んでいるものを理解する大きな助けにもなる。

あなたのノートは、私のノートのように二種類になるかもしれない。ある特定のとても重要な本を読むときは、著者の議論の構造を把握しようとするので、本に沿ってノートを取る。しかし、自分なりの研究を数年経た後は、本を一冊まるごと読むよりも、ファイルのなかの計画に関連がありそうな興味深いテーマやトピックという観点に即して、たくさんの本の一部を読むことのほうが多くなるだろう。それゆえ取るノートは読む本を完全に再現するものとはならない。この特定のアイディア、この特定の事実を、自分自身のプロジェクトの実現のために利用するのである。

2 『パワー・エリート』はいかにして生まれたか

しかしこのファイル——ここまでのところ、むしろ奇妙な「文献」日記に近いように思われるはずだ——は知的生産のなかでどのように使われるのだろうか。実はこのようなファイルを維持管理することこそが知的生産なのである。それは、最も曖昧なものから最も完成されたものへと成長し続ける、事実とアイディアの貯蔵庫である。たとえば、私がエリートについて研究しようと決めたときに最初に行ったのは、理解したいと思った種類の人々の一覧表に基づいて、おおまかなアウトラインを作ることだった。

私がそのような研究を行おうと思った経緯と理由は、一人の人間の人生経験がどのように知的仕事のきっかけになるかを考える場合のヒントになるかもしれない。私はいったいいつ自分が「階層」に専門的な興味をもったのか覚えていないが、それは初めてヴェブレンを読んだときに違いないと思う。私には、ヴェブレンはいつも「企業」と「産業」の職業について非常にずさんで、曖昧でさえあるように思えていた。ヴェブレンの言う職業は、アメリカのアカデミックな読者向けの一種のマルクスの翻訳である。いずれにしても、私は労働組合と労働指導者についての本を書き——政治的な動機に基づいた仕事であった——、次に中間階級についての本を書いた——主として一九四五年からのニューヨーク市での自分自身の経験をはっきりさせたいという欲求に動機づけられた仕事であった。その後、上流階級について本を書いて三部作を完成させるべきだと友人たちに提案された。その可能性は自分でも考えていたと思う。私は特に一九四〇年代にバルザックを断続的に読んでいたし、彼が描き出そうとしたその時代その社会における主要な階級とタイプをすべて「網羅する」という自らに課した仕事にとても魅せられていた。私は「企業エリート」についての論文も書いたことがあったし、憲法発効以来のアメリカ政治の頂点の人々の経歴についての統計を収集整理していた。この二つの仕事は、主にアメリカ史についてのゼミの仕事がきっかけであった。

これらいくつかの論文と本を書き、階層についての科目を準備するなかに、上流階級についての残りのアイディアや事実ももちろんあった。社会階層の研究では特にそうだが、直接的主題だけを研究してすむというわけではない。なぜならば、ある一つの階層の「現実」は、大部分がそれ以外の階層との関係だからである。こうして、私はエリートについての著書のことを考え始めた。

しかし、「そのプロジェクト」は「本当は」そのように立ち上がったわけではない。本当に起こったことは、(1)アイディアと計画が私のファイルから生じた。私にとっては、すべてのプロジェクトはファイルとともに始まり、ファイルとともに終わる。著書とは、ファイルにおさめられた継続的な研究をまとめて解放することにすぎない。(2)しばらくすると、関係する問題群そのものが私を突き動かすようになった。

おおざっぱなアウトラインを作った後で、私はファイル全体を、自分の主題と明らかに関係がある部分だけではなく、いかなる関連性もないように思われるものも検討した。それまで孤立していた項目を一緒にして、思いもよらない結びつきを見出すことによって、想像力がうまく誘われることが多い。私はこの特定の問題領域のためにファイルのなかに新たな単位を設けたが、そのことによってもちろん、ファイルの他の部分も新たに再編成されることになった。

ファイリング・システムを再編成するときには、いわば自分の想像力を解き放っているのだと感じることがしばしばある。これは、様々なトピックについての多様なアイディアとノートを結びつけようとすることで起きるようである。それは、一種の結びつきの論理であり、そこでは「偶然」が妙に大きな役割を果たすことがある。リラックスして、ファイルのなかに示されているような知的な蓄積を、新しいテーマとかみ合わせようとする。

この場合では、私は自分の観察と日常的経験も使い始めた。まず私は、エリート問題に関係する自分の経験について考え、次に、この論点について経験したり考えたことがあるかもしれないと思った人々のところに行って話をした。私はそのとき実は、自分の研究作業に以下の人を含めるように、作業の性質を変え始めた。(1)私が研究したい人々のなかに含まれている人々。(2)彼らと近しい関係にある人々。(3)ふつうなんらかの専門的な意味で、彼らに興味をもっている人々。

最高の知的製作者の技能のための完全な社会的条件はわからないが、話をしてくれたり聞いてくれる人々のサークル——ときには想像上の人であってもやむを得ないが——に取り囲まれていることがその一つであることは間違いない。いずれにしても、私はあらゆる重要な社会的・知的環境に身を置くよう努めている。それは自分の研究に沿ってよく考えることにつながる、と私は思っている。個人の生活と知的な生活の融合について、右で述べた私見の一つの意味はこれである。

今日の社会科学のすぐれた研究は、一つの画然とした経験的「調査」から成り立ってはいないし、それは通常不可能である。すぐれた研究はむしろ、対象がどのように形づくられ、変容しているかについての一般的な説明に対し決め手となるような一石を投じる、多くの研究からなる。それゆえ、既存の資料が再び研究されて一般的な仮説が立てられるまでは、上の決め手となる点が何かは決定できない。

さて「既存の資料」のうち、私がファイルのなかで自分のエリート研究に関連すると思うものは三種類あった。トピックに関係しているいくつかの理論。それらの理論のための証拠として、他の研究者によってすでにまとめられたデータ。すでに蓄積され、利用可能なように集中されている段階は様々だが、まだ理論的に意味づけられていないデータ。このような既存の資料の助けを借りて、一つの理論の第一草稿を書き上げた後になってようやく、自分の主軸となる主張や直感を効果的に位置づけ、それを検証するための調査を設計することができるようになる。ことによると調査は設計しなくてすむかもしれないが、もちろん後で既存の資料と自分自身の調査との間を行ったり来たりしなければならないであろう。結論は、知られていて手に入るかぎりの「データを網羅する」だけでなく、利用可能な理論も肯定的であれ否定的であれなんらかの意味で考慮に入れなければならない。この、あるアイディアを「考慮に入れる」ということは、それをくつがえすか裏書きする事実と単純に突き合わせることで簡単にできることもあれば、詳細な分析や限定が必要なこともある。選択可能な理論の範囲を体系的に整理して、その範囲によって問題そのものを系統立ててまとめられることもある。(1) しかし、非常に様々な文脈のなかで独自の整理を行って初めて、そのような理論が見出せることもある。いずれにせよ、エリートについての著書では、私はモスカ、シュンペーター、ヴェブレン、マルクス、ラスウェル、ミヘルス、ヴェーバー、パレートといった人々の研究を考慮に入れる必要があった。

それらの論者についてのノートにざっと目を通すと、彼らが三種類のことを言っているとわかる。(a)特定の点について、あるいは全体として、述べていることを体系的に言い換えるだけで、そのまま学ぶことがあるもの。(b)理由や論拠を示して、受け入れるか論破するもの。(c)自分自身の研究を練り上げ、プロジェクトを立てるための示唆の源として使うもの。これには、要点を把握した後で以下のように問う必要がある。どのようにすれば、これを検証可能な形に落とし込むことができるのか。そして私はそれをどのように検証できるか。そこから作品を練り上げるための核心として、つまり詳細な記述が意味あるものとして出現する観点として、これをどのように使うことができるか。もちろん、こうして既存のアイディアを取り扱っているときにこそ、自分が過去の研究とつながっていると感じる。モスカについての準備ノートから二つ抜粋する。これが、私が述べようとしてきたことの説明になるかもしれない。

歴史的逸話に加えて、モスカは次の主張によって自分の命題を補強している。少数者が常に支配することを可能にするのは、組織力である。組織された少数者が存在し、彼らは物事と人々を支配する。組織されていない多数者が存在し、彼らは支配される。[2] しかしなぜ、(1)組織された少数者、(2)組織された多数者、(3)組織されていない少数者、(4)組織されていない多数者、についても考察しないのだろうか。これは徹底的に考察する価値がある。最初に解決しなければならないのは、「組織された」とは一体どういう意味なのかである。私の考えでは、モスカにおいては、多少なりとも継続的で統制された政策と行動が可能なことを意味している。もしそうであれば、彼の命題は定義上、正しい。また彼はこうも言うであろう。「組織された多数者」は不可能である、なぜならばそれは結局、新しい指導者、新しいエリートがその多数派の組織の頂点につくことになるだろうからである。そしてモスカはその『支配する階級』のなかにそのような指導者を取り上げることもすぐできる。モスカはそれを「指導する少数者」と呼ぶが、それはすべて、彼のメインの説と比べるとかなり取るに足らないものである。

一つ思うのだが（これはモスカが私たちに示す定義の問題の核心だと思うのだが）、一九世紀から二〇世紀までに、私たちは(1)と(4)で組織された社会から、それよりも(3)と(2)によって確立された社会への移行を目撃したのである。私たちはエリート国家から組織国家へ動いたのである。後者では、エリートはもはやそれほど組織されてもないし一方的に力をもっているわけでもなく、大衆はより組織され力が強くなっている。街角で権力が作られ、その権力の周囲で社会構造全体とその「エリートたち」が決まることもあった。さらにいえば、支配階級のどの部分が、農民利益代表団よりも組織されているのだろうか？　これはレトリカルな問いではない。私は今のところどちらとも答えることができる。それは程度問題なのである。そしていま私が望むのは、それを明るみに出すことだけである。

モスカの主張のなかには、さらに練り上げる価値のある卓越した点が一つあると思われる。彼によれば、「支配する階級」のなかにはしばしば頂点の小集団が存在し、そしてそれより大きな第二層が存在する。(a)第二層と頂点は継続的直接的に接触しており、そして(b)第二層と頂点は観念、感情、それゆえモスカの考えでは政策を共有している(p. 430〔志水速雄訳『支配する階級』ダイヤモンド社、一九七三年、四五一頁〕)。本のどこか別のところで、関係について他の主張をしているかどうか調べること。頂点の小集団は主に第二レベルから補充されるのだろうか。頂点は、ある意味で、この第二層に対して説明責任を負っているか、少なくとも気にかけているのだろうか。

さてモスカを離れよう。別の言い方をすると、(a)エリート、その意味は頂点の小集団である、(b)重要な人、(c)その他全員がいる。この構図では、第二と第三の所属は第一によって規定されており、第二の規模と構成、および第一・第三との関係は、きわめて多様である。(ところで、(b)と(a)の関係、および(b)と(c)の関係の多様性の限度はどの程度なのだろうか。ヒントを探してモスカを吟味し、それを体系的に考察することによって、この点をさらに展開しよう)

この図式によって、様々なエリートをもっと整然と考慮することができるかもしれない。それは複数の次元の階層を基準としたエリートである。もちろん、整然とした意味のあるやり方で、統治エリートと非統治エリートというパレート的な区別を、パレートほど表面的でない方法で取り上げることも可能かもしれない。頂点の地位にある人々の多くが、いずれにしても非統治エリートであることは確かであろう。大金持ちもそうであろう。「小集団」や「エリート」は、場合によって権力あるいは権威に関係する。この用語法では、エリートとは常に権力エリートを意味するであろう。頂点の他の人々は、上流階級あるいは上流社会であろう。

だからある意味では、私たちは二つの大きな問題との関連で、これを使うことができるかもしれない。第一にエリートの構造、第二に階層理論とエリート理論の概念的——たぶん後で実質的になる——関係である。（これを解決すること）

権力の観点からは、支配する人よりも、重要な人を選び出すほうが簡単である。私たちが重要な人を選ぼうとするときは、ある種の緩やかな集まりとして頂点レベルの人々を選ぶのだが、その場合、立場で考えればよい。しかし支配する人を選び出そうとする場合には、彼らがどのように権力を行使しているのか、権力が行使される社会的手段と彼らはまさにどのような関係にあるのか、はっきり詳細に示さなければならない。私たちは立場よりも人物を扱うか、少なくとも人物を考慮に入れる必要がある。

さて、アメリカ合衆国の権力に関係しているエリートは一つだけではない。この複数のエリートの相対的立場を、私たちはどう判断できるだろうか。それは、論点と、なされる決定次第である。あるエリートは別のエリートを重要な人のなかの一人と見ている。エリートの間にはこのような相互承認が存在しており、他のエリートが重きをなしている。あれこれの方法で、彼らは互いにとって重要な人々なのである。プロジェクト——ここ一〇年間の重要な決断を三、四件選んで（原子爆弾投下、鉄鋼生産の削減か増加、一九四五年のGMスト）、それぞれの決断に関わった人々を詳細に突きとめること。集中的に調査を行う際には、「決断」や意思決定がインタビューの口実として使えるかもしれない。

3　経験的調査の実際

研究が進むと、読むべき本を読み終わるときが来る。本のなかの必要なことはなんでも、自分のノートと要約に書き留められている。独立したファイルだけでなく、こうしたノートの欄外にも、経験的研究のためのアイディアがある。

ところで、もし経験的研究を避けることが可能なのであれば、私は行いたくないのである。スタッフがいなければ大変な骨折りであるし、スタッフを雇ったら雇ったで、そのスタッフのほうが大きな悩みの種となることもしばしばである。

今日の社会科学の知的条件を考えると、最初の「組織づくり」（私が書いているような種類の仕事を表すことにしよう）で行わなければならないことがあまりに多いため、ほとんどの「経験的調査」は空疎でつまらないものにならざるを得ない。そのほとんどは実際のところ初学者向きの形式的な練習であり、社会科学のより困難な実質的問題を扱うことのできない人々にとって格好の研究となることもある。読書同様、経験的調査もそれ自体に価値があるわけではない。経験的調査の目的は、事実についての不一致と疑念を解決することであり、そしてあらゆる側面を具体的に基礎づけることによって、議論をより実りあるものにすることである。事実は理性を秩序づけるが、どんな学問分野でも理性が前衛である。

設計した経験的研究を行うための予算があまり得られなくても、研究を設計し続けることは必要である。なぜならば、ひとたび経験的研究を計画すれば、たとえそれを最後まで実施しなくても、新たなデータを探すことにつながり、それはしばしば自分の問題にとって予期しない重要性をもつことになるからである。図書館で答えが見つかるのであればフィールド研究を設計するのがばかげているのとまったく同じように、本を適切な経験的研究へと（単に事実の問いへという意味である）翻訳し終わらないのに、それを読み尽くしたと考えるのもばかげている。

私のような研究に必要な経験的プロジェクトは、第一に、右に述べた第一草稿にとって重要だという見込みがなければならない。つまり、草稿を最初の形で立証するか、修正をもたらすものでなければならない。あるいはもっと仰々しい言い方をすると、それは理論構成に影響をもたねばならない。第二に、プロジェクトは無駄がなくてシンプルで、できれば独創的でなければならない。これによって私が意味しているのは、プロジェクトはそれに必要な時間と努力に見合うだけの量のデータをもたらす見込みがなければならないということである。
しかしこれはどのようにして行われるのだろうか。一つの問題を最も簡潔に述べる方法は、そのできるだけ多くを推論だけで解決するような述べ方である。私たちは推論によって、(a)残された事実問題を一つずつ切り離して、(b)推論を進めることで問題解決に向かうことが期待できるような形で、それらの事実問題を問おうとする。[3]
この方法で問題を捉えるために注意しなければならない段階は四つある。しかし通常は、そのなかの一つの段階にあまり長く拘泥するよりも、四段階すべてを何度も経るのが一番である。四段階とは、(1)トピック、論点、関心領域について自分がひととおり見てみて、考慮に入れる必要があると思う要素や定義。(2)それらの定義や要素の間の論理的関係。ちなみにこの予備的な小モデルは、社会学的想像力が働く最高の機会となる。(3)必要な要素の脱落、不適切あるいは不明確な用語定義、範囲とその論理的外延の一部を過度に強調してしまうことによる、間違った見方の除去。(4)残された事実問題を述べたり言い直したりする段階。
ところで第三段階は、一つの問題を適切に述べるには非常に必要な部分であるにもかかわらず、しばしば無視されている。問題――公的問題としての問題と私的問題としての問題――を世間一般がどう認識しているかは、注意深く考慮されなければならない。それは問題の一部なのである。もちろん専門的な言い回しは注意深く検討し、言い換えて使うか捨てるかのどちらかにしなければならない。
私は、当面の仕事に必要な経験的研究を決定する前に、もっと大きな設計の概略を描き始め、そのなかから様々な小規模な研究が生まれはじめた。またファイルから引用しよう。

まだ私は、全体としての上層集団について、体系的かつ経験的な方法で研究を行うことはできない。だからなすべきは、そのような研究をいわば理想的に設計する定義と手順を示すことである。その次に試みることができるのは、第一に、この設計に近い既存のデータを集めること。第二に、既存の指標を考え合わせたうえで、決定的な点に合うデータを集める便利な方法を考えること。そして第三は、研究が進むのに伴って最終的に必要になる、より具体的で本格的規模の経験的調査を行うこと。

もちろん上層集団は特定の変数によって体系的に定義されねばならない。形式的には——そしてこれはほぼパレートのやり方なのだが——彼らは、一定の価値（群）をもち入手可能なものを何でも最も多く「持っている」人々である。だから二つのことを決めなければならない。基準としてどんな変数をとりあげるのか、「最も多く」によって何を意味するのか、である。変数を決めたら、その変数によって母集団を分類するための、できるだけ最適な——可能ならば量的な——指標を作らなければならない。そうして初めて、「最も多く」の意味を決定することに着手できる。なぜならば上層集団の定義には、様々な分布とその重なりについて経験的に精査することで決定する余地を部分的に残しておくべきだからである。

私が主要な変数にするものは、最初はある程度は自由に指標を選択できるくらいには一般的であり、しかし経験的指標の探求を促すほどに具体的であるべきである。研究が進むにしたがって、意図した意味を失わずしかも意味の具体性を損なわないようにして、概念と指標の間を往復する必要がある。以下は出発点にするヴェーバーの四つの変数である。

I　階級とは収入の源泉と額を意味する。だから資産分布と収入分布が必要だろう。ここで理想的なデータ（非常に少ないし残念ながら時代遅れだが）は、年収の源泉と額のクロス表である。たとえば一九三六年にY百万ドル以上を受け取ったのは人口のXパーセントであり、その総額のうちZパーセントは財産収入、Wパーセントは事業からの回収、Qパーセントは賃金および給料から、ということがわかる。この階級の次元に従えば、上層集団――最も多く持っている人々――を、一定期間に一定額の収入を得る人々、あるいは収入ピラミッドの上位二パーセントを構成する人々と定義することができる。財務省の記録と高額納税者リストを調べよう。収入の源泉と額についての臨時国民経済委員会の表を最新のものにできるかどうか見てみよう。

Ⅱ　地位とは受け取る敬意の量を意味する。これには単純または量的な指標は存在しない。既存の指標は、適用するためには個人的なインタビューが必要であるため、今のところ地域コミュニティ研究に限定されており、いずれにせよほとんど使い物にならない。さらに、階級と違って地位は社会関係を伴うという問題がある。つまり、少なくとも敬意を受ける人と敬意を授ける人がいる。

公に知られることと敬意は混同しやすい。というか、公にどれだけ知られているかを地位的な位置の指標として使うべきなのかどうか、まだわからない。確かにそれは最も簡単に手に入るのではあるが（例、一九五二年三月半ばの一日あるいは二日間、どのようなカテゴリーの人々の名前が『ニューヨーク・タイムズ』紙――あるいはその特定のページ――に出ていたのか、調べてみること）。

Ⅲ　権力とは、たとえ他者に抵抗されても自分の意志を実現できることである。地位と同様、これも適切に指標化されてこなかった。それを一次元的にしておくことができるとは思わないが、次の二つの表現をする必要はあろう。(a)公式の権威――様々な制度、特に軍事制度、政治制度、経済制度内の立場による権益と力によって定義される。(b)行使されることが非公式に知られているが、公式に制度化されていない力――圧力団体の指導者、大規模メディアを自由に使える宣伝者など。

Ⅳ　職業は支払いを受ける仕事を意味する。ここでもまた、利用すべき職業の特徴を選ばねばならない。(a)様々な職業の平均収入を使ってそれを等級化する場合、職業を一つの指標として、つまり階級の基礎として使っていることになる。同様にして、(b)様々な職業に概して結びついている地位や権力を使う場合、職業を権力や技能や才能の指標および基礎として使っているということである。しかしこの人々の分類法は決して簡単ではない。技能は——地位と同じく——、多いとか少ないということがあるような均質的な何かではない。それを均質的なものとして扱おうとする試みは、通常、様々な技能を獲得するために必要な時間の長さという観点で行われてきたし、あるいは今後もそうなるのかもしれない。とはいえ私はもっとよいやり方を考えたい。

これらは、上層集団を以上の四つの中心的な変数で分析的かつ経験的に定義するために、解決しなければならない種類の問題である。設計のために、それらを満足できるように解決できて、それぞれの観点で人口を分類したと仮定しよう。そのとき、四組の人々がいることになる。つまり階級、地位、権力、技能において頂点にいる人々である。さらに、それぞれの分類の上位二パーセントを一つの上層サークルとして選び出したと仮定しよう。そのとき、次のような経験的に解答可能な問いに向かい合うことになる。この四つの分類の重なりは、あるとすればどれくらい大きいのだろうか。可能な範囲は、次頁の単純な表に示すことができる（＋＝上位二パーセント、－＝下位九八パーセント）。

もしこの図表を埋めるデータがあれば、これは上層集団研究にとって主要なデータと多くの重要な問題を含むことになるだろう。それは、多くの定義問題と実質的問題に鍵を与えるであろう。

			階級			
			+ 地位		− 地位	
			+	−	+	−
権力 +	技能	+	1	2	3	4
		−	5	6	7	8
権力 −	技能	+	9	10	11	12
		−	13	14	15	16

私はデータをもっていないし、それを入手できることもないであろう。だからこそ、それについて深く考えることが重要になる。なぜならば、そのように省察するうちに、もし設計の要請する理想的条件をなるべく満たすように経験的データを処理すれば、私は重要な領域に近づくであろうし、その領域について省察を進めるための視点および指針として重要なデータを得ることができるかもしれない。

この一般モデルの形式を完全にするために、二つの点を付け加えなければならない。上層の概念を完全にするには、持続性と流動性に注目する必要がある。ここでの課題は、個人と集団が一般的に（今の世代内および過去二、三世代間）移動している1〜16の位置を決定することである。

これによって、個人史（あるいは経歴の道筋）と歴史という時間的次元が図式に導入される。これは、単に経験的問題が付け加わっただけではない。それらは定義上でも重要なのである。なぜならば、(a)鍵となる変数によって人々を分類する際、彼らあるいはその家族が当該位置をどれくらい長く占めてきたかという観点でカテゴリーを定義すべきかどうか、ということについてオープンでありたいからである。たとえば上位二パーセントの地位――あるいは少なくとも重要な種類の地位ランク――が、少なくとも二世代にわたってその高い位置の人々から構成されるという論点を解決したい。また、(b)次の問いもオープンにしておきたい。いくつかの変数が交差するという観点だけでなく、ヴェーバーの軽視されてきた「社会階層」定義を活かして、地位の間に「典型的で一般的な流動性」が存在するものとして「層」を構成するべきかどうか。たとえば、ある産業の下層ホワイトカラー職と、中上層賃労働の仕事は、この意味で一つの層をなしているように思われる。

他の人たちの理論を読んで分析し、理想的な調査を設計し、ファイルを精査する過程で、具体的な研究のリストを作り始めるであろう。そのなかには大きすぎて扱えないものもあれば、残念だがそのうちにあきらめるものもある。最終的に一段落、一節、一文、一章のための素材となるものもある。テーマとして展開していき、一冊の本になるものもある。ここで再び、そのようなプロジェクトのための最初のノートを引用しよう。

(1)大企業のトップ幹部一〇人の典型的な仕事日の生活時間分析を行い、同じことを一〇人の政府役人についても行う。この観察は、詳細な「生活史」インタビューと結びつけられる。このねらいは、一つにはともかくも専念する時間という観点で主要な日常業務と決定を記述することであり、なされる決定に関連する諸要因への洞察を得ることである。手順はどのくらい協力を得られるかによってもちろん変わるが、理想的には次のものが含まれるだろう。第一に、その人の生活史と現在の状況を明確にするインタビュー。第二に、オフィスの隅に実際に座らせてもらって、その人を追い続けて、一日を観察する。第三に、その日の夕方か翌日にその日一日を振り返り、私たちが外から観察した行動のなかに含まれる主観的プロセスを探る、やや長めのインタビュー。

(2)上流階級の週末の分析。日課が綿密に観察され、週明けの月曜日に本人と家族へ厳密にインタビューすることで振り返る。

以上二つの課題のために、私はかなり良いコネを持っているし、もちろん良いコネを適切に扱えばもっと良いコネにつながる。〔一九五七年追記――これは思い違いであったことがわかった〕

(3)給料その他の収入と一緒に、最上層の生活水準と生活スタイルを形づくっている、交際費その他の特権の研究。この意図は、「消費の官僚制化」つまり私的支出の企業会計への転嫁について、具体的なものを何か得ることである。

(4)ランドバークの『アメリカの六十家族』〔Ferdinand Lundberg, *America's 60 families*, New York, The Vanguard Press, 1937（遠藤斌訳編『アメリカの六十家族』育生社、一九四一年）〕のような本に含まれている種類の情報を最新情報にすること。ランドバークの本は時代的には一九二三年時点の所得申告の情報である。

(5)財務省の記録その他の政府の情報から、多種多様の私有財産を保有高によって分類したものを集め、系統立てて整理する。

(6)大統領、全閣僚、最高裁全メンバーの経歴の研究。すでに私はIBMカードで、建国期からトルーマン政権第二期までのこのデータを持っているが、使われる項目を増やして、それを分析し直したい。

この種の「プロジェクト」は他にも――約三五件――ある（たとえば、一八九六年と一九五二年の大統領選挙で使われた金額の比較、一九一〇年のモルガンと一九五〇年のカイザー〔モルガンもカイザーもアメリカの実業家〕の詳細な比較。「将軍たち」の経歴について具体的なこと）。しかし進展するにしたがって、入手できるものに合わせて自分の目的を調整しなければならないのはもちろんである。

これらの設計を書き留めた後で、私は上層集団についての歴史的研究を読み始め、手当たり次第に（未整理の）ノートを取り、読んだものを解釈した。実際のところ、取り組んけひどい映画やちゃちな小説、写真雑誌、夜のラジオは新鮮な重要性をもって表れる。だが一見関係がない領域においては特にそうであるようだ。マスメディアでさえ、とりわマに研ぎ澄まされる。経験のなかのあらゆるところでそれを見聞きするし、いつも思うのピックに入り込むと、それは至るところに存在するからである。あなたの神経はそのテーでいるトピックを研究する必要はないのである。すでに述べたように、いったん一つのト

4　アイディアを生む方法

しかしアイディアはどこから来るのかと問われるかもしれない。どうすれば想像力が刺激され、イメージと事実をすべて一緒にまとめ、イメージを事実に関連づけ、事実に意味を与えるのだろうか。私はそれに本当に答えられるとは思わない。私にできるのは、何かを生み出すチャンスを増やしたと思われる一般的条件と若干のシンプルな技術について語ることである。

思い出してほしいのだが、社会学的想像力はかなりの部分が、ある観点から別の観点へと移り、その過程で全体社会とその構成要素についての適切な見方を組み立てる能力からなる。言うまでもなく、社会科学者を単なる技術者と区別するのはこの想像力である。有能な技術者は数年で訓練できる。社会学的想像力も陶冶することはできるが、それはしば

しば大量の単調な作業なくしてはなかなか生まれないのは確かである。[4] しかし想像力には予期できないところがある。おそらくその理由は、その本質が、誰も結びつくとは予想しなかったアイディアの結びつきだからである——たとえば、ドイツ哲学とイギリス経済学のアイディアを混ぜ合わせてみるというようなことである。そのような結びつきの背後には、世界を理解しようとする真に激しい衝動だけでなく、遊び心のある精神が存在するのであり、それらは単なる技術者には通常欠けているものである。ことによると技術者はあまりに入念に正確に訓練され過ぎているのかもしれない。訓練はすでに知られていることについてしかできないのだから、訓練が新しい方法を学ぶ能力を奪うこともある。最初はルーズで雑に見えざるを得ないものもあるが、訓練によって人はそういうものに反発を感じるようになる。しかしそのような曖昧なイメージや観念が自分のものであるのならば、それにしがみついて一生懸命に解かなければならない。なぜならば、何か独創的なアイディアが生まれるときには、ほとんど常にそのような形をとるものだからである。

社会学的想像力を刺激する明確な方法は存在すると、私は信じている。

(1)最も具体的なレベルでは、すでに述べたようなファイルの再編成が、想像力を誘う一つの方法である。これまで離ればなれだったフォルダーをドサッと出して、それらの中身を混ぜ合わせ、その後、並べ直すだけである。これを試すときは、少しリラックスしてやってほしい。どのくらいの頻度と規模でファイルを再編成するのかは、様々な問題と、それがどれくらいうまく進展しているかによってもちろん異なる。しかしそのメカニズムは、作業そのものと同じくらいシンプルである。もちろん積極的に取り組んでいるいくつかの問題が念頭にあるであろうが、予見も予想もしていない結びつきを受動的に受け入れられるようにしておきたい。

(2)様々な問題が定義されるときの語句に対する遊び心ある態度は、しばしば想像力を解放する。自分のキーワードのそれぞれに対して、専門書だけでなく辞書で類義語を探してほしい。その目的は、各キーワードのすべての含意を知るためである。このシンプルな習慣によって、問題の用語を洗練させ、それゆえ、くどくならずにより正確に定義するよう促される。取り扱う用語を的確に選べるのは、語句に与えうる意味を複数知っている場合だけだからである。しかし言葉に対するそのような関心はそれ以上のものである。すべての作業において、理論的言明を考察する際には特にだが、すべてのキーワードの一般性のレベルを注意して見張ろうとするだろう。そして一般性の高い言明をもっと具体的な意味へと分解することが役に立つとしばしば感じるであろう。これを行うときには、言明はそれぞれ次元の異なる二、三の構成要素になる場合が多い。一般性のレベルを上げようとすることもあるであろう。つまり特定の限定詞を取り除き、修正された言明や推論をもっと抽象的に考察して、それを拡大したり洗練したりできるかどうか見る。そうして上からも下からも明確な意味を追求して、アイディアのすべての側面とすべての含意を探るわけである。

(3)一般的な考えについて考えているときにふと見つけるものの多くは、類型にすることができるだろう。実りある進展はいつも新しい分類から始まる。一言でいえば、類型を作ってそれぞれの条件と因果関係を探る技術が、あなたの習慣的な手続きになるだろう。既存の分類とりわけ常識的な分類に甘んじるのではなく、その共通の特徴と、その内部とそれらの間で差異化をもたらす要因を探るであろう。良い類型は、分類の基準が明確で体系的でなければならない。類型をそのようなものにするためには、クロス分類の習慣をもたねばならない。

クロス分類する技術は、もちろん量的なデータに限られない。それどころかクロス分類は古い類型を批判し明確にするだけでなく、新しい類型を想像して理解する最善の方法である。図、表、質的な種類の図解は、単にすでに終えた研究を提示する方法というだけではない。それは非常にしばしば本物の生産ツールである。それは類型の「諸次元」を明確にし、類型の諸次元を想像し組み立てる役にも立つのである。実際問題、私はここ一五年間、クロス分類を少しも使うことなく第一草稿を一二ページ以上書いたことはないと思う——もちろん、そのような図解を常に示すわけではないし、示さないことのほうが普通であるが。図解の大半は失敗なのだが、その場合でもやはり何かを学ぶのである。それがうまくいったときは、より明確に考え、より明晰に書く助けとなる。図解によって、考えるときに使う用語や扱っている事実の範囲やすべての関係を発見できる。研究中の社会学者にとってのクロス分類は、入念な文法学者にとっての文の図解に匹敵する。多くの意味で、クロス分類は社会学的想像力の文法そのものなのである。あらゆる文法同様、それはコントロールされねばならないし、その目的から逸脱しないようにしなければならない。

(4)両極端を考えることによって――直接の関心事の反対を考えることによって――、しばしば最高の洞察が得られる。絶望について考えているのなら、意気揚々とした状態についても考える。守銭奴について研究するのであれば、浪費家についても研究する。一つの対象を研究することほど難しいことはない。対象を比較対照しようと努めれば、データをよく把握することになり、比較が行われている次元を整理できる。このような諸次元に注目して、具体的な諸類型に注目して、と往復することは非常に啓発的であろう。この技術は論理的にも確かなものである。というのも、サンプルがなければ、いずれにせよ統計的な頻度は推測しかできないからである。可能なのは、ある現象の範囲とその主要な類型を示すことだけであり、そのためには「正反対の諸類型」つまり様々な次元に沿った両極端を組み立てることから始めるほうが効率がよい。これはもちろん、バランス感覚の獲得維持――所定の類型の頻度に対する手がかりを探すこと――を試みないという意味ではない。

それどころか、このバランス感覚を追求しながら、同時に、発見したり集めたりした統計の指標を常に探そうとする。

その目的は観点の多様性を利用することである。たとえば最近読んだ政治学者であればこれにどうアプローチするだろうかとか、あの実験心理学者ならどうか、この歴史家ならどうかと自問するであろう。多様な観点で考えようと試み、こうすることで自分の精神を、可能なかぎり多くの角度からの光を集める動くプリズムにするように努める。ちなみに対話を書くこともしばしばとても役に立つ。

何かと対立して考えていることがよくあるであろう。新しい知的分野を理解しようとする際に最初に行ったらよいことの一つは、主要な議論を並べてみることである。「文献に精通すること」の一つの意味は、入手できるすべての観点の敵と味方を位置づけることができるということである。ところで「文献に精通」しすぎるのはあまりよくない。モーティマー・アドラー（Mortimer Adler）のように文献に溺れるかもしれない。おそらくポイントは、いつ読むべきで、いつ読むべきでないかを知ることである。

(5)クロス分類では単純化のためにまずイエスかノーかで作業することになるので、正反対の両極端を考えるよう促される。これは概してよいことである。というのも質的分析では頻度や量は得られないからである。質的分析の技術とは類型の範囲を明らかにする技術であり、質的分析の目的もそこにある。多くの場合、それ以上のことをする必要はないが、とはいえもちろん一部の目的のためには、関係する割合についてより正確に理解する必要がある。

バランス感覚を意図的に反転させることで、想像力を解放できることがある。[5] もし何かが非常に微細に見えるならば、それがとても巨大であるのを想像して、そうなると何が変わるのかと問うてみる。巨大な現象については、その逆を行う。文字を知らない村の人口が三〇〇〇万人だったら、どうなりそうか。少なくとも私は近頃では、すべてのものの規模を自分でコントロールできる想像上の世界のなかで、要素、状態、因果関係をそれぞれいじってみるまでは、何かを実際に数えたり測ったりしようと考えることは決してない。これは、「サンプルを抽出する前に母集団を知る」ことに関する恐ろしい短い警句によって、統計学者が意味しているはずのことの一つだが、統計学者たちがそういう意味で言っているとはとても思えない。

(6)関心を持っている問題が何であれ、素材を比較して把握しようとするのは有用であろう。ある文明のある歴史的時代においてであっても、複数の文明や時代においてであっても、比較事例を探すことによって手がかりが得られる。他の類型の構造と時代における同様の制度を思い浮かべようとすることがなければ、二〇世紀アメリカの制度を記述しようとは思わないであろう。はっきりと比較をする場合でなくても、そうである。そのうち、自分の省察をほとんど自動的に歴史的に方向づけるようになるであろう。そうする一つの理由は、検討している対象は数が限られることが多いからである。それを比較によって把握するためには、歴史的な枠組のなかに置く必要がある。言い換えると、類型を比較対照するアプローチには歴史的素材の検証が必要になることが多い。歴史的素材の検証は、傾向の分析に役立つポイントになることもあれば、諸局面の類型論につながることもある。歴史的素材を使うのは、ある現象の範囲を拡げるか、または使いやすく——なんらかの既知の諸次元に沿ったバリエーションを含む範囲ということを意味している——したいからである。世界史についてのある程度の知識は、社会学者には不可欠である。そのような知識がなければ、他に何を知っていても、まったく手も足も出ない。

(7)最後のポイントは、想像力の解放というよりは、一冊の本をまとめる職人仕事に関係している。しかしこの二つはしばしば同じである。提示のために素材をどのように配置するのかは、常に研究の内容に影響を及ぼす。私が覚えている考え方は、偉大な編集者であるランバート・デイヴィス（Lambert Davis）から教わったものなのだが、私がそれをどう扱っているかを見ても彼はそれを自分の子だとは認知しないだろう。それは、テーマとトピックの区別である。

トピックとは、「企業幹部の経歴」とか「武官の権力の拡大」、「上流社会夫人の衰退」のような主題である。一つのトピックについて言う必要があることのほとんどは、普通、一章あるいは一節に簡単にまとめることができる。しかしすべてのトピックが並べられる順序は、しばしばテーマという領域の問題である。

テーマとは、通常、ある注目すべき傾向やある主要な概念、あるいはたとえば合理性と理性のような一つの鍵となる区別についてのアイディアである。一冊の本を構成する際、二、三の、場合によっては六、七のテーマに気づいたときこそ作業の最高潮であることがわかるであろう。これらのテーマを認識するのは、それがあらゆる種類のトピックにどうしても顔を出し続けるからであり、単なる繰り返しのように感じられるかもしれない。それが繰り返しにすぎないこともあるのである！　草稿のなかでも凝り固まって支離滅裂で書き方のまずい部分でこそテーマが見つかるということも、確かに非常によくある。

しなければならないことは、テーマを整理して、できるだけ明確かつ簡潔にそれをざっと述べることである。次に、非常に体系的に、あらゆるトピックについてクロス分類しなければならない。これは、それぞれのトピックについて、次のように問うということである。それはいったい各テーマからどのような影響を受けているのだろうか。さらにもう一つ、各トピックは、各テーマに対してどのような意味をもっているのだろうか。

一つのテーマを扱うために一章あるいは一節を必要とすることもあり、その場合にはおそらく、冒頭か、あるいは終わりに向けての要約的な部分でテーマが持ち出される。一般に、体系的に考える人や著述家の大半が同意してくれると思うのだが、どこかですべてのテーマが一緒に現れ、互いに関連づけられるべきである。それが本の最初でできることも、常にではないがしばしばある。構成のよくできた本では通常それは終わり近くに行われるはずである。もちろん常にテーマと各トピックを関連づけようと、少なくとも努めるべきではある。これは言うは易く行うは難しではあるが、その理由は、テーマと各トピックの関連づけはふつう、思われるほど機械的な問題ではないからである。機械的にできる場合もあるが、それも最低限テーマが適切に整理されて明快になっている場合に限られる。しかしもちろん、それが問題なのだ。というのも、ここで書くことに関する職人の技能という文脈でテーマと呼んできたものは、知的研究の文脈においてはアイディアと呼ばれているからである。

ちなみに、本当にテーマをもたない本もときにはあるかもしれない。そのような本は単に次から次へとトピックが続き、そして言うまでもなくその周囲には方法論についての方法論的序論や理論についての理論的序論がある。むしろアイディアのない人間が本を書くためにはこれらの序論は不可欠ではある。だからこそ、それらはどうしてもわかりにくくなる。

5 社会科学の文章の書き方

自分の研究を、主題とそれについての思考の許すかぎり明確でシンプルな言葉で提示すべきだということは、同意してもらえると思う。しかしお気づきとは思うが、社会科学には仰々しい多音節の散文が横行しているように思われる。それを使う人たちは、自分が「自然科学」を見習っていると思っており、その散文の大半が必ずしも必要ではないことに気づいていないのであろう。実際、「リテラシーの深刻な危機」があると、権威ある人たちが述べてきた――その危機には社会科学者が深く関与している。(6) この奇妙な言語は、深く微妙な論点や概念、方法が論じられているという事実のせいなのだろうか。もしそうでないのであれば、マルカム・カウリー(Malcolm Cowley)が適切にも「社会学語(7)(soc-speak)」と呼ぶものの理由は何なのだろうか。それはあなたの適切な研究に本当に必要だろうか。もし必要ならば、それについてできることは何もない。もし不必要ならば、どうすればそれを避けることができるだろうか?

このように容易に理解できないということはたいてい、内容の複雑さとはほとんどあるいはまったく関係ないし、思想の深遠さとはまったく関係がない、と私は考えている。それはほとんどもっぱら、学者が自分自身の地位についていくらか混乱していることに関係しているのである。

今日、多くの学界において、幅広く理解されるように書こうとする者は、「単なる著作家」だとか、もっと悪いと「単なるジャーナリスト」だと非難される傾向がある。これらのよく使われる物言いが、読みやすいから皮相的なんだろうという誤った推察を示すにすぎないことはすでにおわかりであろう。アメリカの学者は、しばしばそれにまったく敵対しているように思われる社会的文脈のなかで、まじめな知的生活を続けようとしている。彼の名声は、学者の経歴を選んだことで犠牲にした支配的価値の多くを埋め合わせるものでなければならない。彼の名声に対する要求は、「科学者」という自己イメージと直結している。彼は「単なるジャーナリスト」と呼ばれると、威厳が損なわれ、底が浅いと感じる。私の考えではこの状況こそが、往々にして小難しい語彙と複雑な話し方や書き方の原因なのである。この話し方や書き方を身につけるのは難しくないが、それに染まらないほうが難しい。それは慣習になったので、それを使わない人々は道徳的な非難にさらされる。凡庸な人々が学界で陣営を固めた結果なのかもしれない。彼らが、学界内外の聡明な人々の注目を勝ち取る者を排除したいと思うのも無理はない。

書くということは、読者の注目を要求することである。それはいかなるスタイルにおいても不可欠な要素である。書くということは、少なくとも読まれるだけの地位を自分に要求することでもある。若い学者は、この二つの要求の両方に深く巻き込まれており、社会的地位が足りないと感じているので、自分の発言に対する読者の注目を要求するよりも前に、しばしば自分の地位を要求する。それどころかアメリカでは、知識を持ち最もすぐれた教養のある人でさえ、幅広い公衆の間ではたいした地位にはないのである。この点では社会学は極端なケースであった。主に社会学的な文体の習慣が始まったのは、社会学者が他の学者と比べても低い地位しかもたない時期であった。地位欲は、学者があまりにも容易に難解さに陥る一つの理由である。そして今度はそれが、彼らが望む地位を得られない一つの理由になる。完全に悪循環であるが、学者がこの悪循環から抜け出すのは簡単である。

学問的な散文《プローズ》を克服するためには、まず学問的なポーズを克服する必要がある。文法や現代英語の語根について勉強するよりも、次の三つの問いについての自分自身の答えをはっきりさせるほうがはるかに重要である。(1)結局のところ、自分の主題はどれくらい難しく複雑なのか。(2)書くとき、自分にどんな地位を要求しているのか。(3)誰のために書こうとしているのか。

(1)最初の問いに対する普通の答えは、それについてあなたが書いている書き方ほどは、難しくも複雑でもないということである。その証拠はどこにでもある。社会科学の本の九五パーセントは簡単な英語に翻訳可能であるということによって明らかにされている。(8)

しかし、たまには専門用語が必要なのではないかと聞かれるかもしれない。(9) もちろんその必要はあるが、「専門」的だからといって必ずしも難しいとはかぎらないし、部外者には訳のわからないジャーゴンという意味ではないのは確かである。もしそのような専門用語が本当に必要であり、しかも明確で正確であれば、それを平易な英語の文脈で使って、読者に意味がわかるように説明するのは難しくない。

日常用語は一般にしばしば色々な感情や価値が詰め込まれているので、それらは避けて、新しい用語や専門用語を使うほうがよいと反論されるかもしれない。私の答えはこうである。日常用語にしばしば色々なものが詰め込まれているというのは事実である。しかし社会科学で一般に使われる多くの専門用語にも、色々なものが詰め込まれている。明瞭に書くということは、どういう意味を込めるかをコントロールして、自分が意味することだけが他の人によって理解されるように、その意味を正確に述べることである。意図した意味が円周六フィートの円であり、そのなかに立っているとする。読者によって理解される意味はもう一つの同様の円であり、読者はそのなかに立っている。二つの円は部分的に重なっていると期待しよう。それがどれだけ重なっているかが、あなたのコミュニケーションの限度である。読者の円のなかの重なっていない部分は、コントロールできていない意味の領域である。読者がそれを作り上げたのである。あなたの円のなかの重なっていない部分は、あなたの失敗のもう一つの証拠である。あなたはそれを理解させることができなかった。書く技術とは、読者の意味の円を、あなたの円に正確に一致させること、つまり書き手と読者が同じコントロールされた意味の円のなかに立つように書くことである。

それゆえ私の第一のポイントは、ほとんどの「社会学語」は主題や思想の複雑さとは関係ないということだ。それは私の考えでは、ほとんどまったく自分自身の学者たる資格を認めさせるために使われる。このやり方で書くことは、読者に対して「まず私の難解な用語を学ばないと理解できないほど難しいものを、私は知っているのだ。今のところあなたは単なるジャーナリストか、素人か、その手の未熟な種類の人間なのだ」と（きっとしばしばそうとは知らずに）言うことなのである。

(2)二つ目の問いに答えるためには、書き手が自分について抱いている考えと彼が話す声によって、社会科学の研究を提示する二つの方法を区別しなければならない。一つの方法は、社会科学研究者も叫び、ささやき、ほくそ笑む——常にそこにいる——一人の人間であるという考えから生まれる。彼がどのような人間なのか——自信をもっているのか神経質なのか、率直なのか萎縮しているのか——ということも明確である。彼こそが経験と思考の中心にいるのである。いま彼は何かを発見したところであり、それについて、またそれをどうやって発見したのかを私たちに話している。英語という言語を用いた最良の解説文の背後にあるのは、このような声である。

もう一つの研究提示法は、人間の声を使わない。そういう文章にはまったく「声」がない。それは自動音声である。機械によって製造される散文である。それがジャーゴンだらけだということよりも重要なのは、強烈なマンネリズムであるということだ。単に人間味がないだけではない。人間味のなさが仰々しいのである。政府公報はときどきこのように書かれる。ビジネス文書もそうである。多くの社会科学もそうである。人間の言葉として想像できない文章――ある種の真に偉大な名文家のものはおそらく例外であるが――は、悪文である。

(3)しかし最後に、声を聞く人の問題がある。それについての考え方も文体の特徴につながる。どのような種類の人々に話そうとしているのか――そしてその人たちのことを本当はどう考えているのか――を考慮することは、どんな書き手にとっても非常に重要である。これは簡単な問題ではない。それに適切に答えるためには、一般読者について知るだけでなく、自分について決心することも必要である。書くことは読まれることを要求することであるが、では誰に読まれたいのか？

一つの答えは同僚のライオネル・トリリング（Lionel Trilling）によって提案されたものであるが、彼は公表を許してくれた。一流大学の全学部の教員と学生だけでなく、近くの町から関心をもつ聴衆も集まり、彼らを前にしてあなたが熟知している主題について講義をするように頼まれたと想定する。そのような聴衆が目の前におり、彼らは知る権利を持っているという想定である。あなたは彼らに知ってもらいたいと思っているとする。さあ書きたまえ、という考え方である。

書き手としての社会科学者が採ることのできる可能性は、おおまかに四つある。自分自身を声とみなし、私が示したような聴衆に対して話しているると想定しているならば、読みやすい散文を書こうとするであろう。自分自身を声として想定しているが、聴衆についてまったく知らないならば、すぐに難解で意味不明な文章に陥ってしまうであろう。そのような人は注意すべきである。自分を声というよりも人間味のない音声の担い手とみなすならば、——たとえ聴衆を見出していても——それは儀式になる可能性がきわめて高いだろう。もし自分の声について知らず、聴衆を見出さず、誰にも保存されない記録のためだけに話すならば、彼は標準化された散文の真の製造業者、つまり無人の大ホールのなかの自動音声であると認めざるを得ないであろう。それはカフカ的な小説のようにかなりぞっとすることであるし、ぞっとすべきなのである。私たちは理性の限界について話してきたのであるから。

深遠さと冗長さの境界線はしばしば微妙であり、危険でさえある。ホイットマンの短詩にあるように、勉強を始めたときに最初の一歩であまりに満足して畏敬の念を抱いたために先に進みたいとほとんど思わなくなってしまった人々の奇妙な魔力は、誰も否定しないはずである。言語はそれ自体がすばらしい世界を形づくるが、その世界に巻き込まれても、最初の混乱を最終成果の深遠さと間違えてはならない。あなたは学界の一員として、真に偉大な言語を代表しているという自覚をもつべきであるし、話したり書いたりするときには教養ある人の会話を続けるべく、自分に期待し、要求するべきである。

最後のポイントが一つある。それは、書くことと考えることの相互作用と関係している。もしハンス・ライヘンバッハ（Hans Reichenbach）が「発見の文脈」と呼んだものだけに関して書くならば、ごくわずかの人々にしか理解されないだろうし、しかもきわめて主観的な言い方になりがちであろう。何であれ自分が考えることをより客観的にするためには、提示の文脈で作業しなければならない。まず自分の思考を自分自身に「提示する」。これはしばしば「はっきりと考える」と呼ばれる。次に率直に言っていると感じたら、それを他の人に提示する――そしてしばしば、まだ明確になっていなかったことがわかる。そのときには「提示の文脈」にいる。自分の思考を提示しようとするときに、ときどきそれを――言い方の形式だけでなく、しばしばその内容についても――修正していることに気づくだろう。提示の文脈で作業しているときに、新しいアイディアを得るだろう。簡単に言うと、それは最初の発見の文脈とは異なる新たな発見の文脈になるのであり、私の考えでは、より社会的な意味で客観的なので、より高いレベルの発見の文脈なのである。ここでも再び、いかに考えるかといかに書くかを分けることはできない。この二つの文脈の間を行ったり来たりして移動しなければならないし、移動しているときは常に、自分がどこに向かっているかを知っているようにするのがよい。

6 知的職人のための警句

私がこれまで述べたことから、実際には「一つのプロジェクトの研究開始」などというものはないと理解されるであろう。個人的な気分でいるときも、ファイルのなかでも、本を拾い読みした後にノートを取る際にも、計画的に努力をしているときも、すでに「研究」しているのである。このように生活し、研究していると、先に進めたいと思うトピックが常にたくさんあるであろう。ある研究を「発表する」と決めた後は、自分のファイル全体、図書館での拾い読み、会話、選んだ人々を利用しようと試みるであろう――すべてをこのトピックまたはテーマのために使おうとするであろう。当面の研究の一部をなす重要な要素をすべて含む小世界を組み立て、それぞれの要素をあるべき場所に整然と位置づけ、各部分の展開を基礎としてこの枠組を調整し直し続けようとするのである。そのような世界を組み立て続けさえすれば、何が必要かわかる。必要なのは、アイディア、事実、アイディア、数字、アイディアである。

こうしてあなたは、発見して記述し、見出したものを整理する類型を組み立て、名前によって特徴を区別することで経験に焦点を合わせてそれを組織立てる。こうして秩序を追求することで、パターンと傾向を探し、典型的な因果関係と思しきものを見出す。簡単に言うと、見つけるものの意味を探し、他の見えないものを示している可視的なものと解釈できるものを探す。理解しようとしているものが何であれ、それに含まれると思われるすべてのものの一覧を作る。それを本質的なものに切り詰める。そして注意深く体系的に、一種の作業モデルを作るためにそれらの特徴を互いに関連づける。そして次に、説明しようとしているものが何であれ、それをこのモデルと関連づける。それはとても簡単な場合もあるし、それほど簡単ではないこともしばしばであろう。

しかしあらゆる細部に、あなたが常に探すことになるのは、主な潮流、二〇世紀半ばの社会の範囲の基底的な形態および傾向を示す指標であろう。というのも結局のところ、常にこれ——人間の多様性——について書いているのだから。

思考は、秩序と包括性を同時に獲得しようとする戦いである。考えることを早く止めすぎてはならない。さもないと知るべきことをすべて知ることはできないであろう。思考を永遠に続けることはできない。さもないと自分自身が張り裂けるであろう。このジレンマゆえに、考察がまれに多少なりとも成功した暁には、それは人類に可能な最も情熱的な努力になるのだと思う。

これまで言おうとしてきたことは、おそらく、いくつかの教訓と警句の形でうまく要約できる。

(1)良き職人たれ。厳密に決められた手続きを避けよ。なによりも、社会学的想像力を発展させ使おうとせよ。方法と技術のフェティシズムを避けよ。虚飾のない知的職人の復興を主張し、自らがそのような職人になろうと努めよ。誰もが自分自身の方法論者になり、誰もが自分自身の理論家になろう。理論と方法を日常的な職人仕事の一部に戻そう。個人の学者の重要性のために戦い、技術者たちの調査チームの優位に反対せよ。独力で人間と社会の問題に立ち向かう精神たれ。

(2)〈概念〉を結びつけては切り離すビザンティン的奇習、つまり冗長のマンネリズムを避けよ。自分に対しても他人に対しても、平易で明確な言い方を求めよ。その用語を使うことで、感受性の範囲が拡がり、言及が正確になり、思考が深くなると堅く信じているときのみ、より洗練された用語を使用せよ。社会について判断するのを避ける手段として――そして自分の研究に対する読者の判断から逃れる手段として――、難解さを使うのを避けよ。

(3)自分の研究に必要だと考える超歴史的構築を行え。歴史の副次的な詳細も徹底的に調べよ。できるだけうまく、まったく形式的な理論を作り、モデルを組み立てよ。わずかな事実とその関係を詳細にわたって調べ、同様に一回限りの大事件も調べよ。しかし狂信的になってはならない。そのようなすべての研究を歴史的現実のレベルに継続的かつ密接に関連づけよ。いつかどこかで誰か他の人が自分の代わりにそれをやってくれると考えてはならない。この現実の定義を自分の仕事として捉えよ。歴史的現実の観点で自分の問題を定式化せよ。自分の問題を解くべく、そしてそれによってその問題に組み込まれている公的問題と私的問題を解くべく、歴史的現実のレベルで努力せよ。そして少なくともはっきりした例が念頭にないまま三ページ以上書いてはならない。

(4)単に一つの小さな生活圏を次々に研究してはならない。生活圏が組織されている社会構造を研究せよ。そのように大きな構造を研究するという観点で、詳細に研究する必要のある生活圏を選び、生活圏と構造の相互作用を理解できるような方法でそれらを研究せよ。時間の長さに関しても、同じように研究を進めよ。どんなに正確であっても単なるジャーナリストになるな。ジャーナリズムは偉大な知的努力でありうると知れ、しかし社会学の努力はもっと偉大であると知れ！　だから、わずかな静的な瞬間やきわめて短期的な時間の趨勢に対する微細な調査を報告するだけにならないように。あなたのタイム・スパンは人類史の経過と心得て、考察対象である週、年、時代をそのなかに位置づけよ。

(5)目標は、世界史のなかに現れたことがある社会構造と、いま存在している社会構造の十分に比較的な理解であることを知れ。それを実行するためには、学問分野に蔓延する恣意的な専門化を避けねばならないことを理解せよ。トピックに従って、そしてとりわけ重要な問題に従って、自分の研究を多様に専門化せよ。これらの問題を定式化するとき、そして解決しようとするときには、人間と社会についてのありとあらゆる賢明な研究の、観点とデータ、アイディアと方法をためらわず利用し、それどころか絶え間なく想像力豊かにそうしようと努めよ。それはあなたの研究である。その一部にあなたは属している。奇妙なジャーゴンと専門知識の見せかけによってその流れをせき止める人々によって、それがあなたのもとから盗まれるのを許してはならない。

(6)自分の研究が想定し含意している人間のイメージ――その人間性の生成的観念――に対して常に気を配れ。そして歴史のイメージ――歴史がいかにして作られているのかについてのあなたの観念――にも気を配れ。一言でいうと、歴史の諸問題、個人史の諸問題、個人史と歴史が相互作用する社会構造の諸問題についての、自分の見解を作り上げ、修正し続けよ。個性の多様性と、時代の変動様式に目を配れ。見るものや想像するものを、人間の多様性の研究にとっての手がかりとして使え。

(7)自分が古典的社会分析の伝統を受け継ぎ維持していくことを知れ。だから、人間を、孤立した断片ではなく、それ自体がわかりやすい分野あるいはシステムでもないものとして理解すべく努めよ。男女を歴史的社会的な行為者として理解し、多様な男女が人間社会の多様性によって複雑に選抜され複雑に形づくられるやり方を理解すべく努めよ。一つの研究を終える前には、ときにはその研究がどれだけ間接的であろうとも、中心的で継続的な課題、つまり、自分自身の時代の構造と傾向、形と意味、二〇世紀後半の人間社会の恐ろしくもありすばらしくもある世界を理解するという課題に向けよ。

(8)公式に定式化されているような公的問題や、個人的に感じられているような私的問題に、研究に取り上げる問題を決定させてはならない。とりわけ、官僚制のエートスのリベラルではない実用主義や道徳の隠れ家たるリベラルな実用主義を、他の誰かの言葉で受け入れることによって、自分の道徳的政治的自律を手放してはならない。多くの私的問題は、単にトラブルとしては解決できず、公的問題の観点——そして歴史形成の問題という観点——で理解せねばならないことを知れ。公的問題の人間的意味は、それを個人的問題——および個人の人生の問題——と関連づけることによって明らかになるはずだということを知らねばならない。社会科学の諸問題は、適切に定式化されるならば、私的問題と公的問題、個人史と歴史、それらの複雑な関係の広がりを含むに違いない。その広がりのなかで、個人の人生と諸社会の形成が起こるのであり、その広がりのなかで、社会学的想像力が現代の人間の人生の性質に変化をもたらす機会をもつのである。

原注

第1章　約束

（1）*Times Literary Supplement*, 15 November 1957.

（2）私は「社会科学（the social sciences）」というよりも「社会研究（the social studies）」というほうがずっとよいと思っている。それは、自然科学者が好きでないからではない（逆に、私は彼らに非常に好感をもっている）。「科学」という言葉が、大きな威信をもつとともに、正確さを欠いた意味を帯びるようになってきたからである。「科学」という言葉を哲学的なメタファーとして用いると、威信をかっさらい、言葉の意味合いを不正確なものにすることになる。私はそんな必要は何もないと考えている。しかし、「社会研究」を論じるというと、おそらく読者はたかだか高校の公民科のようなものと思うのではないだろうか。それは、人類のあらゆる学びのなかでなによりも手を組みたくない、と私が考えているものなのである。「行動科学」というのはありえない。私が想像するところでは、それは、「社会科学」を「社会主義」と混同しているような財団や政治家たちから社会調査のお金を出させるために考案されたプロパガンダのための仕掛けであるからである。最もよい語句は、歴史学（および、人間存在と関わるかぎりにおいての心理学）を含んだものとなるだろう。そして、できるかぎり議論の余地のないものにすべきである。なぜなら、その名称をめぐって議論を行うのではなく、その名称がつけられた学問を用いて議論をするのだから。おそらく、「人間研究 (human discipline)」

というのが好適だろう。しかし、それは気にとめるべきことではない。ひどく誤解を受けることもないだろうから、慣例に従ってごく普通に使われている「社会科学」を用いることにしたい。

もう一点、私は同業者たちが「社会学的想像力」という言い方を受け入れてくれることを期待している。原稿を読んでくれた政治学者は「政治学的想像力」がいいじゃないかと言い、人類学者は、「人類学的想像力」がいいじゃないか、といった具合に。重要なことは用語ではなく、考え方である。それを、私はこの本のなかではっきりさせたいと思っている。この用語を用いることで、単に「社会学」という学問分野について提案しようというわけではない。私にとっての社会学的想像力が意味するものの大部分は、社会学者たちが表すことはまったくないものである。たとえば、イギリスでは、学問分野としての社会学はまだまだ取るに足らないものであるが、実は、イギリスのジャーナリズム、小説、そしてとりわけ歴史学のなかで、社会学的想像力は非常に発展している。フランスでも似たようなことが言える。第二次世界大戦以降のフランス思想の喧噪も大胆さも、現代人の運命の社会学的特質を感じ取ったがゆえのものであるが、こうした動向を担ったのは専門の社会学者ではなく、文学者たちであった。こうしたことはあるけれども、私は「社会学的想像力」という言葉を用いる。その理由は次の三つである。(1)靴職人はみな、革がすべてと考える。そして私は良くも悪くも社会学者である〔社会学者として馴染んだ方法があり、それに照らして問題を選びがちであることは避けられない。マーティン・トローの指摘による。「靴職人はみな、革がすべてと考える。筆者も含めたほとんどの社会科学者は馴染んで使いこなすことができるようになったお気に入りの方法をもっている。そして、私たちは多くの場合こうした方法に照らして問題のあるものを研究主題に選びがちである。しかし、少なくとも私たちは、靴職人のような頑固さは控えるべきである」(M. Trow, 'Comment on "participant observation and interviewing: A comparison," ' *Human Organization*, vol. 16, No. 3, 1957, pp. 33-35)」。(2)歴史的に見ると、こうした思考力は、どの社会科学者たちよりも古典的な社会学者たちによってより頻繁に、よりいきいきと発揮されてきたものである、と私は信じている。(3)私は、いくつかの奇妙な社会学派を批判的に検討していこうと考えているので、立脚すべき用語が必要なのである。

第2章　グランド・セオリー

(1)　Talcott Parsons, *The Social System*, Glencoe, Illinois, The Free Press, 1951, pp. 12, 36-7.(佐藤勉訳『社会体系論』青木書店、一九七四年、一七―一八頁、四二―四三頁)
(2)　本書付録の第5節を参照。
(3)　Parsons, *op. cit.*, pp. 38-9.(前掲訳書、四四―四五頁)
(4)　*ibid.*, pp. 41-2.(前掲訳書、四七―四八頁)
(5)　私たちは言葉をその使用者との関係、すなわち語用論的(pragmatic)な特徴について考えることもできるが、ここではあまり気に留める必要はない。こうした意味の三つの次元については、Charles M. Morris が次の有用な論考で非常に整然と体系化している。'Foundations of the Theory of Signs,' *International Encyclopedia of Unified Science*, Vol. 1, No. 2.

University of Chicago Press, 1938.（内田種臣、小林昭世訳『記号理論の基礎』勁草書房、一九八八年）。
（6） Parsons, *op. cit.*, p. 552.（前掲『社会体系論』、五四二頁）
（7） 彼のすぐれた批評を参照のこと。Lockwood, 'Some Remarks on *The Social System*,' *The British Journal of Sociology*, Vol. 7, No. 2, June, 1956, pp. 134-146.
（8） H. H. Gerth and C. Wright Mills, *Character and Social Structure*, New York, Harcourt, Brace, 1953, pp. 274-7（古城利明、杉森創吉訳『性格と社会構造』青木書店、一九七〇年、二八三―二八六頁）。これについては本節、および後の第5節で適宜利用している。
（9） Karl Marx and Friedrich Engels, *The German Ideology*, New York, International Publishers, 1939, pp. 42ff.〔邦訳では、真下信一他訳『ドイツ・イデオロギー』（『マルクス＝エンゲルス全集　第3巻』大月書店、一九六三年）の一六頁以降、廣松渉編訳、小林昌人補訳『新編輯版　ドイツ・イデオロギー』（岩波文庫、二〇〇二年）の二五頁以降が該当部分である。とりわけ、前者の二二―二三頁あたり、後者の三一頁あたりがヘーゲルとの対比を簡明に整理している〕
（10） 「価値」の詳細で経験的な説明、たとえばアメリカのビジネスマンが実践しようとしているものについては次の著作を参照。Sutton, Harris, Kaysen and Tobin, *The American Business Creed*, Cambridge, Mass., Harvard University Press, 1956.（高田馨、長浜穆良訳『アメリカの経営理念』日本生産性本部、一九六八年）
（11） Gerth and Mills, *op. cit.*, p. 300.（前掲『性格と社会構造』、三〇九頁）

(12) Parsons, *op. cit.*, p. 205.（前掲『社会体系論』、二〇九頁）

(13) *ibid.*, p. 262.〔pp. 252, 298 などにあるが、当該ページにはなし。文脈的にはおそらく前者。前掲訳書、二五四頁、二九八頁〕

(14) Carl Becker, *The Heavenly City of the Eighteenth-Century Philosophers*, New Haven, Yale University Press, 1932（小林章夫訳『一八世紀哲学者の楽園』ＳＵＰモダン・クラシックス叢書、上智大学出版、二〇〇六年）; and Lewis A. Coser, *The Functions of Social Conflict*, Glencoe, Illinois, The Free Press, 1956.（新睦人訳『社会闘争の機能』新曜社、一九七八年）

(15) Alvin W. Gouldner, 'Some observations on Systematic Theory, 1945-55,' *Sociology in the United States of America*, edited by Hans L. Zetterberg, Paris, UNESCO, 1956, p. 40. におけるパーソンズの引用から。〔以下に所収。Gouldner, *For Sociology*, New York, Basic Books, 1973. pp. 173-89. パーソンズが社会変動論についてこのような指摘をしているのは、Parsons, *op. cit.* p. 486. ただし、引用文がある箇所は p. 534〕

(16) Lockwood, *op. cit.*, p. 138.

(17) Gouldner, *op. cit.*, p. 41.

(18) Franz Neumann, *Behemoth*, New York, Oxford University Press, 1942（岡本友孝他訳『ビヒモス』みすず書房、一九六三年）。これは歴史的社会の分析はかくあるべしという真にすぐれたモデルである。上記の説明については、Gerth and Mills, *op. cit.*, pp. 363ff.（前掲『性格と社会構造』、三七〇頁以下）を参照。

(19) パーソンズの著作から見つけ出すことのできる独特の社会観を直接イデオロギー的に用いることが可能なのは、かなり明白であろう。従来、そうした社会観は保守的な思考スタイルと結びついたものであった。グランド・セオリストたちは、政治アリーナにはあまり降臨しない。確かに彼らは、問題を現代社会の政治的な文脈のなかにあるものとしてあまり考えたりしない。しかし、だからといって、彼らの著作がイデオロギー的な意味をもたないというわけではない。私はパーソンズをこうした連関において分析しようとは思わない。なぜなら、適切に翻訳するならば、『社会システム論』の政治的な意味はほとんど見え透いており、それ以上に明晰にする必要を感じないからである。グランド・セオリーは現在、直接的に官僚的な役割を果たすことはまったくない。これまで述べてきたように、わかりやすさを欠いているために、得られたはずの世間的な評判が限定されている。もちろんそれは長所であるかもしれない。曖昧模糊としているために、絶大なイデオロギー的可能性を秘めることになっているからである。

グランド・セオリーのイデオロギー的な意味は、安定した支配のかたちを強力に正統化できることである。しかし、保守的な集団のなかで精緻な正統化の必要性がとても大きくなってはじめて、グランド・セオリーが政治的に重要になる可能性が出てくる。私はこの章を疑問文のかたちではじめた。『社会システム論』に代表されるグランド・セオリーは単に冗漫なものにすぎないのか、それとも深いところもあるのだろうか? 私の答えはこうである。五〇パーセントが冗漫、四〇パーセントがよく見かける教科書的な社会学である。他の一〇パーセントは、パーソンズも指摘するかもしれないように、経験的な研究にゆだねられているということは、私もよろこんで認めよう。私自身の経験的な研究によれば、この残りの一〇パーセントは、かなり曖昧なかたちで、イデオロギー的に用いられうるものである。

第3章　抽象化された経験主義

（1）Bernard Berelson, 'The Study of Public Opinion,' *The State of the Social Sciences*, edited by Leonard D. White, Chicago, Illinois, University of Chicago Press, 1956, p. 299.

（2）*ibid.*, pp. 304-5.

（3）はからずも次のような例を用いることができる。色々な哲学的な問題、特に「精神」現象の本質や、それらを認識論的問題として考える知見について議論するなかで、ジョージ・A・ランドバークは次のように述べている。「「学派」の定義は、はっきりしない。とりわけ「実証主義」(positivism)という用語は考え方次第ではたくさんの妙な連想を呼び起こす。少なくともコント以降、実証主義は伝統的な哲学において馴染み深い学派とされてきたわけであるが、私はそれよりも自分自身の視点を、自然科学的なものとして特徴づけるほうがよいと思っている」。そしてさらに続ける。「ドッドと私は、他のすべての自然科学者たちと同様、経験科学のデータは人間の感覚を媒体とした象徴的な反応（すなわち、「感覚器官」の反応を含む、私たちのあらゆる反応）によって構成される、という仮説にたって立論を進めてきたと思っている」。そしてさらに「すべての自然科学者と同様に、私たちは次のような見解を断固拒否する……」。'The Natural Science Trend in Sociology,' *American Journal of Sociology*, Vol. 61, No. 3, November, 1955, pp. 191, 192.

（4）William S. Beck, *Modern Science and the Nature of Life*, New York, Harcourt, Brace,

1957.

（5） Paul Lazarsfeld, 'What is Sociology?' Universitets Studentkontor, Skrivemaskinstua, Oslo, September, 1948（mimeo）. この文書は、調査研究所立ち上げのときに一般的な指導を希望する人々のために書かれ、配布されたものである。したがって、本書のここでの目的に合った、手短かつ明解で、信頼できるものである。もっと精緻で洗練された説明も、もちろん存在する。たとえば、ラザースフェルド他編『社会調査の言葉』（*The Language of Social Research*, edited by Lazarsfeld and Rosenberg, Glencoe, Illinois, The Free Press, 1955）。

（6） *ibid.*, pp. 4-5.

（7） *ibid.*, p. 5.「ある素材群を内容分析するということは、主として、いくつかのア・プリオリなカテゴリーに従い、ドキュメント資料の小さな単位（単語・文・主題）を分類することを意味する」。Peter H. Rossi, 'Methods of Social Research, 1945-55,' *Sociology in the United States of America*, Paris, France, UNESCO, 1956, p. 33.

（8） 以上の段落〔第3節の冒頭から〕における引用は、すべてLazarsfeld, *op. cit.*, pp. 5-6より。

（9） *ibid.*, pp. 7-8, 12-13.

（10） *ibid.*, p. 17.

（11） *ibid.*, p. 20.

（12）「心理主義」は、社会現象を、個人の性質についての事実や理論によって説明しようとする試みをさす。歴史的にみると、学説としてそれは、社会構造という現実をはっきりと形而上学的に否定することに基づいている。さらにまた、心理主義の立場をとる者たちは、説明にあたって、社会構造を生活圏の連なりへと変換してしまうような構造概念を用いるだろう。もう少し平たく言えば、そして社会科学において現在行われている調査の方針をめぐる本章の関心にもっと直接に関わる言い方をするならば、心理主義とは、ひと連なりの個人とその生活圏を考える場合に、研究結果がなんらかのかたちで積み上げられ、社会構造をめぐる知を見出すという考え方に基づいたものである。

(13) ここで述べておかなければならないことがある。こうした事実の面で錯綜した研究が薄っぺらな形式的なもので、中身のないものですらあるということの一つの理由は、研究をまかされた者による観察結果を、研究がほとんど含まないか、まったく含まないことすらあるということである。「経験的な事実」とは、通常は中途半端な訓練しか受けていない個人が官僚主義的に編成されたチームによって集められたものなのである。社会観察には、高度な技能と鋭い感受性が必要であること、そして発見はしばしば想像力に富んだ精神が社会的な現実のなかに降り立つことにより可能になることが忘れられてきた。

第4章　実用性の諸タイプ

(1) この二つの引用は、次の書物からのものである。Barzun and Graff, *The Modern Researcher*, New York, Harcourt, Brace, 1957, p. 217.

(2) 次の雑誌の経済学者たちについての報告を比較されたい。*Business Week*, 2 August 1958, p. 48.

(3) 一九五八年四月一二日のアメリカ西部政治学会におけるスピーチ。

（4） *American Political Science Review*, September, 1957.

（5） Mills, 'The Professional Ideology of Social Pathologists,' *American Journal of Sociology*, Vol. 49, No. 2, September, 1943.〔Horowitz, I. L. ed., *Power, Politics, and People: The Collected Essays of C. Wright Mills*, New York, Oxford University Press, 1963（青井和夫訳「社会病理学者の職業的イデオロギー」、青井和夫・本間康平監訳『権力・政治・民衆』みすず書房、一九七一年）所収〕

（6） リベラルな実用性の学問的な真骨頂でもある「社会問題」という専門ですらも、古い実用性から新しい実用性へとシフトしつつあることを反映している。「社会解体」の科目は、かつてとはまったく異なるものになってきている。一九五八年現在において、実用主義者の側でも自らが取り扱う価値について洗練された自覚をもっている。政治的には、その分野は、ある程度まで一般的なイデオロギーの一部となり、そして批判的な圧力集団の一つ、福祉国家の行政的な付属物の一つとなっている。

（7）「メイヨー学派」については、Mills, 'The Contributions of Sociology to Studies of Industrial Relations,' in *Proceedings of First Annual Meeting of Industrial Relations Research Association*, Cleveland, Ohio, 1948.〔*Berkeley Journal of Sociology*, 15: 11-32 に再掲〕

（8） この研究分野において、社会諸科学の研究者たちは、産業における人間関係学派一つと比較して、いささか見劣りがするなどと考える必要はもちろんない。まったく逆に非常にすぐれた研究成果が出されており、進行中のものはもっとたくさんある。たとえばほんの少しだけ例を挙げても、次のような研究者たちの仕事を示すことができる。チャールズ・リンドブロム

(Charles E. Lindblom)、ジョン・ダンラップ(John T. Dunlap)、ウィリアム・フォーム(William Form)、デルバート・ミラー(Delbert Miller)、ウィルバート・ムーア(Wilbert Moore)、V・L・アレン(V. L. Allen)、シーモア・M・リプセット(Seymour M. Lipset)、ロス・スタグナー(Ross Stagner)、アーサー・コーンハウザー(Arthur Kornhauser)、ウィリアム・H・ホワイト、ロバート・デュービン(Robert Dubin)、アーサー・M・ロス(Arthur M. Ross)。

社会科学の偉大な一九世紀的テーゼの一つは、近代資本主義の発展のなかで、人間は構造変動により無力な状態に置かれることになるが、また同時に人間は心理学的に革命的になり、意識変化が生じる〔階級意識が芽生える〕、というものである。これにより、歴史的発展の中心線が示される。合理的な意識や知識が広まり、労働者は新たに対立を統合し、疎外された状態から、意気揚々としたプロレタリアートの士気《モラール》を得るにいたるだろう、と。カール・マルクスは構造変動の多くの点でまったく正しかった。ただし、彼は心理学的な帰結という点で間違っていた。

産業社会学の理論的問題は、モラールの概念において、知的な面でも、政治的な面でも絶頂をむかえる。その問題とは、権力の問題やそれが労働者の個人的な生に対してもつ意味を体系的に考えているときに見出す疎外とモラールのいくつかのタイプを探索することである。それを考えるためには、心理学的な変化がどの程度構造的な変化を伴ったのか、そしてそれぞれの事例でなぜ構造的な変化を伴ったのかを検討しなくてはならない。並行する構造的な変化がどれくらいあり、それぞれがなぜ起こるのかを検討しなくてはならない。そうした方向に向かって、現代人の労働生活をめぐる社会科学の約束が結ばれることになる。

第5章　官僚制のエートス

（1）　Paul Lazarsfeld, *op. cit.*, pp. 19-20（強調はミルズによる）。

（2）　'The Science of Inhuman Relations,' *The New Republic*, 27 August 1949.

第6章　科学哲学

（1）　第3章、第1節を参照。

（2）　たとえば、戯れ言めいた論考としては、'Two Styles of Research in Current Social Studies,' *Philosophy of Science*, Vol. 20, No. 4, October, 1953, pp. 266-75.〔Horowitz, I. L. ed., *op. cit.*（塚本三夫訳「社会科学研究の二つのスタイル」、前掲『権力・政治・民衆』）所収〕

（3）　*Tensions That Cause Wars*, edited by Hadley Cantril, Urbana, Illinois, University of Illinois Press, 1950, p. 297.（平和問題談話会訳『戦争はなぜ起るか——戦争原因としての国際的緊張』岩波書店、一九五二年、二五六—二五七頁）

（4）　W. A. Jöhr and H. W. Singer, *The Role of the Economist as Official Adviser*, London, George Allen & Unwin, 1955, pp. 3-4（大和瀬達二他訳『経済政策原理』新評論、一九七四年、二四頁）。ところで、同書は、社会科学において方法論議を適切に行うための手本となるものである。重要なのは、同書が二人の経験豊富な〔知的〕職人の間の対話から生まれたものだということである。

第8章　歴史の利用

（1）Jacques Barzun and Henry Graff, *op. cit.*, p. 221.

（2）Morris Ginsberg, *Essays in Sociology and Social Philosophy*, Vol. II, London, Heinemann, 1956, p. 39.

（3）以下を参照。Muhsin Mahdi, *Ibn Khaldûn's Philosophy of History*, London, George Allen & Unwin, 1957; and H. R. Trevor-Roper, *Historical Essays*, London, Macmillan, 1957. 後者にはそれについてのH・R・トレヴァー＝ローパーの意味深いコメントがある。

（4）たとえば、ウォルター・ガレンソン（Walter Galenson）による労働史の類型についての見事な説明のなかに、手助けとなる議論がある。「……重要な新データがない場合、既知の古い事柄をどんどん調べていっても、得られるものは減っていく……。しかし、直近の出来事を集中的に考えることを正当化する根拠はこれだけではない。現在の労働運動は、三〇年前のそれとは、量的のみならず質的にも違う。一九三〇年代より前には、その性質は党派的であった。その決定は経済的には重要な要因ではなく、国家政策よりも、狭い内輪の問題のほうに関わっていた」（Walter Galenson, 'Reflections on the Writing of Labor History,' *Industrial and Labor Relations Review*, October, 1957)。もちろん人類学と関連して、「機能主義的」説明と「歴史主義的」説明との間の論争が長らくあった。人類学者はしばしば、自分が調査する「文化」の歴史について何も発見できないため、機能主義的にならざるを得ない。実は彼らは、現在によって現在を説明しようとして、一つの社会の現在の様々な特徴の意味ある相互関係のなかに説明を探さねばならない。近年の鋭い議論として、以下を参照。Ernest Gellner, 'Time and Theory in Social Anthropology,' *Mind*, April, 1958.

(5) 「人間関係」を神格化する傾向のもう一つの大きな理由は、「文化」という語の性質と範囲があやふやだからである。しかしその文化という観点で、人間の深部にある社会的なものの大半が認識され、示されてきた。社会構造とは対照的に、「文化」という概念は、社会科学で最もあやふやな語の一つである。とはいえ、おそらくはそれだからこそ、専門家の手にかかればとてつもなく実用的なのだが。実際のところ「文化」概念は、社会構造についての適切なアイディアというよりも、社会的生活圏に「伝統」を加えたものを意味することのほうが多い。

(6) ここで述べた視点についての詳細な議論としては、以下を参照。Gerth and Mills, *Character and Social Structure*, op. cit.（前掲『性格と社会構造』）

(7) Barzun and Graff, *op. cit.*, pp. 222-3.

第9章　理性と自由について

(1) 以下を参照。Mannheim, *Man and Society in the Age of Reconstruction*, New York, Harcourt, Brace, 1940, p. 54.（福武直訳『変革期における人間と社会』みすず書房、一九六二年、六四頁）

第10章　政治について

(1) ちなみに、読者に思い出していただきたいのだが、抽象化された経験主義（およびそれが支える方法論的禁制）のスタイルは、その現在の官僚的な文脈と利用をまったく考慮しないとしても、私が説明している民主的な政治的役割にあまりふさわしくない。このスタイルを唯一の活動として実践している人々は、それこそが「社会科学の真の仕事」だと考えており、そのエートスで生きているが、彼らは解放的な教育的役割を担えない。その役割に必要なのは、自分の理性的に考える能力と、個人的な批判、研究、実践によって理性の幅を拡げその質を改善する能力について、個人と公衆が自信を与えられることである。そのためには、ジョージ・オーウェルの言葉で言えば「鯨の外に出る」ように、あるいはアメリカの素敵な言い方で言えば「自立する」ように鼓舞される必要がある。そうした人たちに対して、どうしても官僚制的な種類の調査に頼らなければ、社会的現実を「本当に」知ることはできないと言うと、自分で考える独立した人間になろうとする彼らの努力を「科学」の名の下に禁じることになる。それは、一個人としての職人の現実を知る能力に対する自信を掘り崩すことである。それは、実質的に、よそよそしい装置の権威を参照して社会的信念を固めるように、人々を奨励することである。そしてもちろん、現代の理性の全般的官僚制化と同調して、それによって強化されることである。学問生活の産業化と社会科学の問題の断片化が、社会科学者の解放的教育的な役割に帰着することはありえない。このような学派は、分析対象をとても小さな断片に分離しておき、それらについてはとても自信を持っていると主張する傾向があるからである。それゆえに彼らが自信を持てるものはすべて抽象的な断片であるが、解放的な教育の仕事、そして社会科学の政治的役割、そして社会科学の知的約束はまさに、人々がそのような断片化され抽象化された生活圏を超えること、つまり歴史的構造と、そのなかにおける自分自身の場所について気づくことを可能にすることなのである。

(2) 社会的アイディアの領域におけるそのような独占という考え方は、理性の管理者としての科学製作者の〈方法〉という見解の裏にある権威主義的な考えの一つである。これはグランド・セオリストの「聖なる価値」のなかに透けて見える。より明確には、それは私が第5章で分析したテクノクラート的なスローガンに具体化されている。

付録 知的職人論

(1) たとえば以下を参照。Mills, *White Collar*, New York, Oxford University Press, 1951, chapter 13(杉政孝訳『ホワイト・カラー』東京創元社、一九五七年、第一三章)。私は同じ種類のことを自分のノートで行い、一八世紀と一九世紀の民主主義学説に対する二つの反動として、レーデラーとオルテガ対「エリート理論家」で比較した。

(2) モスカには、自説を補強すると思われる心理学的法則についての説もある。彼の「自然」という用語の使い方をよく見ること。しかしこれは中心的ではないし、考察する価値もない。

(3) このすべてがどれだけ重要かわからない人々にはっきりさせるために、同じことをもっと大げさな言葉で言うべきなのかもしれない。すなわち問題状況は、その理論的・概念的含意と、経験的調査の適当な枠組と適切な証明モデルにも当然の配慮をして、定式化される必要がある。次にこの枠組とモデルは、それを使うことでさらなる理論的・概念的含意を引き出せるように作られねばならない。問題状況の理論的・概念的含意が、最初に十分探求されるべきである。こうするためには、社会科学者は、そのようなそれぞれの含意を特定して、それをそれぞれ互いの含意との関係で考察する必要があるが、それが経験的調査の枠組と証明モデルにも適合するようにする必要もある。

(4) ハチンソンによる「洞察」と「創造的努力」についてのすばらしい以下の論文を参照。Eliot D. Hutchinson, 'The Period of Frustration in Creative Endeavor,' in *A Study of Interpersonal Relations*, edited by Patrick Mullahy, New York, Nelson, 1949.

(5) ところで、この一部は、ケネス・バークがニーチェについて論じる際に、「不調和によるパースペクティブ」と呼んだものである。ぜひとも以下を参照。Burke, *Permanence and Change*, New York, New Republic Books, 1936.

(6) 「英語圏最高の批評家」と広くみなされているエドマンド・ウィルソンは、次のように書いている。「人類学と社会学の専門家による論文に関する私の経験について言えば、私は次のような結論に至った。私の理想の大学では、全学部の論文は英語の教授に合格をもらわなければならないという条件をつけると、それらの主題に革命をもたらす結果になるかもしれない――社会学が残るのであればだが」。Edmund Wilson, *A Piece of My Mind*, New York, Farrar, Straus and Cudaby, 1956, p. 164.

(7) Malcolm Cowley, 'Sociological Habit Patterns in Linguistic Transmogrification,' *The Reporter*, 20 September 1956, pp. 41ff.

(8) そのような翻訳の例として、第2章を参照。ところで書くことについて私の知る最良の文献は次の本である。Robert Graves and Alan Hodge, *The Reader Over Your Shoulder*, New York, Macmillan, 1944. 以下のすばらしい議論も参照のこと。Barzun and Graff, *The Modern*

Researcher, op. cit., C. E. Montague, *A Writer's Notes on His Trade*, London, Pelican Books, 1930-1949, and Bonamy Dobrée, *Modern Prose Style*, Oxford, The Clarendon Press, 1934-1950.

(9) 私よりはるかに数学用語を理解している人々は、それは正確で簡潔で明確だと言う。だからこそ、数学が社会研究の方法のなかで中心的な場所を占めるべきだと主張するくせに、不正確に無駄に不明確に散文を書く多くの社会科学者のことを、私は疑わしく思うのである。彼らはポール・ラザースフェルドに教わるべきだ。ラザースフェルドは心から数学を信じており、そして彼の散文は第一草稿の段階でさえ常に数学的資質を示している。彼の数学を私が理解できないときは、それは私に知識がないからだということを知っている。彼が数学以外の用語で書くものと私の意見が一致しないときは、彼が間違っているからだということは知っている。なぜなら彼がまさに何を言っているのかは誰でもいつもわかるのだから、彼がまさにどこで間違ったのかもわかるのである。

社会における発見の方法――ミルズ『社会学的想像力』解説

中村好孝

第二次世界大戦後のアメリカ社会やアメリカ社会学を批判してきたC・ライト・ミルズ（一九一六―六二年）が四五歳で亡くなった時、社会学の雑誌に載ったある追悼文で、これで社会学は少しは平穏になるだろう、と言われた。ミルズはそのようなイメージの社会学者であり、知識人であった。ミルズは、代表作の『新しい権力者』『ホワイト・カラー』『パワー・エリート』の階級三部作で、大衆社会論やエリート論を展開して議論を巻き起こした。それらの後に書かれた『社会学的想像力』（以下、本書）も、パーソンズやラザースフェルド（とくに後者はミルズをコロンビア大学に誘ってくれた恩人の一人である（注1））を名指しで批判した論争の書であった。

また本書は、自著『パワー・エリート』を三行で要約してみたり、『ホワイト・カラー』などにおける大衆社会論のテーゼである「陽気なロボット」という用語を使用したりしており、本書執筆時までのミルズの研究のダイジェスト的なものとしても読むことができる。また、その後のミルズの知識人論や死後の学生運動への影響についてもある程度示唆する内容となっている。

社会学的想像力という概念

本書は、当時の文脈において話題になっただけではなく、その後の社会学の基本文献となり、さらには社会学の専門家に限らず広く読まれてきた。その理由の一つはもちろん「社会学的想像力」というキャッチフレーズである。社会学的想像力とは、私たちひとりひとりの人生（個人史）と歴史とが結びついていることを発見し、その結びつきを社会構造の中で理解する力である。ここでのポイントは、社会と個人史との結びつきを強調するところである。

社会学は社会を研究する。しかしいきなり社会なるものを研究すると言われても、その対象は雲を摑むようだ。社会に出ると、はじめて社会がリアルに感じられて、社会学がよく分かるようになると言われることもある（私事だが、私は母に「社会のことなら、あんたより自分のほうがよく知っている」と何度も言われてきた）。そこで、社会をそれだけで研究するのではなく、社会とあなたの人生との結びつきを考えるのが社会学である、と言い切ったのが、社会学入門書としての本書の意義である。

この歴史と個人史の結びつきという考え方の背景には、アメリカ土着の哲学であるプラグマティズム、とくにC・S・パースのプラグマティズムがあるのではないかと思う。(注2) パースは「私たちの観念を明晰にする方法」という論文において、概念の意味とは、それがもたらすと想定される効果のことであると説明した。たとえば「硬い」という概念の意味は、それを他の物でひっかいても傷がつかないということである。こう言い換えることで、概念だけが飛び交う空中戦を避けることができるというのが、プラグマティズムの出発点であった。

ミルズの社会学的想像力という概念は、社会現象について、これと同じように考えてみようというものなのである。本書の第1章では、失業や戦争といった例が挙げられていた。つまり、不況という社会現象の意味は、私たちが失業するということであり、戦争という社会現象の意味は、私たちが兵士になったり戦死したりするということである。もちろん、いわゆる「悪い」社会現象だけでなく「良い」社会現象についても、同じように考えることができるはずだ。まずはそう考えることによって、社会を対象として捉える取っかかりができる。

知的職人のモデル

ミルズがグランド・セオリーや抽象化された経験主義を批判するのは、それらが、個人史と歴史との結びつきの発見を助けるという、いわば民主的な目的の役には立たないからである。ミルズはその代わりに、探求する知的職人というモデルを提唱する。概念や方法論に固執しすぎるな、官僚制的組織の歯車としての科学者ではなく、独立した研究を行う職人たれ、という本書のアピールに対する一般的な反応はおそらく、それは一つの理想かもしれないが、分業の進む科学の世界ではなかなか難しい、そもそも当時においてもミルズは例外的な存在であった、というものであろう。

ところで、これについては今の日本の社会学は事情が異なるかもしれない。なぜならば、単著の博士論文を早く書き上げるよう、大学院生がこれほど迫られたことはないように思われるからである。そのため、職人的にたとえばフィールドワークを行う研究のほうがスムーズな経歴につながることから、むしろチームで共同調査をする暇などないという声も聞く。ミルズが訴えた状況とはまったく異なるが、職人的でありうるための条件がもしかすると存在するのかもしれない。

ただしこれは、ミルズの時代であればパーソンズ理論、あるいはマルクス主義やヴェーバー、批判理論やギデンズやフーコーといった、社会を全体として見ようとする巨視的な理論の存在感が今日低下しているということでもあり、また別に考えなければならない問題ではある。

その後の展開

ミルズは本書のわずか三年後に亡くなったが、アメリカやイギリスの学生運動家や社会学の学生たちのなかには、ミルズの影響を受けた者が多くいた。その一人のトッド・ギトリンは、本書の二〇〇〇年版の解説で、当時ミルズにちなんで飼い猫の名前をつけたと述べている。当時の学生たちに対するミルズの影響は、何に由来するのだろうか。ミルズは本書と前後して知識人論に注目するようになった。それは、社会に対する「戦略的な介入ポイント」、社会を動かす「てこ」の可能性を、若い知識人に見出したということである。

個人史と歴史の結びつきは、歴史が個人史に影響をおよぼすという方向しかありえないわけではない。本書の後半が論じるのは、第四の時代における、理性と自由という価値にもとづくような社会の予測と制御であり、集合的にはたらきかけて社会をいわば「ひっかく」ことができるとすれば、それはいかにしてか、そしてそのために社会学者は何をすべきか、ということである。もちろん今日でも正解は分かっていないが、ミルズの議論はその探求を促し続けてくれる。

また本書の議論は学問的にも、狭い意味での社会学内部にとどまらず、社会諸科学において展開されている。たとえば経済地理学のデヴィッド・ハーヴェイは、「地理学的想像力」という概念を用いてきた。本書には地理的な想像力という観点はほぼなく、地理よりも歴史に、空間よりも時間に偏っていることが、ハーヴェイには不満であった。ハーヴェイが研究を通じて示してきたように、ある時代のある社会の性質は、もちろん地理を見ることでも明らかになる。また犯罪学・社会学のジョック・ヤングは、『犯罪学的想像力』（二〇一一年）で犯罪学の刷新を主張した。この本は、ミルズが本書で行ったことを犯罪学に対して行っている。さらにカルチュラル・スタディーズのポール・ウィリスは、『エスノグラフィー的想像力』（二〇〇〇年）で社会科学論を展開した。ウィリスが注目するのはもちろん文化である。これらはそれぞれ本書を受容して展開することで、各分野に革新をもたらしてきた、社会学的想像力の系譜である。なお、彼らの研究内容が学問分野の制度的境界にそれほど縛られていない点も、本書第7章の議論と合わせて確認しておこう。

本書は出版から五〇年以上経っても、社会的にも学問的にも議論を喚起する力を失っていない。それは、本書の主張のポイントが発見を促すという点にあるからである。本書は、既存のものに固執せずに、概念、方法論、私的問題、公的問題、歴史のメカニズムなどを発見することがいかにして可能なのか、ということを論じようとした本である。科学は発見を通じて進歩してきた。社会学も理論的対話や事実の発見によって進歩する。しかしそれだけでなく、たとえば社会問題への取り組みや社会運動によって、つまり人々による発見が社会を進歩させることによっても、社会学は進歩してきた。本書はまさにそのような発見のための方法態度を論じているからこそ、古典として読み返す価値があるのである。

（注1）もう一人の恩人であるマートンは、なぜか実名を挙げて批判されてはいないが、第5

章2節で「スポークスマン」「ブローカー」として想定されているのは明らかにマートンである。

(注2) 本書にはパースの名前は出てこないが、第10章の注で、抽象化された経験主義のスタイルは「権威を参照して社会的信念を固めるように、人々を奨励する」ので、民主的な役割を担うことができないと述べている。ここからは、パースの論文「信念を固める方法」の、固執の方法、権威の方法、ア・プリオリの方法、科学の方法という議論を連想せざるを得ない。グランド・セオリーはア・プリオリの方法に比することができよう。

参考文献

Harvey, D, *Social Justice and the City*, Johns Hopkins University Press, 1973.(竹内啓一・松本正美訳『都市と社会的不平等』日本ブリタニカ、一九八〇年)
Mills, C. Wright, *The Power Elite*, Oxford University Press, 1956.(鵜飼信成・綿貫譲治訳『パワー・エリート』ちくま学芸文庫、二〇二〇年)
Peirce, Charles Sanders, *Collected Papers of Charles Sanders Peirce, Volume 5: Pragmatism and Pragmaticism*, edited by Charles Hartshorne and Paul Weiss, Thoemmes Press, 1998.(植木豊編訳『プラグマティズム古典集成』作品社、二〇一四年)
Willis, Paul, *The Ethnographic Imagination*, Polity, 2000.
Young, Jock, *The Criminological Imagination*, Polity, 2011.

訳者あとがき

C・ライト・ミルズ（C. Wright Mills）『社会学的想像力』新訳の脱稿を、ミルズ生誕一〇〇年の年末になんとか間に合わせることができた。テキサス生まれのミルズは著作を出す際に、カウボーイの祖父からもらったミドルネームを明示した著者名を記すことにしていた。そこでこれにならい、右のような著者名表記で、新訳を送り出すこととなった。

本書の原著は一九五九年に出版された。二〇〇〇年に新訂されたがT・ギトリンの解説を付した他は初版のままで、現在もなお版が重ねられている。一九六五年出版の鈴木広訳（紀伊國屋書店刊）は、初版が一四刷、一九九五年の新版も版を重ねたが、現時点では品切れ状態である。半世紀を超えて読まれてきた鈴木訳の意義は言うまでもないが、グローバル化をはじめとする社会の激動、社会学の多様な展開、さらには大学における学問事情の変化などを考えれば、たとえ拙いものにせよ文庫版で新訳を問うのもそれなりに意味があると考えた。

英語圏の大学において、本書は長く社会学における初学者向けの指定文献になってきた。Open Syllabus Project によれば、現在でもアメリカの大学で最も多く用いられている社会学文献であるという。また、これまで多くの社会学入門書、概説書が本書に言及してきた。そんなこともあってか、国際社会学会が一九九八年に行った「二〇世紀の社会学書」に関するアンケートでも、『社会学的想像力』は第二位となっている（一位はヴェーバー『経済と社会』）。ネットで書名を検索すると、解説サイトや授業の動画もヒットする。

専門的にも、このところ一〇年以上毎年のようにミルズの研究書が刊行されている。さらに、アメリカ社会学会での会長講演で、M・ブラヴォイが公共社会学についての講演を行ったことをきっかけに、ミルズの功罪をめぐって様々な議論が行われ、ミルズ・ルネサンスという言葉すらささやかれることもあった。ファシズムと現代民主主義、現代資本主義の問題をめぐり、権力論争・階級論争を巻き起こしたミルズの社会学は、グローバリズム、地域紛争、民族・宗教対立、さらには環境問題、資源エネルギー問題、マイノリティ、公共政治、学問・科学・高等教育、戦争と平和、国際支援と国際開発など、多種多様な社会問題との関わりで議論され続けている。

かつて、冷戦と東西対立、公民権運動やベトナム反戦運動を背景に、アメリカの社会体制に対する批判、そして体制を支える情報科学的な理論、数理・計量的な方法などに対する批判の手がかりとして、本書は読まれた。しかし今日では、そうした理論や方法は、歴史変動論、社会構造論をはじめ、批判した側の考え方を取り込み、右に列挙したような諸問題に適用され、成果を生み出している。他方で、ミルズの社会学批判を支持したマルクス主義や批判社会学も、同じようなシステム理論や調査方法を批判的考察に用いるようになった。こんにち、ミルズの社会学批判を読む場合、こうした議論の展開と争点を念頭におく必要がある。さもなければ、時代遅れの社会学批判の蒸し返しとなってしまう。

本書を丁寧に読めばわかるが、ミルズは社会システム理論や量的な調査方法を全否定したわけではない。ただし、取り巻きの若い世代に対しては、私怨も手伝ってか、ミルズは辛辣な言葉を浴びせかけている。T・パーソンズやP・ラザースフェルドの学識には一定の敬意が込められている。理論や方法は、社会科学の重厚な学識とは切り離され、アメリカ民主主義の礼賛に安直に用いられる。そして、そのことで政治的公衆は解体されつつある、と。

問題は、一つの理論や方法に固執することである。哲学者の鶴見俊輔は、一つの抽象化への固執はモノと言葉の混同だと言う。それを学生時代の鶴見に教えたW・O・クワインは、次のように言い添えたそうである。混同することのない「人間は、今三人しかいない。タルスキとカルナップと自分だ」（鶴見『たまたまこの世界に生まれて——半世紀後の『アメリカ哲学』講義』編集グループSURE、二〇〇七年、二〇八—二〇九ページ）。鶴見はさらに、ここにマルクス『資本論』の価値論を加えている。こうした混同をめぐる議論は、本書を理解する一つのヒントになるように思う。

本書の各章で検討されている概念体系、経験調査、実用主義、行政管理、予測と制御、指標化、精密化、多様性・多元性、スペシフィックな思考（特殊性の重視）、合理性や自由、公衆政治といったアイディアは、いずれもアメリカ民主主義の手がかりとなるツールである。しかしそれは同時に右のような混同を引き起こす罠でもある。そこで、両面を見すえ、問題を明らかにするツールとして、社会学的な想像力が要請されることになる。ミルズは、政治道徳と価値、歴史と社会構造、心理学的な視点などの手がかりを重視しているが、それもまた罠になり得ることは否定しないだろう。時代の社会問題に向かい合うなかで、理論や方法は様々に変換され、ツールと問題の構図もより鮮明になってゆくのだろうから。

ミルズの示すキーワードはどれも、現代民主主義の知的な手がかりと罠の両面を見すえ、問題の基軸を明らかにするものである。たとえば社会学的想像力の展望を拓くキーワードの一つ、milieuである。本書でも言及されているイポリット・テーヌも用いたこの用語は、昨今では社会運動の根拠をあらわすものとしてミリューとカタカナ書きで用いられることも多い。私たちもカタカナ書きの訳出を検討したが、生活圏という訳語を採用した。本書の冒頭にもあるようにそれは罠の連なりでもあるからである。

こうした観点から本書を翻訳することで、現代社会の社会問題、現代資本主義や民主主義の問題も踏まえ、社会学的想像力の展望はよりはっきりするのではないかと私たちは考えた。付言すれば、こうした翻訳の観点は訳者二人の共著（『社会学的想像力のために』世界思想社、二〇〇七年）の延長線上にある。

翻訳は、前半一章から六章までを伊奈が、後半七章から付録までを中村が分担した。それぞれの訳出後、相互に点検し、最終的には中村の翻訳方針に沿って全体を整えた。時間の許す限りチェックをしたが、不十分な点はいろいろあろうかと思う。伊奈のブログ（はてなダイアリー、ID：inainaba）でそうした点はフォローしてゆきたい。

筑摩書房編集部の田所健太郎さんは、この間繰り返し訳文を点検してくださった。特に前半は、一文一文すべてを細かく添削してくださり、翻訳案を示された。右に示した「生活圏」という訳語もその一つである。聞けば田所さんは、学生時代に本書と出会い、何度も読み返したという。その頃からあたためていた翻訳のアイディアを惜しみなくお示しいただいたのかも知れない。文庫化の企画を立てられたこのもう一人の訳者に深く感謝したい。

二〇一六年一二月一日

訳　者

ラ　行

ワ　行

ハ　行

マ　行

ヤ　行

タ　行

ナ　行

サ　行

索　引

（事項の定義などを詳述しているページは太字で示した）

ア　行

カ　行

本書は、ちくま学芸文庫のために新たに訳出されたものである。

暗黙知の次元
マイケル・ポランニー
高橋勇夫訳

非言語的で包括的なもうひとつの知。創造的な科学活動にとって重要な〈暗黙知〉の構造を明らかにしつつ、人間と科学の本質に迫る。新訳。

現代という時代の気質
エリック・ホッファー
柄谷行人訳

群れず、熱狂に翻弄されることなく、しかし自分自身の内にこもることなしに、人々と歩み、権力と向きあっていく姿勢を、省察の人・ホッファーに学ぶ。

リヴァイアサン（上）
トマス・ホッブズ
加藤節訳

各人の各人に対する戦いから脱し、平和と安全を確立すべく政治的共同体は生まれた。その仕組みを分析した不朽の古典を明晰な新訳でおくる。全二巻。

リヴァイアサン（下）
トマス・ホッブズ
加藤節訳

キリスト教徒の政治的共同体における本質と諸権利、そして「暗黒の支配者たち」を論じて大著は完結する。近代政治哲学の歩みはここから始まった。

知恵の樹
H・マトゥラーナ／F・バレーラ
管啓次郎訳

生命を制御対象ではなく自律主体とし、自己創出を良き環と捉え直した新しい生物学。現代思想に影響を与えたオートポイエーシス理論の入門書。

社会学的想像力
C・ライト・ミルズ
伊奈正人／中村好孝訳

なぜ社会学を学ぶのか。抽象的な理論や微細な調査に明け暮れる現状を批判し、個人と社会を架橋する学という原点から問い直す重要古典、待望の新訳。

パワー・エリート
C・ライト・ミルズ
鵜飼信成／綿貫譲治訳

エリート層に権力が集中し、相互連結しつつ大衆社会を支配する構図を詳細に分析。世界中で読まれる階級論・格差論の古典的必読書。（伊奈正人）

メルロ=ポンティ・コレクション
モーリス・メルロ=ポンティ
中山元編訳

意識の本性を探究し、生活世界の現象学的記述を実存主義的に企てたメルロ＝ポンティ。その思想の粋を厳選して編んだ入門のためのアンソロジー。

知覚の哲学
モーリス・メルロ=ポンティ
菅野盾樹訳

時代の動きと同時に、哲学自体も大きく転身した。それまでの存在論の転回を促したメルロ＝ポンティ哲学と現代哲学の核心を自ら語る。

ちくま学芸文庫

社会学的想像力《しゃかいがくてきそうぞうりょく》

二〇一七年二月十日　第一刷発行
二〇二四年五月十五日　第六刷発行

著　者　C・ライト・ミルズ
訳　者　伊奈正人（いな・まさと）
　　　　中村好孝（なかむら・よしたか）
発行者　喜入冬子
発行所　株式会社　筑摩書房
　　　　東京都台東区蔵前二―五―三　〒一一一―八七五五
　　　　電話番号　〇三―五六八七―二六〇一（代表）
装幀者　安野光雅
印刷所　三松堂印刷株式会社
製本所　三松堂印刷株式会社

ISBN978-4-480-09781-1　C0136